수업을 바꾸다

수업을 바꾸다

발행일 2013년 5월 15일

발행인 최두진

총괄기획 김현섭

편집 김은아

디자인 신미연

펴낸곳 한국협동학습센터

도서문의 031-437-1060 eduhope2000@hanmail.net

주소 경기도 군포시 대야1로 12번안길6 301호

ISBN 979-11-85122-00-7 93370

값 15,000원

수업을 바꾸다

고민하다, 디자인하다, 함께 나누다,

| 김현섭 지음 |

한국협동학습센터
Korea Cooperative Learning Center

시작하며

"수업 내용이 이해가 잘 안 돼요."

1992년, 처음 교사로 발령받아 첫 수업을 마치고 아이들에게 수업이 어땠는지 물었을 때 한 학생이 이렇게 대답했습니다. 내심 '재미있었다.'는 대답을 기대했던 터라, 예상 밖의 대답에 저는 당황하여 그 이유를 물었습니다.

"선생님이 사용하시는 단어 자체가 어려워요."

최선을 다해 준비한 수업이 어려웠다는 대답에 충격을 받았습니다. 대학 시절 동아리에서 다양한 스터디 활동을 주도했고, 교회에서도 중고등부 교사를 오랫동안 맡아 아이들을 가르친 경험이 있었기에 수업만큼은 자신 있었기 때문입니다.

첫 수업을 실패하고 정신이 번쩍 들었습니다. 지금 돌아보면 수업 시간에 사용한 단어도 그렇지만, 의욕이 과해 제가 아는 모든 지식을 한꺼번에 전달하려고 했던 것이 문제였습니다. 하지만 그때는 그것을 몰랐습니다. 처음부터 다시 배워야겠다고 생각했습니다. 어떻게 하면 좋은 수업을 할 수 있을지 방법을 제대로 배우고 싶었습니다.

하지만 학교 안에서는 그럴 기회가 없었습니다. 생활지도나 행정 업무를 배울 수는 있지만, 수업은 철저히 교사 개인이 알아서 하는 교직 문화 때문이었습니다. 수업을 연구하는 교사를 주변에서 찾아보기 힘들었고, 주로 강의식으로 하는 지루한 수업밖에 없었습니다. 당시 교육청에서 주관하는 수업 개선 연수는 내용이 너무 부실해서, 연수를 받고 나서 속았다는 생각이 들 정도였습니다.

그러던 차에 우연히 학교 밖에서 운영하는 교과 모임에 참여하게 되었습니다. 막 태동한 교과 모임의 수업 연구 분위기는 매우 뜨거웠습니다. 교과 모임은 주 1회 정기적으로 모여 공동으로 수업 지도안을 만들어 실천하고, 그 과정에서 생기는 문제나 고민을 함께 나누었습니다. 그곳에서 수업에 대한 ABC와 선배 교사들의 수업 노하우를 배웠습니다. 또한 다양한 수업 실천을 하면서 그 결과에 대해 칭찬과 격려를 받았습니다. 교사에게 전문적 학습 공동체 경험이 얼마나 중요한지를 그때 절실히 깨달았습니다.

교과 모임에 4~5년간 적극 참여하면서 교육과정 기획력을 키우고 다양한 수업 방법을 적용할 수 있었습니다. 하지만 교과 모임은 시간이 지남에 따라 교수·학습 방법에서 교육과정 쪽으로 관심사가 옮아갔습니다. 자연스럽게 교육 철학에 대한 고민이 깊어졌고, 상대적으로 교수·학습 방법 연구가 미진해졌습니다. 당시 교과 모임 활동가들은 교수·학습 문제를 기술적인 측면으로만 이해하여, 교수·학습 방법은 새내기 교사들이나 고민하는 것으로 여겼습니다.

1998년, 때마침 좋은교사운동에서 주관한 협동학습 세미나는 저에게 큰 자극이 되었습니다. 실습 위주의 연수라 더 마음에 들었는데, 학습 공동체를 지향하는 협동학습의 철학과 기본 원리가 무척 마음에 와 닿았습니다. 다양한 교수·학습 방법도 체계적으로 배울 수 있었습니다. 교실로 돌아와 협동학습을 실천해 보았는데, 학생들의 반응이 기대 이상으로 좋았습니다. 평소라면 수업 분위기가 좋지 않을 2월에 협동학습을 적용했는데, 수업하기 좋다는 3월보다 수업 분위기가 더 나았기 때문입니다.

3월부터 본격적으로 모둠을 구성하여 협동학습을 교실에서 실천했습니다. 협동학습을 실천하면서 수업하는 제 모습이 변하고, 수동적으로 참여하던 학생들이 적극적으로 변했습니다. 하지만 시간이 지남에 따라 예상하지 못한 여러 문제가 생기기 시작했습니다. 애초에 하루짜리 연수를 받고 1년 동안 수업에 적용하려고 했던 것 자체가 무리였습니다. 케이건 박사가 쓴 〈협동학습〉이라는 책으로 공부를 하면서 나름 실천하려고 했으나, 혼자 하려니 이해하는 데 한계가 있었습니다. 협동학습에 관심 있는 사람들을 모아서 함께 공부할 필요를 느꼈습니다.

그 해에 학교 차원에서 연구수업을 자원했습니다. 공개수업이 주는 부담 때문에 대개 연구수업을 피하는 분위기에서 제가 자원하자, 주위 선생님들이 놀라면서 매우 반가워했습니다. 열심히 수업을 준비하여 협동학습으로 공개수업을 했습니다. 교사 중심 수업에서 학생 중심의 협동학습은 모두에게 파격적이고 신선하게 다가갔습니다. 수업에 참관한 교사들은 좋은 평가를 해 주었고, 협동학습에 많은 관심을 보였습니다. 그렇게 동료 교사들을 모아 수업 동아리를 조직하여 1년 동안 협동학습을 주제로 연구 활동을 하였습니다. 학교 밖 교과 모임과 달리, 교과를 초월하여 수업을 고민하는 교내 수업 동아리 활동을 하며 학교 안에서 학습 공동체를 경험할 수 있었습니다.

그런데 1년이 지나자 구성원 중 1/4 이상이 다른 학교로 전근을 갔습니다. 특히 핵심 멤버들이 다른 학교로 가니까 동아리 모임 자체가 쉽지 않았습니다. 새롭게 동아리를 구성하려고 해도 이미 1년 동안 진도가 나간 상황이라 스터디하기가 쉽지 않았습니다. 결국 다음 해 수업 동아리는 흐지부지되고 말았습니다.

고민 끝에 존경하는 선배 교사인 송인수 선생님(현 사교육걱정없는세상 대표)을 만났는데, 송 선생님의 권유 반, 압력(?) 반으로 학교 밖에서 협동학습에 관심 있는 교사들을 모아 협동학습연구회(cooper.or.kr)를 시작하게 되었습니다.

2000년 2월, 협동학습 첫 세미나를 성황리에 마치고, 이때 참여한 교사들을 중심으로 협동학습연구회를 조직하여 본격적으로 활동하였습니다. 격주로 정기 모임을 열어 협동학습을 연구하고, 교실에서 실천했습니다. 방학 때면 성과물을 토대로 전국 세미나를 개최하였습니다.

그 결과 서울, 부산, 광주, 인천, 대전, 울산 등 전국에 지역 모임이 생겼고 지금은 15개 지역 모임으로 발전하였습니다. 중등 모임은 과목별로 소모임이 조직되어 도덕, 국어, 영어, 수학, 과학, 사회 등 6개 교과 모임이 활동하고 있습니다. 현재 한국협동학습연구회는 우리나라에 협동학습을 보급하는 데 앞장서고, 국제협동학습학회에 우리의 연구 성과를 알리며 국제 교류를 이끌고 있습니다.

2007년, 이우중·고등학교에서 협동학습 교내 연수 강사로 초청받은 적이 있습니다. '수업이 바뀌면 학교가 바뀐다.'는 캐치프레이즈 아래 배움의 공동체 모델을 학교 차원에서 막 시작하던 이우학교 교사들과 만나며 저는 수업 강평회 문화에 대해 다시 생각해 보게 되었습니다. 그곳에서 중학교 수학 수업을 참관하였는데, 수업 자체는 방정식을 주제로 하는 그저 그런 평범한 조별 수업이었습니다. 그러나 이후 무려 3시간 동안 진행된 수업 강평회는 매우 인상적이었습니다.

긴 시간도 그렇지만, 무엇보다 수업을 바라보는 관점과 수업 피드백 방식이 달랐습니다. 수업을 통해 수업 참관자가 무엇을 느꼈고 무엇을 배웠는지, 교사의 가르침보다 학생의 배움에 중점을 두어 피드백을 하였습니다. 배움이 어디에서 일어나고 어디에서 멈추는지 주로 이야기하는 수업 강평회는 그 자체가 수업 연수였습니다. 이우학교 다른 교사들의 수업도 참관하면서 전체 교사들이 수업에 대한 진지한 고민과 토론 과정을 통해 성장하고 있음을 느낄 수 있었습니다. 학교가 행정이 아니라 수업 중심 구조로 이루어진 점도 인상적이었습니다.

이우학교 방문 이후 스스로 돌아보며 반성하는 시간을 가졌습니다. 당시 한국협동학습연구회 대표로 대외적으로는 활발하게 활동하며 수업 혁신을 이야기했지만, 정작 제가 근무하고 있는 학교 안에서는 조용히 있었기 때문입니다. 그래서 그해 학교 안의 몇몇 교사들을 모아 '예수회'라는 수업 동아리를 조직했습니다. '예쁜수업이야기회'의 약칭이었습니다. 전체 60여 명의 교사 중 약 15명이 모여, 2년 동안 수업 동아리 활동을 하였습니다. '예수회'는 2008년에 범교과 통합 프로젝트 수업을 진행하여 서울시교육청 교과연구우수연구회로 지정되기도 했습니다.

2009년, 저는 현재 공립형 자율학교의 전신인 개방형 자율학교로 옮겼습니다. 원래 개방형 자율학교는 공립학교에서도 이우학교 같은 모델을 만들어 보자는 취지로 학력 신장과 인성 교육, 두 마리 토끼를 다 잡겠다고 시작한 인문계 고등학교였습니다. 부푼 꿈을 안고 부임했지만, 막상 학교에 가서 보니 수업 혁신보다 각종 행정 업무에 시달리고 있었습니다.

신설 학교인 데다 각종 연구 시범학교 사업으로 인하여 업무가 과중했습니다. 방과 후 수업, 야간자율학습, 방학 중 보충수업, 기숙사 운영 등 모든 일을 해내야 했습니다. 수많은 일에 지쳐 갈 무렵 초심을 잡고 새롭게 수업 동아리를 시작하였습니다. '행복수업모임'이라는 수업 동아리를 조직했는데, 인문계 고교에 맞는 수업 혁신 모델을 고민하는 동아리였습니다. 당시 교사의 절반이 신청할 정도로 반응이 뜨거웠습니다.

남한산초등학교와 이우중·고등학교를 통해 본격적으로 혁신학교 운동이 시작되고 진보적인 교육감이 선출되어 혁신학교 운동이 교육청 사업으로 전개되면서 자연스럽게 혁신학교에 관심을 갖게 되었습니다. 보평초, 덕양중, 흥덕고 등 수많은 혁신학교에서 협동학습 연수를 강의했고, 경기도 혁신학교 거점 학교인 덕양중학교는 공모 기획 준비 단계부터 참여했습니다. 지금까지 수업 혁신에 대한 고민과 노력이 개인 차원이나 교사 자율 연구 모임 차원에서 주로 이루어졌다면, 혁신학교 운동을 통해 단위 학교 차원에서 수업 혁신을 고민하게 되었습니다. 좋은교사운동도 학교 혁신에 관심이 높아져 학교혁신위원회를 조직, 이후 좋은학교만들기위원회란 이름으로 개칭하여 학교 혁신에 대한 연구, 집필, 연수, 컨설팅 등의 활동을 펼치고 있습니다.

저는 지금 좋은교사운동에 상근하면서 전국의 학교들을 탐방하고 연구하며 좋은 학교 만들기 작업에 참여하고 있습니다. 좋은교사운동 회원을 중심으로 설립한 소명중·고등학교에서 교육과정 기획, 수업 코칭과 교사 교육, 학부모 교육도 담당하고 있습니다. 서울시 교육청 혁신학교자문위원회에서 자문위원을 맡아 혁신학교 정책 입안 과정에 참여하였고, 2011년에는 경희대 성열관 교수팀에 합류하여 서울시 교육청 주관 수업혁신정책연구과정에도 참여하였습니다. 이런 과정을 통해 교육청의 수업 혁신 노력을 이해하고 수업 혁신을 위한 정책을 고민할 수 있었습니다.

2012년 3월 EBS의 '선생님이 달라졌어요' 프로그램에 수업 코치로 참여했던 경험도 여러 가지를 배우고 고민할 수 있었던 좋은 기회였습니다. 참여한 선생님들의 수업이 수업 코칭을 통해 변하는 과정을 보면서 수업 코칭의 중요성을 깨달았습니다. 또한 동두천양주교육지원청에서 주관한 '행복한 교실' 수업 코칭 프로젝트와 여러 교사 단체(광명혁신학교연구회 등)나 단위 학교에서 수업 코칭 활동을 하면서 교사가 수업 성장을 하려면 어떤 노력을 기울여야 하는지 구체적으로 알게 되었습니다.

이 책은 지금까지 제 경험과 수업 혁신에 대한 오랜 고민을 바탕으로 정리한 내용입니다. 한국의 교육 현실에서 교사 개인, 단위 학교, 교사의 전문적 학습 공동체, 제도 등 여러 차원으로 접근하려고 노력하였습니다. 수업 혁신은 한 가지 접근 방식으로 쉽게 이루어지는 것이 아니기 때문입니다. 이 책이 수업 혁신에 대해 고민하는 분들에게 실질적인 도움이 되기를 바랍니다. 특히 교사들이 수업 혁신에 대한 해답을 찾아가는 데 길잡이가 되기를 바랍니다.

이 책이 나오기까지 도움을 주신 주변의 많은 분들께 감사드립니다. 오랫동안 같이 일하며 지원해 주신 좋은교사운동 대표 정병오 선생님, 학교 혁신에 대한 시야를 넓혀 준 경기도교육정보연구원의 김성천, 오재길 선생님, 수업 코칭 참여 기회를 준 EBS '선생님이 달라졌어요' 제작팀, 수업 코칭과 수업친구만들기운동의 새로운 분야를 개척하고 있는 수업코칭연구소의 이규철, 김태현 선생님, 좋은 학교에 대해 함께 고민하는 김영식, 한성준, 최재훈 선생님을 비롯한 좋은교사운동 좋은 학교만들기위원회 선생님들, 최두진 선생님을 비롯한 한국협동학습연구회 선생님들, 김지연, 이규대 선생님을 비롯한 경기남부협동학습연구회 선생님들, 신병준, 장슬기 선생님을 비롯한 소명중·고등학교 선생님들, 수업 성찰 및 수업 코칭 활동에 함께한 광명혁신학교연구회 선생님들, 동두천양주교육지원청 김정은 장학사님과 행복한교실 선생님들께 진심으로 감사드립니다. 또한 원고 검토 작업에 참여해 준 김진우, 신만식, 남이형, 박준영, 한성준, 서용선, 임정연, 염지선 선생님께 고마움을 전합니다. 사랑하는 우리 가족(성경, 하림, 예준), 늘 힘이 돼 주어 감사합니다. 무엇보다 하나님께 감사하며……

2013년 5월
김현섭

차례

CHAPTER 1

수업 혁신이
어려운 이유

우리 학교는 안녕한가

행복지수 꼴찌, 학교가 불안하다

최근 한국방정환재단과 연세대 사회발전연구소에서 전국의 초등학교 4학년부터 고등학교 3학년까지 6천여 학생을 대상으로 행복지수를 조사했는데[1] 그 결과를 보면 우리 학교가 처한 상황을 짐작할 수 있습니다. 학생들에게 주관적으로 생각하는 건강 상태, 학교생활 만족도, 삶의 만족도, 소속감, 주변 상황에 대한 적응 정도, 외로움 등 6가지 영역을 물었는데, 한국 학생들의 행복지수는 65.98점으로 OECD 23개 국가 중 3년 연속 최하위로 나왔습니다. 행복지수가 가장 높은 스페인보다 47.6점, OECD 평균보다 34점이 낮은 점수였습니다. 바로 위 순위인 헝가리와도 20점 이상 차이가 났습니다.

그뿐 아닙니다. 대전 지역 초·중·고등학교 학생들을 대상으로 한 학교생활 만족도 조사[2]에서 설문 응답자 995명 중 절반이 넘는 553명이 '학교생활이 즐겁지 않다.'고 응답했습니다. '학교 다니는 게 즐거운가?' 하는 질문에 초등학생들은 60.3%가 즐겁다고 답했으나 중학생은 45.5%, 고등학생은 27.9%로, 학년이 올라갈수록 학교생활의 즐거움이 떨어졌습니다. 학교생활에서 가장 힘든 것은 학년을 망라하여 '공부와 숙제 등 학업 부담'을 꼽았으며, 반면 학교생활에서 가장 만족스러운 것은 대부분 '친구 관계'와 '노는 것(운동)'을 들었습니다. '학업'을 택한 학생은 초등학생 9.2%, 중학생 4.2%, 고등학생 8.0%에 그쳤습니다.

학부모들은 어떨까요? 사교육 실태 조사 결과[3]를 보면 학부모들이 얼마나 공교육을 믿지 못하는지, 자녀 교육에 대해 불안해하는지 알 수 있습니다. 현재 유아부터 고등학생까지 아이들이 사교육에 참여하는 비율은 95.5%로, 학생 1인당 평균 사교육비는 월 409,000원으로 집계됩니다. 6천만 원 이상의 상위 소득 가구는 619,000원을 사교육비로 쓰고 있는데, 학부모들의 60.9%가 '정부의 입시 정책'(38.0%)이나 '학교 교육 부실'(22.9%) 등 공교육과 관련한 문제 때문에 사교육을 시키고 있다고 응답했습니다. 학부모들이 공교육을 충분히 신뢰하지 못하여 사교육에 매달리고 있음을 알 수 있습니다.

그렇다면 아이들의 교육을 책임지는 교사들은 행복할까요? 교사는 선호 직업 조사에서 1, 2위를 다투는 인기 있는 직업이지만, 정작 교사들의 업무 만족도는 상대적으로 낮습니다. 한국교원단체총연합회가 실시한 설문 조사[4]에서, 최근 1~2년간 본인 또는 동료 교사의 교직에 대한 만족도 및 사기 변화를 묻는 질문에 교원 응답자의 63.4%가 '떨어짐 또는 매우 떨어짐'으로 응답했습니다. '매우 상승 또는 상승'이라고 대답한 교사는 6.5%로 낮았는데, 그 이유는 응답자의 46.9%가 '학부모·학생에 대한 권위가 상실되어서'라고 하였습니다. 이어 '직무의 자율성이 부족해서'(14.3%), '가르치는 보람이 떨어져서'(12.7%), '보수·후생복지 수준이 낮아서'(9.7%) 같은 이유를 꼽았습니다.

학교는 더 이상 학생, 교사, 학부모 모두에게 행복한 공간이 아닙니다. 많은 사람들이 현재 학교의 모습에 만족하지 못하고, 학교 혁신을 기대하는 상황입니다.

학교 혁신보다 더 어려운 수업 혁신

수업 붕괴, 학교 붕괴를 우려하는 목소리가 여기저기서 나오면서 수업 혁신, 학교 혁신에 대해 많은 사람들이 관심을 보이고 있습니다. 교육청에서도 학교 혁신을 위한 여러 방안을 제시하고 있는데, 경기도 교육청은 학교 혁신 과제로 수업 혁신, 교실 혁신, 행정 혁신, 제도 혁신 등을 내세우고 있습니다. 서울시 교육청 역시 학교 혁신을 위한 실행 과제로 학교 운영의 혁신, 교육과정의 혁신, 수업의 혁신, 학생 평가 방법의 혁신, 생활지도의 혁신, 교육 복지의 혁신을 꼽고 있습니다. 서울시 교육청에서 제시한 학교 혁신 과제들은 다음과 같습니다.[5]

첫째, 기존 관료주의 방식에서 벗어나 학교 구성원들이 학교 운영에 자발적으로 참여할 수 있는 구조를 만든다.

둘째, 국가 수준 교육과정에 대한 경직성에서 벗어나 학교 상황에 맞는 다양하고 창의적인 교육과정을 구성하여 운영할 수 있도록 한다.

셋째, 기존 교사 중심, 지식 중심의 수업 방식보다 참여와 소통을 통한 협력 수업을 구현하고 이에 맞는 과정을 중시하는 학생 평가 방식을 채택한다.

넷째, 관행에 근거한 생활지도 방식을 평화 교육 방식으로 전환한다. 즉, 생활지도에 있어서 학생 자치를 강화하고 비폭력과 인권의 관점에서 접근한다.

다섯째, 과감하게 학교 행정 업무를 줄이고 교무 업무 조직을 재조직하여 평교사들이 수업과 생활지도에만 전념할 수 있도록 한다.

여섯째, 자발성과 전문성, 책임감을 강조하는 학교 문화를 만든다. 외형적인 프로그램보다 기존 학교 문화의 취지를 잘 살려 발전시킬 수 있는 방안을 고민한다.

학교 운영 방식의 혁신은 의외로 쉽습니다. 학교 운영의 최고 결정권자인 교장이 변하면 됩니다. 교육과정의 혁신도 연구부장이 교육과정 운영 계획서를 만들 때 우수한 학교의 사례를 참고하고 자기 학교만의 아이디어를 넣으면 됩니다. 교육과정위원회를 조직하여 TF팀 형태로 학교 교육과정을 연구하거나, 조현초등학교처럼 전 교사들이 참여할 수도 있습니다. 어느 범위까지 참여할 것인가의 문제일 뿐, 열심히 노력하면 짧은 시간 안에도 가능한 것이 교육과정 혁신입니다.

생활지도 혁신은 학생부장(생활지도부장, 학생인권부장) 교사나 담임교사가 변하면 됩니다. 경기도 장곡중학교의 경우, 교문 지도를 할 때 학생부장 교사가 복장을 검사하는 대신 학생들을 반갑게 맞으며 먼저 인사를 건넵니다. 성남의 한 중학교는 '허그 데이hug-day'를 만들어, 교사가 학생들을 웃으며 맞고 희망하는 학생들을 가볍게 안아 줍니다. 수원중앙기독초등학교는 하교 시 모든 담임교사들이 일일이 학생들과 눈을 맞추고 가볍게 스킨십을 하면서 인사합니다. 서울구현고등학교는 '학생 자치 법정'을 운영하여, 가벼운 사안은 학생들 스스로 해결할 수 있도록 합니다.

교육 복지는 예산이 확보되면 가능하고, 학교 행정 혁신은 교무 업무 조직을 이원화(수업팀, 행정지원팀) 내지 삼원화(수업팀, 생활지도지원팀, 행정지원팀)하면 가능합니다. 또한 교육부나 교육청 차원에서 추진하고 있는 사업을 과감히 줄이면 행정 업무를 획기적으로 줄일 수 있습니다.

행정 혁신의 경우, 교육부 장관이나 교육감, 학교장의 실천 의지가 중요합니다. 최근 학교 업무 정상화 방안이라는 이름으로 교무 업무 조직 개편이 이루어지고 있는데, 교육부나 교육청에서 행정 관련 사업을 줄이고 학교장이 나서서 불필요한 행정을 없애는 것이 중요합니다.

이런 과제들이 손쉽게 이루어지는 것은 아니지만, 해당자의 의지가 있으면 짧은 시간 안에 가시적인 변화를 이끌어 낼 수 있다는 점에서 수업 혁신보다 상대적으로 이루기 쉽습니다. 하지만 수업의 변화는 빠른 시간 내에 기대하기 어렵습니다.

수업 지도안을 의무로 제출하도록 하고, 전 교사가 정기적으로 수업을 공개하고 수업 혁신 연수를 의무적으로 참여하게 하며, 각종 수업 혁신 지원 사업을 추진한다고 교실 수업이 금세 바뀌지는 않습니다. 학교 혁신의 핵심이자, 가장 어려운 과제인 수업 혁신은 지금까지 여러 정책이 나왔지만 교실 수업을 획기적으로 변화시키지는 못했습니다.
수업이 잘 변하지 않는 이유는 무엇일까요?

수업 혁신을 가로막는 현실

수업보다 행정 능력이 우선

교사가 학교에서 주로 하는 일은 수업, 생활지도, 행정 업무입니다. 업무 시간의 비중으로 보자면 앞서 말한 순서지만, 교사에게 실제 업무의 우선순위는 역순입니다. 많은 교사들이 행정 업무를 먼저 처리하고 생활지도를 한 뒤, 남은 시간에 수업 준비를 합니다.

행정 업무는 전체가 공개됩니다. 예를 들어 어떤 교사가 교내 토론 대회를 담당했다면 해당 부서 부장 교사나 학교 관리자와 협의하여 추진합니다. 기안 작성도 형식이나 맞춤법이 틀리면 결재 과정에서 드러나기 때문에 교사는 기안문을 작성하는 데 신경 쓸 수밖에 없습니다.

생활지도는 잘못하면 확연히 드러납니다. 학생 지도를 훌륭히 하는 담임교사를 칭찬하려고 교장실로 전화하는 학부모는 거의 없습니다. 반면, 학생을 체벌하거나 학생에게 문제가 발생한 경우 교장실로 직접 전화하는 학부모는 많습니다. 최근에는 학급 왕따 문제를 적절히 지도하지 않아 왕따 학생을 자살로 몰고 갔다는 이유로, 담임교사가 형사 처벌을 받는 일까지 발생했습니다. 교사는 최소한 자신이 맡고 있는 학생들이 큰 사고를 치지 않도록 지도해야 합니다.

행정 업무나 생활지도 업무는 그때그때 처리하지 않으면 이와 관련한 다른 사람이나 부서에 영향을 줍니다. 그에 비해 수업은 오직 수업을 듣는 학생들에게만 공개되어, 동료나 관리자들이 교사의 수업 준비 정도나 능력을 평가하기 어렵습니다. 물론 정기적으로 전 교사가 수업을 공개하거나 공개 연구수업을 진행하기도 하지만 보여 주기식 수업인 경우가 많습니다. 기본적으로 수업은 철저히 개인 영역으로 이해됩니다. 우리 교직 문화에서는 교장도 사전 동의나 양해 없이 교사의 수업을 볼 수 없고, 교생의 참관마저 꺼리는 현실입니다. 팀티칭team-teaching도 보편화되지 않아 그렇게 하는 경우 서로 불편해합니다.

전문직의 대표 직종인 의사나 변호사와 비교했을 때, 교사의 수업을 전문적이라고 말하기에는 부족한 점이 있습니다. 환자를 진단하고 처방하는 과정을 보면 의사의 전문성을 판단할 수 있습니다. 의사들은 훈련 과정에서 모의나 실제 사례를 통해 전문성을 증진시킬 기회가 많습니다. 변호사도 마찬가지입니다. 변호사의 전문성은 법률을 다루는 다른 사람 즉, 판사, 검사와의 관계를 통해 드러나며 이 과정에서 자신의 전문성을 더욱 향상시킵니다.

그러나 교사는 행정 업무와 생활지도 영역에서 동료나 선배 교사, 학교 관리자에게 검증받고 도움을 받을 수 있으나, 수업만큼은 평가를 받거나 전문성을 높일 기회가 거의 없습니다. 사대나 교대의 학부 과

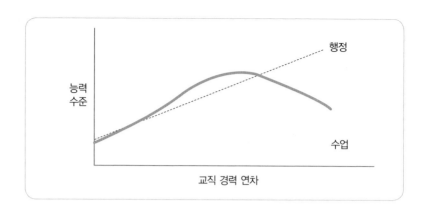

행정

능력
수준

수업

교직 경력 연차

정은 이론 중심이라 실제 사례 연구를 습득할 기회가 적으며, 교육 현
장에서는 과중한 다른 업무 때문에 수업이 우선순위에서 밀립니다. 그
래서 교직 경력이 쌓일수록 교사는 행정의 달인이 되지만 수업 능력은
정체되거나 오히려 퇴보하는 경향이 생깁니다.

현재의 근무 평정 제도는 주요 평가 기준이 '수업'이 아니라 '행정 능
력'입니다. 일상 수업이 공개되고 수업을 평가할 수 있는 보편적인 기준
이 마련되어야 하는데 현실적으로 쉽지 않기 때문에 수업은 평가하기
가 힘듭니다. 반면, 행정 업무와 생활지도는 공개적이기 때문에 상대적
으로 평가하기 쉽습니다. 그래서 수업 능력보다 행정 능력이 탁월한 교
사가 부장교사나 교감, 교장으로 승진할 기회를 더 얻습니다.

수업을 잘하는 교사를 최대한 배려한 것이 최근에 도입한 수석교사
제입니다. 그런데 현재 이 수석교사라는 위치가 애매한 상황입니다. 수
석교사가 수업에 집중하면서 수업 컨설팅이나 연수를 추진하고 교육
과정 기획 업무를 총괄하는 외국과 달리, 우리나라에서는 그런 역할
을 제대로 감당하지 못할 뿐 아니라 교감 아래 직급으로 인식되어 일

부 학교의 교감들은 수석교사를 견제하는 일까지 벌어지고 있습니다. 그래서 안타깝게도 행정 업무 때문에 밤늦도록 학교에 남아 있는 교사는 있어도, 다음날 수업 준비를 위해 늦게까지 일하는 교사는 찾아보기 쉽지 않습니다.

수업은 안 배워도 알아서 하는 것?

한 교사의 수업 유형은 대체로 새내기 교사 시절 즉, 부임 초부터 4~5년차에 형성됩니다. 그리고 특별한 계기가 없는 한 이때 형성된 교수 유형과 습관이 나머지 교직 생활을 지배합니다. 삶으로 배운 것만 가르칠 수 있다는 점에서, 교사의 교수 유형과 습관은 교사가 성장 과정에서 체험했던 학습 경험의 영향을 주로 받습니다. 예를 들어 교사가 교실에서 프로젝트 수업을 제대로 하려면 교사가 예전에 프로젝트 수업을 받아 본 경험이 있어야 합니다. 그러나 대다수의 교사들이 충분한 실습과 경험 없이 학교 현장에서 시행착오를 겪으며 수업을 배웁니다.

최근 한 인문계 고등학교에서 음악 수업을 코칭하였습니다. 인문계 고교라는 한계에도 불구하고 선생님은 학생들이 음악을 친근하게 여길 수 있도록 여러 가지 노력을 기울이고 있었습니다. 그 선생님에게 왜 수업 코칭을 신청했는지 물었더니, 자신이 음악 수업 방향을 제대로 잡고 있는지 검증받고 싶었다고 했습니다. 교직 8년차 교사였지만 이제껏 자기 수업에 대한 고민을 털어놓고 객관적으로 검증받을 기회가 없었다고 했습니다. 참 마음이 아팠습니다. 교사에게 정기적으로 자신의 수업을 성찰할 수 있는 기회가 없다는 것은 큰 문제입니다.

교사의 수업이 발전하기 어려운 이유 중 하나는 교직 문화를 지배하고 있는 개인주의입니다. 초임 교사가 성장하기 위해서는 좋은 선배 교사에게 잘 배워야 합니다. 그러나 행정과 생활지도는 배울 기회가 있지만 수업만큼은 도움을 요청할 곳이 거의 없습니다. 철저하게 교사 개인이 알아서 해결하는 분위기입니다.

선배 교사는 초임 시절 선배에게 수업에 대해 배운 적이 없기 때문에 선뜻 나서서 이야기하는 것을 부담스럽게 생각하고, 또 후배가 도움을 요청한 것도 아닌데 수업에 대해 왈가왈부하는 것은 간섭이라고 생각합니다. 반대로 새내기 교사는 수업에 대한 고민이 많아도, 안 그래도 바쁜 선배에게 개인 시간을 내 달라고 하는 것이 미안하고 누군가에게 도움을 청하는 것 자체가 제 일을 못하는 것처럼 느껴져 민망해합니다.

일부 교육청에서 새내기 교사에게 추수연수과정을 운영하고 있지만, 수업 고민을 충분히 해결해 주지 못하고 있습니다. 경력이 많은 교사들도 마찬가지입니다. 그러다 보니 경력이 쌓여도 수업 능력이 새내기 교사보다 못한 경우도 있습니다. 최근 생애주기별연수가 도입되고 연수학점이수제가 실시되면서 중견 교사들이나 경력이 쌓인 교사들이 연수를 많이 신청하고 있지만, 수업의 한계를 극복하기에는 여러 모로 부족한 형편입니다.

학교급별로 살펴보기

학교급별로 교사들이 소진되는 상황을 구체적으로 들여다보면 다음과 같습니다.

– 초등학교 : '버퍼링' 수업과 '클릭' 수업

초등학교는 담임교사가 거의 전 과목을 가르치는데, 고학년이 되면 난이도가 높아져 수업 준비를 하는 일이 만만치 않습니다. 하지만 생활지도에 신경을 많이 써야 하는 초등학교에서는 일과 중에 수업 준비를 할 시간이 없습니다.

점심시간에도 편안히 식사할 여유가 없는 상황이라 학생들이 하교한 다음 밀린 업무를 처리하는데, 마감 시한이 임박한 행정 업무를 처리하고 나면 수업을 준비할 시간이 부족합니다. 그러다 보니 일명 '버퍼링 수업'을 하는 교사들이 많습니다. 버퍼링 수업은 '수업을 진행하면서 준비'하는 것입니다. 초등학교 수업에서 문제가 되는 또 하나는 일명 '클릭 수업'입니다. 상당수의 초등학교 교사들이 '티나라', '아이스크림' 등 교육 사이트의 자료들을 활용합니다. 그런데 이런 매체를 활용하는 수준을 넘어서 수업 시간에 마우스만 클릭하는 경우가 있습니다.

아무리 유능한 교사라도 모든 과목을 완벽하게 준비하기는 힘들며, 교사마다 자신 있는 과목과 그렇지 않은 과목이 있기 마련입니다. 교과 전담제나 팀제 등을 도입하여 교사의 부담을 줄여 줄 필요가 있습니다.

– 중학교 : 과중한 생활지도 부담

북한군이 함부로 남침하지 못하는 것은 중학교 2학년이 어떤 존재인지 파악이 안 되기 때문이라는 우스갯소리가 있습니다. 그만큼 중학생들을 생활지도하기가 힘들다는 뜻입니다. 초등학생은 아무리 힘든 아이라 하더라도 교사의 지도에 어느 정도 순응하고, 고등학생은 상담을 하면 교사의 이야기를 어느 정도 이해합니다. 그러나 사춘기가 본격적으로 시작되어, 스스로도 자신이 이해되지 않아 혼란스러워하는 중학생들은 의사소통이 쉽지 않고 처벌 같은 강압적인 힘으로도 지도하기 어렵습니다. 이런 상황이라 중학교 교사의 업무에서 생활지도가 차지하는 비중이 매우 큽니다. 또한 고교에 비해 잡다한 행정 업무가 많아 교사들이 일과 시간 안에 수업 준비를 하기가 쉽지 않습니다.

– 인문계 고등학교 : 입시 위주의 수업과 보충수업

대부분의 인문계 고교는 대입 준비를 위해 설명식 강의나 문제 풀이 방식으로 수업을 진행하기 때문에 수업 혁신이 가장 힘듭니다.

인문계 고등학교에서 근무할 때, 모둠별로 단원과 관련된 주제를 선정하여 자발적으로 과제를 수행하는 프로젝트 수업을 실시한 적이 있습니다. 학생들은 보고서와 프레젠테이션 자료, UCC 작품을 발표해야 했지만 당시 학교에서 야간자율학습을 의무적으로 실시했기 때문에 학생들이 프로젝트 과제를 준비할 시간이 없었습니다. 그래서 자율학습 시간을 활용하도록 했더니, 담임교사들이 자율학습을 빠지면서까지 프로젝트 과제를 해야 하느냐고 불만을 토로했습니다. 급기야 학년

부장 선생님이 프로젝트 수업을 하지 말라고 하셨습니다. 그래서 학년 부장 선생님을 찾아가 설득과 함께 여러 가지 방안을 제시하여 간신히 허락을 받았습니다. 2학기부터는 프로젝트 수업이 우수 수업으로 인정받아 오히려 외부 참관자들의 학교 탐방 필수 코스로 자리 잡을 수 있었지만, 인문계 고등학교에서 수업 혁신이 얼마나 힘든지 실감할 수 있었습니다.

인문계 고등학교에서 또 다른 걸림돌은 보충수업입니다. 사교육을 줄이는 수단으로 학교를 학원화하는 정책을 추구하다 보니 방과 후 수업이 점점 많아지고 있습니다. 방과 후 수업은 본 교육과정 내 수업과 차별되고 최근 대입 제도의 변화에 부응하는 다양한 내용을 준비해야 합니다. 그래서 교사들이 본 수업보다 방과 후 수업 준비에 더 집중하는 현상이 나타나기도 합니다.

– 전문계 및 일부 인문계 고등학교 : 학습 무기력에 빠진 학생들

비평준화 지역의 고등학교는 성적에 따라 등급이 나누어집니다. 서울도 고교 선택제 실시 이후 학교 간 등급과 서열이 생기고 있습니다. 서울 변두리 일반 인문계 고교의 경우, 우수 학생들이 선택을 기피하다 보니 자연스럽게 성적이 낮은 학생들이 모입니다. 전문계(특성화) 고등학교 역시 학생들이 수업을 잘 따라오지 못합니다. 아무리 학교 시설을 최신으로 갖추고 홍보를 해도 상대적으로 성적이 낮은 학생들이 오기 때문입니다.

제가 방문했던 서울의 한 정보산업고등학교는 시간표상으로는 50분

수업이지만 학생들의 수업 집중도가 떨어져 실제로는 20분만 수업하고 나머지 30분은 쉬게 하였습니다. 전공 실습 같은 전문 교과 수업은 어느 정도 이루어지지만 국어, 영어, 수학 등 일반 교과 수업 시간에는 잠을 자거나 집중을 못하는 학생들이 많기 때문입니다.

성적이 떨어지는 일부 인문계 고등학교와 전문계 고등학교는 학습 무기력이 가장 큰 문제입니다. 이는 교사의 수업에도 영향을 미쳐, 교사가 수업을 대충 하기도 합니다. 심지어 일반 교과 교사 중에는 전문계 고교를 잠시 쉬어가는 곳으로 여기는 경향도 있습니다.

이밖에 외고, 과학고, 국제고 등 특수 목적고나 자율형 사립고에서 근무하는 교사들도 수업하기가 그리 쉽지 않다고 이야기합니다. 다른 학교에 비해 수업 참여도와 생활지도에는 큰 문제가 없으나, 상대적으로 교육과정 재구성, 사교육과 입시 문제 등 나름 고충과 어려움이 있습니다.

강압적인 '수업 혁신', 상처로 남다

우리나라 근현대 교육사를 살펴보면, 일제시대 총독부가 단위 학교들을 감시하면서 형성된 관료주의가 우리의 학교 문화로 자리 잡았음을 알 수 있습니다.[6] 국가와 학교가 수직적인 관계로 발전하여 국가가 학교 정책을 주도하였는데, 그 속에서 학교 혁신, 수업 혁신은 원래의 취지를 잃고 외부 압력으로 변질되곤 했습니다.

1990년대를 풍미했던 열린교육운동[7]은 원래 몇몇 학교를 중심으로 한 자발적인 수업 개선 운동으로 그 열기가 매우 뜨거웠습니다. 그러나 문민정부에서 이를 주도하면서 운동의 성격이 변질되었습니다. 승진 가산점이 부여되고 예산이 집중 지원되자 외적 보상에 관심 있는 교사들이 적극 참여하였고, 상대적으로 자발적으로 참여했던 교사들과 학교는 운동의 주변부로 밀려났습니다. 이후 교실 붕괴에 대한 이슈가 부각되면서 열린교육운동은 급격히 영향력을 상실하였고, 정부가 바뀌면서 열린교육이라는 이름조차 사라져 버렸습니다.[8]

김대중 정부의 교육 정책 화두는 ICT(정보통신기술 활용) 교육이었습니다. 당시 차시마다 10% 이상 ICT 수업을 하고, 수업 지도안도 ICT 양식에 맞추어 작성하라고 시끌벅적했지만, 지금은 ICT 교육이라는 이름조차 남아 있지 않습니다. 상황이 이렇다 보니 교사들에게 '수업 혁신'이라는 말은 상처가 되었습니다.

최근 정부 차원에서 여러 가지 스마트 러닝 정책을 추진하며 SF 영화처럼 장밋빛 미래를 제시하고 있으나 현실적으로는 추진하는 데 많은 문제가 있는 상황입니다.

얼마 전 혁신학교로 예비 지정된 학교를 방문할 기회가 있었습니다. 그 학교의 교장 선생님은 자신이 맡은 학교를 혁신학교로 만들기 위해 여러 모로 노력하는 분이었습니다. 그런데 교사들 사이에는 교장 선생님이 밀어붙이는 혁신학교 지정을 거부하는 분위기가 형성되어, 혁신부장이 교장과 평교사 사이에서 힘겨워하고 있었습니다.

수업 혁신에 대한 외부 압력은 교사들이 수업 혁신에 형식적으로 대처하게 만들 수 있습니다. 그런 혁신은 부실할 수밖에 없고 외부의 압력이 약해지면 교사들은 즉시 불만을 표출하게 됩니다. 이런 일들이 반복되면 교사들은 수업 혁신 자체를 냉소적으로 바라보게 되고, 열심히 노력하는 교사들마저 힘이 빠집니다. 외부의 압력만으로는 교사의 수업을 온전히 혁신시킬 수 없습니다. 오히려 교사 스스로 수업을 혁신하려는 의지마저 꺾을 수 있습니다.

무기력한 교실 풍경

수업에 집중하지 않는 아이들

2011년에 핀란드와 덴마크 교육 현장을 탐방하는 연수를 다녀왔습니다. 핀란드 일반 학교 수업을 참관하면서 우리나라의 수업 현장과 매우 비슷하다는 느낌을 받았습니다. 핀란드 학교 수업은 우리나라처럼 기본적으로 교사 중심, 지식 중심의 수업이었습니다. 차이가 있다면, 교사와 학생 사이에 사회적 상호작용이 활발하고 수업 시간에 자는 학생이 거의 없다는 점이었습니다. 핀란드 고등학생들은 밤 10시부터 오전 6시까지 하루에 8시간씩 충분히 잠을 자기 때문에 수업 시간에 자는 경우가 드물다고 합니다.

핀란드 학생들이 교실에서 딴짓을 하지 않는 또 하나의 이유는 학교에서 공부하지 않으면 공부할 곳이 거의 없기 때문입니다. 핀란드에서는 학원을 찾아보기 힘듭니다. 대부분의 학생들이 오후 3시 무렵 수업을 마치고 학교나 지역아동센터의 방과 후 특기 적성 프로그램에 참여하며, 저녁에는 집에서 공부를 합니다. 여기에는 교사의 권위를 존중하는 사회적 분위기가 중요한 역할을 합니다.

공교육 의존도가 높은 핀란드와 달리, 우리나라는 학교가 아니더라도 학원이나 과외를 통해서 보충할 수 있습니다. 심지어 학원보다 학교 수업의 질이 떨어진다고 생각하는 경우도 있습니다. 일부 교사들은 학생들이 사교육을 통해 이미 학습 내용을 알고 있다는 것을 전제로 수업을 진행하고, 학원 강사의 수업 방식을 대놓고 따라 하기도 합니다. 심지어 학생의 성적이 떨어지면 개별 학부모 상담을 통해 학부모에게 자녀를 학원에 보내거나 과외를 받으라고 권하는 경우도 있습니다.

입시 준비와 시험 성적에 초점을 맞춘 학원 수업과 전인 교육을 지향하는 학교 수업은 근본적인 차이가 있습니다. 학원 수업 방식을 모방하는 한, 학교 수업이 학원 수업을 능가하기는 힘듭니다. 그런데 현실에서는 학교와 학원 수업 모두 입시와 시험 성적에 초점을 맞춰 진행하여 두 수업에 별 차이가 없습니다. 오히려 학교 수업이 학원 수업화되는 현상까지 나타납니다.

교사들이 피로하다

교사들과 이야기를 나누어 보면 자신의 수업에 만족하지 못하는 경우가 많습니다. 경기도에 위치한 Y중학교 선생님들을 대상으로 수업에 대한 설문 조사를 한 적이 있습니다. 자기 수업에 대한 만족도를 점수로 매기도록 했는데, 100점 만점에서 평균 64점으로 만족도가 매우 낮았습니다. 수업 고민거리로는 학생들을 수업에 적극 참여시키는 문제와 수업 질서 세우기를 주로 꼽았습니다. 특히 과다한 행정 업무로 수업 준비가 부족한 상태에서 수업을 할 수밖에 없는 학교 현실에 대해 어려움을 토로했습니다.

〈행복한 교실을 만드는 희망의 심리학〉에서 저자 김현수는 학교 안에서 교사들이 수업 피로, 기관 피로, 공감 피로를 겪는다고 하였습니다. 수업 피로란 수업에서 경험하는 피로감입니다. 성공적인 수업은 교사와 학생 사이의 신뢰를 바탕으로, 지식과 감정이 활발하게 상호작용을 할 때 이루어집니다. 그런데 수업에서 학생들과 소통과 교감이 잘 이루어지지 않으면 교사에게 엄청난 스트레스가 됩니다.

열심히 수업을 하는데 학생들이 수업에 잘 집중하지 않고 떠들거나 잠을 자고 있는 학생들이 있으면 교사에게 상처가 됩니다. 사람은 누구나 인정받고 싶은 욕구가 있는데, 교사가 학생들에게 인정받지 못한다고 생각할 때 상처를 받게 되는 것입니다. 학생들이 별 생각 없이 한 말에도 교사가 상처를 받는 경우가 많습니다.

스스로 꼭 필요하다고 느끼지 못하는 학교 행정 업무들을 억지로 하면서 생기는 기관 피로도 상당합니다. 행정은 수업과 생활지도를 지원하는 보조 역할이라고 생각하지만, 수업 준비와 학생 생활 상담에도 시간이 부족한 터에 쏟아지는 행정 업무를 처리하면서 교사들은 지치고 맙니다. 저 역시 각종 시범 연구를 수행하는 신설 학교에서 근무한 적이 있습니다. 학교 혁신에 대한 꿈을 가진 교사들을 모아 시작한 학교였지만, 신설 학교로서 해야 할 일과 각종 연구시범학교 사업을 동시에 추진하는 과정에서 많은 교사들의 의욕이 소진되었습니다. 시간이 흘러 교장 선생님이 바뀌고 분주하던 학교 문화도 어느 정도 정리되었지만 교사들은 쉽게 회복하지 못했습니다. 교사들의 힘이 집단으로 소진된 상태에서 원래대로 회복하기가 얼마나 힘든지 온몸으로 경험하였습니다.

교사들이 겪는 공감 피로 역시 적지 않습니다. 다중지능이론 관점에서 보면, 교사는 고도의 대인지능이 필요한 직업입니다. 학생들의 필요와 행동에 세밀하게 공감해야 하지만, 공감 피로가 생기면 교사가 학생들을 만나는 것을 두려워하고 학생들의 시선을 회피하기 쉽습니다.

학생들이 모르는 비밀 중 하나가 교사도 아침에 일어나 학교로 출근하는 것을 힘들어한다는 것입니다. 교사가 학생보다 방학을 더 기다리기도 합니다. 학교에서, 교실에서 힘이 빠진 교사들은 다음과 같은 번아웃burn-out 증상을 보이기도 합니다.[9]

- 아이들을 만나도 별 느낌이 없다.
- 때로는 아이들을 만나는 것이 귀찮게 느껴진다.
- 수업 시간이 부담스럽다.
- 교직원 회의에 참여하는 것 자체가 부담스럽다.
- 새로운 일이 생길까 봐 두렵다.
- 표정이 무표정하다.
- 학교 안에서 웃는 일이 거의 없다.
- 아무 것도 하기 싫다.
- 그냥 쉬고 싶다.

- 빨리 퇴근하고 싶다.
- 모든 일에 관심이 없다.
- 일이 밀렸어도 정시에 퇴근한다.

번 아웃의 원인

번 아웃 증상의 원인은 여러 가지가 있습니다.

첫째, 번 아웃은 교사의 에너지 방향에서 수렴in-put과 발산out-put의 조화가 깨졌을 때 생깁니다. 수렴은 배움과 격려로 일어나고, 발산은 수업, 생활지도, 행정 업무 등 각종 일을 통해 나타납니다. 수렴과 발산의 조화가 잘 이루어져야 교사로서 자기 역할을 제대로 할 수 있습니다. 에너지를 발산할 기회는 많으나 상대적으로 공급받을 기회가 적은 교사들은 쉽게 지칩니다. 주변에서 적극 공감하고 격려해 주어 힘이 나도록 도울 때 배우려는 의지도 생깁니다.

둘째, 번 아웃은 일 자체보다 '해야 할 일'은 많고 '하고 싶은 일'은 제대로 할 수 없기 때문에 생깁니다. 자기가 하고 싶은 일은 많아도 즐겁게 감당할 수 있습니다. 자발성은 의미와 가치 부여에서 나오며, 내가 하는 일이 가치 있다고 생각할 때 열심히 하고 싶어집니다. 반대로 의미와 가치를 전혀 느끼지 못하는 일을 조직의 필요 때문에 강제로 하면 일은 처리하더라도 교사는 에너지를 소진하게 됩니다. 수업을 잘하고 싶은데, 행정 업무 처리 때문에 수업 준비가 소홀한 상태에서 수업을 하는 경우가 여기에 해당됩니다.

셋째, 번 아웃은 교사가 자신감을 상실하고 두려움에 사로잡힐 때 생깁니다. 교사는 업무를 추진하는 과정에서 성공과 실패를 동시에 경험합니다. 작은 성공의 경험이 이어지면 자연스럽게 자신감으로 발전합니다. 반대로 실패 경험이 반복되면 열등감과 두려움에 빠지게 됩니다. 어떤 일에 실패하거나 다른 교사나 학생 사이에서 관계가 깨지면 교사는 자신감을 상실하고 두려움을 갖습니다.

넷째, 번 아웃은 개인주의에 갇힌 교사의 삶에서 비롯됩니다. 수업 활동은 대체로 교사 개인의 영역 안에서 이루어지며, 수업에 대한 고민이 있어도 함께 풀어 갈 동료를 찾지 못하는 경우가 많습니다. 수업 시간에 가르쳐야 할 내용 중 잘 이해가 되지 않는 것이 있어도 개인 차원에서 적당히 넘어가는 일이 많습니다. 교직 사회에 만연한 개인주의는 교사를 편하게도 하지만 개인 차원에서 문제가 발생했을 때 극복 방안을 찾기 힘들게도 합니다.

다섯째, 번 아웃은 교사의 잘못된 열정에서 생기는 경우도 있습니다. 대부분의 교사들은 학창 시절 모범생이었습니다. 자기에게 주어진 일들을 잘 해내기 위해 부단히 노력을 기울이고 주변의 기대에 부응했을 것입니다. 이런 과정에서 완벽주의가 몸에 밴 교사들은 자신의 엄격한 기준을 학생들에게 요구하게 됩니다. 완벽주의는 어떤 일을 효율적으로 처리하는 데 큰 도움이 되나, 교사 자신이나 학생들에게 상처를 주는 요소로 작용하기도 합니다. 교사가 자신이 설정한 기준에 도달하지 못하면 자책하기 쉽습니다. 교사의 기준에 학생들이 노달하지 못했을 때, 특히 에너지가 많은 교사는 학생들에게 엄청난 압력을 가합니다. 그 과정에서 학생들이 스트레스와 상처를 받아 교사와 학생 사이의 관계가 무너질 수 있습니다.

여섯째, 번 아웃은 육체 피로, 정신 피로, 대인 관계 피로, 업무 부담에 따른 피로 때문에 생길 수 있습니다. 체육대회나 수학여행 지도를 하며 육체가 피로해지면 번 아웃될 수 있습니다. 학생이나 동료 교사와 갈등하거나 학교 관리자와 의견 충돌이 있을 때도 번 아웃 상태에 빠질 수 있습니다. 개인적인 고민이나 스트레스가 있거나 업무 부담이 큰 경우도 번 아웃의 원인이 됩니다. 번 아웃 상태에 빠졌다면 그 근본 원인이 무엇인지 정확히 인식해야 합니다. 번 아웃을 극복하지 못하면 교사가 행복하게 아이들을 가르치지 못하기 때문에 에너지가 빠져 나가는 지점을 잘 알아야 합니다.

수업 혁신, 제도만으로는 부족하다

'의무'만 남은 공개수업

수업 혁신을 하기 위해 학교 차원에서 다양한 노력을 기울이고 있습니다. 하지만, 실제 교실 수업은 그리 변하고 있는 것 같지 않습니다.

한때, 전체 교사에게 모든 차시의 수업 지도안을 미리 작성하여 학교장의 결재를 받도록 한 적이 있습니다. 수업 준비를 미리 하도록 하려는 취지였지만 지도안 작성은 형식적으로 진행되었습니다. 대다수 교사들이 예전 수업 지도안을 그대로 제출하거나 인터넷 검색을 통해 수업 지도안을 다운받아 이름만 바꾸어 제출했습니다. 직접 작성했더라도 실제 수업은 다르게 진행하는 경우가 많아 요즘은 많은 학교들이 수업 지도안 대신 수업 진도표 작성으로 대체하고 있습니다.

교원능력개발평가 실시 이후, 전 교사들에게 연 4회 이상 수업을 공개하도록 의무화하였지만, 이것 역시 크게 효과가 없는 상황입니다. 특히 학부모 대상 수업은 학부모 참여도가 매우 낮은데, 생업에 종사하는 학부모들이 낮 시간대에 수업을 보러 오는 것이 현실적으로 쉽지 않기 때문입니다.

동료 교사에게 공개하는 수업도 한계가 있습니다. 자기 수업을 하기도 바쁜 터라 다른 교사의 수업을 참관하기가 쉽지 않습니다. 참관 시간을 맞추기 어려워, 일부 혁신학교에서는 별도의 시간을 두고 교사들이 모두 참관하도록 시간표를 조절하기도 합니다. 하지만 일반 학교에서 이런 시도를 하는 경우는 거의 없습니다. 동료 장학이라는 이름으로 수업 공개를 유도하기는 하지만 적당히 참관록을 기록하여 제출하는 것이 관행입니다.

그나마 동료 교사들의 수업을 관찰할 수 있는 것이 연구수업인데, 이 수업은 보여 주기용으로 일상 수업과 달리 구조화된 수업으로 진행됩니다. 해당 학급에서 미리 시나리오를 만들어 시연하는 경우도 있습니다.

한 초등학교에서 실제 있었던 일입니다. 학부모들이 자기 자녀가 교사의 질문에 답변을 잘 하지 못하면 속상해하는 것을 알고, 교사가 학부모 공개수업 날 모든 학생에게 질문의 내용과 상관없이 손을 들도록 했습니다. 학생들이 정답을 알면 주먹을 쥐고 모르면 손바닥을 펴게 해서, 주먹을 쥔 학생에게만 답변 기회를 주었다고 합니다. 공개수업은 잘 진행되었는지 모르겠지만 결과적으로 교사는 학생들에게 정직하지 못한 방법을 가르친 셈입니다.

최근에는 직접 참관이 쉽지 않아, 수업 동영상을 촬영하여 학교에 제출하거나 학교 홈페이지에 탑재하는 경우가 많습니다. 학교마다 카메라가 설치된 수업 분석실을 두는 추세인데, 수업 분석실에서는 버튼만 누르면 손쉽게 수업을 촬영하고 디지털화할 수 있습니다.

자기 수업을 동영상으로 관찰하는 것만으로도 셀프 코칭의 효과를 낼 수 있습니다. 그러나 촬영 후에 자신의 수업 동영상을 제대로 다시 보는 경우는 드뭅니다. 이미 끝난 수업이기도 하고 영상을 통해 자신의 수업을 보는 일이 어색하기 때문입니다. 편집이 필요한 경우에만 어쩔 수 없이 보는데, 동영상이 수업 성찰이나 수업 코칭을 목적으로 하지 않는다면 오히려 교사들의 업무만 늘릴 뿐 큰 의미가 없습니다.

일부 학교에서는 동료 교사들끼리 수업 동영상을 돌려보고 교원 평가를 위한 자료로 활용하기도 합니다. 하지만 대부분의 교사들은 교원 평가에 부정적이어서, 동영상을 보지도 않고 매우 좋음에 체크하는 경우가 많습니다. 동료 교사의 수업 동영상을 다 보고 평가하는 것 자체가 교사들에게 큰 부담인 상황에서 수업 동영상을 돌린다 한들 피드백이 제대로 될 리 없습니다.

교원 평가 차원에서 학교 홈페이지에 수업 동영상을 올려 학부모에게 공개하기도 합니다. 그러나 용량 제한으로 수업 전 과정을 탑재하기 어렵고, 학생의 동의 없이 동영상을 올릴 수도 없어 흐지부지되기 십상입니다. 일부 학교에서는 수업을 10분 내외로 편집하여 홈페이지에 탑재하는데 가장 좋은 모습만 편집하기 때문에, 이를 수업 성찰이나 수업 코칭의 자료로 활용하기는 어렵습니다.

제대로 된 피드백이 필요하다

"K선생님께서 수업을 진행하시느라 고생을 많이 하셨는데 박수로 격려해 주시면 좋겠습니다."

"연구수업을 하신 K선생님의 수업 소감을 들어 보겠습니다."

"오른쪽에 앉아 계신 선생님부터 돌아가면서 수업에 참관한 소감을 이야기해 주십시오."

"오늘 수업은 이러이러한 부분이 좋았습니다. 하지만 이러한 점이 아쉬웠는데 앞으로 이 부분을 보완하면 좋을 것 같습니다."

......

"시간이 많이 흘렀네요. 학교 앞 식당을 예약해 두었으니 이쯤에서 정리하고, 혹시 수업에 대해 더 이야기하고 싶으면 식당에서 나누도록 하지요. 마지막으로 교장 선생님의 말씀을 듣도록 하겠습니다."

......

"K선생님, 오늘 수업 공개하느라 고생이 많았어요. 이제야 두 발 뻗고 잘 수 있겠네요."

우리에게 익숙한 수업 강평회의 모습입니다.

수업을 공개하는 것은 공개 그 자체보다, 공개된 수업을 제대로 피드백하는 데 의의가 있습니다. 수업 공개의 목적은 교사가 일상 수업을 더 잘할 수 있도록 돕기 위한 것이기 때문입니다. 그러나 학교 관리자 중에도 제대로 된 수업 피드백을 할 수 있는 사람이 드뭅니다. 기존 수업 공개회와 수업 강평회의 문제를 정리하면 다음과 같습니다.

첫째, 교육과정과 교수·학습 방법에 치중하여 교육 철학이나 교사의 성찰, 학생의 배움이라는 측면에 대해 충분히 의견을 나누지 않습니다. '무엇'과 '어떻게'만 이야기할 뿐 '왜', '누가'에 대해서는 논의가 부족합니다.

둘째, 과학의 관점으로만 수업에 접근하는 기존 '수업 관찰 체크리스트'는 다양한 수업을 이해하는 데 한계가 있습니다. 특히 과학이 아니라 예술 혹은 장인craft의 관점으로 준비된 수업을 분석하는 데 한계가 있습니다. 기존 수업 체크리스트로는 다중지능 수업이나 발도로프 수업 등 새로운 수업을 이해하기 힘듭니다.

셋째, 수업에 대한 정답이 있다는 것을 전제로 진행하기 때문에 평가 기준에 어느 정도 도달했는지 중심으로 평가가 이루어집니다. 수업 관찰자마다 기준이 다르기 때문에 동일한 수업을 참관해도 평가가 달라질 수 있습니다. 정답보다는 스스로 해법을 찾아갈 수 있는 방향으로 전환되어야 합니다.

넷째, 일상 수업이 아닌 보여 주기용으로 구조화된 수업을 공개하기 때문에 수업 강평회의 피드백이 일상 수업에서 의미 있는 변화로 이어지지 못합니다. 프로젝트 수업으로 공개수업을 했지만 실제 일상 수업에서 거의 프로젝트 수업을 하지 않는다면 일상 수업의 혁신을 이끌어 내기 힘들 것입니다.

다섯째, 수업을 공개한 교사의 실질적인 고민을 충분히 나누지 못하고, 참관자들도 수업의 맥락을 잘 이해하지 못한 상태에서 형식적인 피드백을 하는 경우가 많습니다. 수업 참관자들의 직관이나 편견에 의존한 일방적인 이야기만 넘칠 수 있습니다.

여섯째, 공개된 수업의 장단점 분석에 그칠 뿐 단점을 보완하기 위한 구체적인 대안 제시에 이르지 못합니다. 단점을 지적하는 데 그치지 않고 현실적인 대안을 제시해야 하는데 실제로는 그런 경우가 거의 없습니다.

연수 만능주의, 연수 감상주의의 위험성

학교 차원에서 수업 혁신을 위해 시행하는 대표적인 일이 바로 교직원 연수입니다. 최근 경기도교육연수원에서는 NTTP_{New Teacher Training Program}의 일환으로 찾아가는 연수 프로그램을 운영하고 있습니다.

한 학교에서 시행한 NTTP 60시간 직무 연수에서 협동학습을 강의한 적이 있습니다. 협동학습 연수는 체험 중심이라 다른 연수에 비해 반응이 좋은 편인데, 그 학교의 반응은 그저 그랬습니다. 연수에 참여하는 교사들의 표정에는 피로가 역력했습니다. 그 연수의 강사들이 우리나라에서 내로라하는 유명 강사들이었고 희망자를 중심으로 한 연수였으나, 전체 연수 시간이 길고 업무 시간 중에 연수가 진행되어 업무를 다 마치지 못한 채 참석해 교사들이 연수 자체에 질린 상태였습니다.

연수 만능주의로 빠지면 안 됩니다. 연수로 수업의 모든 문제를 풀수는 없습니다. 연수를 많이 받았다고 해서 수업이 저절로 변하는 것이 아니기 때문입니다. 연수를 '감상'할 뿐 배운 수업 혁신 콘텐츠를 교실에서 실천하지 않는다면 신용카드 포인트 적립처럼 교원인사카드에 연수 시간을 기재하는 것 외의 효과를 기대하기 힘듭니다. 아무리 좋은 연수도 감상하고 평가만 해서는 수업을 혁신시킬 수 없습니다.

연수가 실질적인 수업 혁신으로 이어지려면 다음 단계를 거쳐야 합니다. 우선 연수에서 다루는 새로운 지식을 교사가 이성적으로 받아들이고 이해해야 합니다. 그리고 새로운 지식의 중요성을 마음(감정)으로 받아들여야 합니다. 마지막으로 실습을 통해 새로운 지식이 몸에 배도록 경험해야 합니다.

학창시절 경쟁 학습 문화에서 자란 교사가 협동학습 연수를 서른 시간 받았다고 해서 교실에서 당장 제대로 구현할 수 있으리라고 기대할 수는 없습니다. 협동학습을 가장한 조별 경쟁 학습으로 운영하거나 학생 통제 수단으로 협동학습을 활용하면서도, 이를 인식하지 못하고 학생이나 여건 탓을 하는 경우가 많습니다. 짧은 연수를 통해 수업이 완전히 바뀐다면 그것이 더 이상하다는 것을 기억해야 합니다.

각종 수업 혁신 정책의 한계
– 생애주기별연수제와 연수학점이수제
교육부가 도입한 생애주기별연수는 1급 정교사 연수 이후 주기별로 모든 교사들이 의무적으로 참여하는 연수입니다. 이를 좀 더 발전시킨 것이 연수학점이수제입니다. 모든 교원이 연간 30시간 이상 직무 연수를 받도록 하고, 그 실적을 교원인사카드에 기록하여 성과급 기준에 반영합니다. 일부 연수 비용을 정부가 지원하여, 현재는 모든 교사들이 직무 연수에 참여하려고 노력합니다.

그러나 수업의 질은 그다지 변화가 나타나지 않고 있습니다. 교사들이 연수를 그저 '듣기만' 하기 때문입니다. 바쁜 학교 업무 속에서 연수를 이수해야 하는 교사들은 오프라인 연수보다 원격 온라인 연수를 선호합니다. 비용이 적고 시간을 조정할 수 있기 때문입니다. 원격 연수는 강의식으로 내용을 전달하는 데는 적합하나, 실습이나 사례 연구를 할 수 없는 단점이 있습니다. 또한 교사가 스스로 정답을 찾아가는 방식으로 이끌기 힘듭니다. 원격 연수만 들어서는 교실에서 실천으로 이어지지 않습니다. 시간 중심의 양적인 접근에서 벗어나 연수 방식을 중시하는 질적인 접근이 필요합니다.

– 교원능력개발평가

도입 초기부터 논란이 많았던 교원능력개발평가는 부적격 교사 퇴출을 목적으로 학부모 단체들이 요구하고 정부가 이를 받아들여 도입된 제도입니다. 교사들이 충분히 동의하지 않은 상태에서 강제로 시행한 탓에 학교 현장에서는 유명무실한 상황입니다. 게다가 애초 취지와 달리, 교사와 학생에 비해 학부모의 참여가 지극히 낮습니다. 제도 실시 후 학생들의 수업 만족도가 크게 올라간 것도 아니고, 교사에게는 수업의 질을 올리는 계기라기보다 또 하나의 업무가 되었습니다. 교사의 자발적인 수업 평가 받기 운동이 현실적으로 더 의미가 있습니다. 부적격 교원 문제를 해결하려면 다른 형태의 제도적 장치가 필요하다고 생각합니다.

– 수업실기대회

수업실기대회는 교사의 수업 능력을 높이기 위해 도입되었으나, 많은 교사들이 본래 취지보다 승진 가산점을 받기 위해 참여합니다. 승진 가산점을 없앤다면 대회 자체가 진행되기 어려울 정도입니다.

대회에 참여하는 교사들은 특정한 수업 모델에 맞춰 수업을 구조화하는 경우가 많습니다. 제가 아는 선생님은 수업실기대회에서 한 차시에 열 개의 학습 활동을 도입하여 1등급을 받았습니다. 한 차시 안에 지나치게 많은 학습 활동을 도입하면, 내용보다 활동을 이어가는 데 초점을 맞추게 되어 학생들이 학습 내용을 내면화하는 데 오히려 방해가 될 수 있습니다. 수업실기대회의 수업은 일상 수업과 괴리가 커서 실질적인 수업 혁신을 기대하기 힘듭니다. 또한 대회를 준비하는 교사들이 대회 준비를 위해 엄청난 에너지를 투입하느라 정작 일상 수업이 소홀해지는 것도 문제입니다.

– 연구시범학교

현재 수많은 학교들이 각종 연구시범학교에 참여하고 있습니다. 연구시범학교로 지정되면 프로젝트 예산이 나오고 해당 학교와 추진 교사에게 가산점이 부여되기 때문입니다. 연구시범학교가 되면 학교는 해당 프로젝트에서 성과를 내기 위해 에너지를 총동원하여 나름대로 성과를 거둡니다. 그러나 연구시범학교 운영 기간이 종료되어 예산과 승진 가산점 같은 외적 보상이 사라지면 예전 상태로 돌아가 버립니다.

교과교실제 연구시범학교를 운영한 한 고등학교는, 두 개의 교실을 하나로 합치고 최신 교육 기자재를 들여 일제 학습, 협동학습, 개별 학습이 모두 가능한 획기적인 교실을 만들었습니다. 그런데 연구시범학교 기간이 끝나자 교실이 부족하다는 이유로 다시 벽을 만들어 교실을 두 개로 나누고, 최신 교육 기자재는 관리하기 힘들다며 창고에 보관했습니다.

스마트 러닝 연구시범학교였던 어떤 초등학교는 실험 학급에 수업 열정이 넘치는 교사를 담임으로 세우고 지원 예산을 엄청나게 편성한 반면, 비교 학급은 상대적으로 수업에 관심이 덜한 교사를 담임으로 세우고 예산도 지원하지 않았습니다. 그러나 학생 만족도 조사 결과, 실험 학급과 비교 학급이 큰 차이를 보이지 않자 학교에서 학생들에게 긍정적인 답변이 나오도록 유도하기까지 하였습니다.

극히 일부지만 어떤 학교는 실무자가 적당히 수치를 조작하는 어처구니없는 일이 벌어지기도 합니다. 많은 예산을 투자하고 엄청난 노력을 기울였는데도 만족할 만한 결과가 나오지 않으면 실무자가 책임을 져야 하기 때문입니다. 꽤 많은 예산과 승진 가산점을 부여하는데도 실질적인 수업 혁신이 일어나지 않는 것은 어찌 보면 당연합니다.

– 시도교육청 산하 교육연구원

시도교육청 차원에서 수업 혁신 사업을 지원하는 기관으로 교육연구원이 있습니다. 현재 교육연구원의 연구교사제는 승진 가산점을 얻기 위한 제도로 전락하고, 교과연구회는 일부만 활성화된 상황입니다. 학교컨설팅장학은 실적주의, 형식주의로 흐르는 경우가 많고, 사이버 학습센터 역시 이용률이 낮은 편입니다. 개인적으로 교육연구원 연구사들과 이야기를 나눠 보면 다들 열심히 일하지만 현실적인 제약과 한계로 힘들어합니다. 예전에는 파견 교사들이 교육연구원에서 근무했는데, 지금은 교육부 지침으로 파견 교사 근무가 쉽지 않아 최소 인원으로 운영을 하는 어려움이 있습니다. 이런 기관들이 수업 혁신 지원 역할을 잘 할 수 있도록 강화할 필요가 있습니다.

– 에듀넷 vs 인디스쿨 vs 아이스크림

한국교육학술정보원이 운영하는 에듀넷은 교수·학습 자료를 공유하는 사이버 공간입니다. 그러나 엄청난 예산에 비해 충분한 역할을 하는지 생각해 볼 필요가 있습니다. 현실에서 교사들이 수업을 준비할 때 주로 도움을 받는 곳은 에듀넷이 아니라 인디스쿨이나 아이스크림, 에듀니티 등입니다.[10] 인디스쿨은 초등학교 교사들이 자발적으로 출자하여 만든 수업 자료 공유 사이트로, 초등학교 교사들이 많이 활용합니다. 중등의 경우 교과 모임이나 개별 교사들의 홈페이지를 통해 교수·학습 자료가 공유됩니다. 아이스크림이나 에듀니티는 대표적인 교육 기업으로 초·중등 교사들에게 필요한 학습 자료를 공급합니다.

교사 주도형 사이트는 교사들의 자발적인 참여가 원동력이고, 자본 주도형 사이트는 효율성을 중시하여 운영하기 때문에 경쟁력이 있습니다. 그에 비해 관 주도형 사이트는 현장의 요구를 충분히 반영하지 못해 활용도가 떨어지는 현실입니다.

이밖에도 교육부나 교육청에서 추진하는 수업 혁신 정책은 생각보다 많습니다. 본청 외에도 교육청 산하 연수원, 교육연구원 등이 수업 혁신 사업을 추진하고 있습니다. 교육부에서 추진하는 다양한 수업 혁신 정책 사업은 모두 파악하기 힘들 정도입니다. 이런 각종 정책 사업들이 결과적으로 단위 학교에 큰 부담이 되고 있습니다. 교사들의 수업 준비에 도움을 주기 위해 만든 정책이 실제로는 업무를 가중시켜 교사들이 수업에 집중하지 못하도록 만드는 아이러니한 일이 벌어지고 있습니다.

교육부나 교육청의 수업 혁신 정책은 교사들이 수업 혁신에 매진할 수 있도록 뒤에서 지원하는 방식으로 진행돼야 합니다. 중복 사업을 줄이고 핵심 사업에 집중하여 수업을 지원해야 할 것입니다.

교사의 자발적인 성찰이 수업을 바꾼다

수업 혁신을 위한 제도적 접근은 교사들의 의지를 끌어올리고 지원하는 역할은 할 수 있지만, 수업 혁신 자체를 이끌어 내는 데에는 한계가 있습니다. 일부 교원 단체는 수업 혁신을 위해 학급당 인원수를 스무 명 이하로 줄이고 교사 정원을 과감하게 늘리자고 주장합니다. 물론 큰 도움이 되겠지만, 이런 정책은 많은 예산이 필요하여 현실적으로 당장 추진하기 어려울 뿐더러, 그렇게 된다고 해도 수업 혁신이 저절로 이루어지는 것은 아닙니다. 제도 변화가 바로 수업 혁신으로 이어지지는 않습니다.

대표적인 사례가 2009년부터 대대적으로 시행한 교과교실제입니다. 당시 전 교과교실제(A형) 연구시범학교는 최대 15억 원을 지원받았습니다.[11] 해당 학교는 그 예산을 토대로 학교 시설 보수, 최신식 교과교실 구축, 블록타임제 실시, 행정 요원 배치, 탄력적인 교육과정 구성, 각종 수업 개선 연수 등을 실시했습니다. 그런데 정작 교과교실제 시범학교의 실제 수업은 기존 학급 중심제 수업과 큰 차이가 없었습니다. 수업은 기존 방식 그대로 강의나 문제 풀이 방식으로 진행하면서 수업 시간에 빔 프로젝터나 전자 칠판 등 최신식 기자재를 좀 더 활용할 뿐이었습니다.

수업 혁신 정책은 교사의 수업 혁신을 지원하는 방안으로 진행해야 합니다. 외적인 강요로는 결코 성공적인 결과를 기대할 수 없습니다. 외부의 압력으로 진행되는 수업 혁신은, 의도가 왜곡되거나 무의미한 업무로 전락할 수 있습니다. 교사들이 외부의 혁신 압력을 무력화시키기 위해 형식주의와 실적주의로 대응하기 때문입니다. 행위나 결과에만 신경 써서 예쁘게 포장하면 누구도 교사에게 책임을 물을 수 없으므로 한마디로, 하는 척만 하는 것입니다.

수업 혁신은 교사 스스로의 성찰과 혁신에 대한 자발적인 움직임 없이 성공할 수 없습니다. 수업이 잘 바뀌지 않는 이유는 그런 수업 형태가 교사에게 가장 익숙하고 편안하기 때문입니다. 교사 자신이 혁신의 필요성을 전혀 느끼지 못하고 있는데 외부의 압력이 무슨 소용이겠습니까?

수업이 바뀌려면 교사 자신이 문제를 인식하고 이를 바꾸어야겠다는 내적인 의지와 결단이 필요합니다. 그리고 변화를 위해 시행착오의 과정을 거쳐야 합니다. 실질적인 수업 혁신은 교사가 자기 수업을 성찰하고, 이를 바탕으로 자발적으로 수업을 혁신하려는 의지를 발휘할 때 가능합니다. 교사의 자발적인 의지와 노력이 없는 한, 외부의 지원과 압력만으로는 수업 혁신을 이루는 데 한계가 있습니다.

CHAPTER 2

수업 성찰하기

내 수업은 최소한 중간 이상?

교사들은 '잘한다'는데, 학생들은 '별로'라니

교사들을 대상으로 조사해 보면 상당수 교사들이 자기가 수업을 잘하거나, 최소한 중간 이상 한다고 생각합니다. 교직 경력이 많을수록 그런 경향이 있습니다.[12] 그에 비해 학생이나 학부모들은 교사의 수업이 그다지 만족스럽지 않다고 말합니다. 학교에서 교원능력개발평가 업무를 처리한 적이 있습니다. 현재 교원능력개발평가는 자기 평가, 동료 교원 평가, 학생 평가, 학부모 평가로 진행됩니다. 자기 평가 항목을 뺀 나머지 평가 항목으로 수업 만족도 점수를 산출하는데, 결과를 살펴보면 대체로 동료 교원 평가, 학부모 평가, 학생 평가 순으로 점수가 나옵니다.

동료 교사들의 평가 점수가 학생이나 학부모보다 상대적으로 높게 니오는 이유는 무엇일까요? 나름 이유가 있겠지만 그것은 수업 성찰을 가로막는 이유가 되기도 합니다.

교사들은 자신의 평소 수업을 객관적으로 바라볼 기회가 거의 없습니다. 자기 수업을 있는 그대로 바라볼 수 있어야 성찰도 가능한데, 보여 주기용 공개수업 외에 일상 수업이 드러나는 일이 거의 없습니다.

또 수업에서 나타나는 교사의 문제점은 해당 교사의 삶의 맥락에서 나름 충분한 이유가 있습니다. 예를 들어 딴짓하는 학생을 대충 혼내면 학생들이 제대로 말을 듣지 않는 경우가 있기 때문에, 학생들이 선생님을 무서워하도록 일부러 더 야단치기도 합니다. 교사가 수업 시간에 딴 이야기를 하는 것도 학생들이 수업 내용에 집중하지 않는 것 같아 수업 집중도를 높이기 위해 일부러 사용한다고 합니다. 같은 교사로서 상황을 이해해 주는 것입니다.

교사들은 스스로 자신의 부족한 점을 찾기가 힘듭니다. 사전 수업 준비가 부족해도 실제 수업이 잘 이루어지기 때문입니다. 경력 3~4년 차 이상의 교사라면 동일한 교육과정을 해마다 반복하기 때문에 최소한 지식을 몰라서 수업 시간에 헤매는 일은 거의 없습니다. 그래서 1차시 수업에서 한 가지를 준비하고 교실에 들어가도, 실제 수업에서는 서너 가지 내용을 가르칠 수 있습니다. 심지어 교사가 수업을 준비할 때는 잘 이해되지 않았던 내용이 가르치는 과정에서 완전히 이해되는 일도 생깁니다.

같은 내용을 반복해서 가르치다 보면 수업을 잘한다는 자기만족에 빠질 수도 있습니다. 중·고등학교 교사들은 동일한 차시 수업을 여러 학급에서 반복합니다. 첫 수업에서 약간 아쉬운 부분이 있더라도 그다음 수업에서 내용을 보강하여 좀 더 정교한 수업을 진행하게 되는데, 그런 자신의 모습에서 스스로 만족하게 됩니다.

자기 수업에서 여러 문제들이 발생해도 그 이유를 학생이나 주변 환경 탓으로 돌리는 경향이 있습니다. 예컨대, 교사가 강의식 설명으로만 수업을 해서 학생들이 졸았는데, 학생들이 수업 시간에 졸거나 딴짓하는 것을 학생의 태만으로 생각하여 야단치는 일이 있습니다. 때로는 학교가 위치한 지역 사회나 학생들의 사회 경제적 배경이 좋지 않아 학습 의욕이 낮은 것이라고 여겨 그 이유를 교사 자신에게서 찾으려고 하지 않습니다.

수업을 비추는 거울, 수업 성찰

수업은 교사, 학생, 지식이 유기적으로 상호작용할 때 성공적으로 이루어집니다. 이 중 하나라도 문제가 생기면 좋은 수업이 되기 힘듭니다. 그래서 더욱 수업을 하는 나를 돌아봐야 합니다. 출근 전 아침마다 거울을 보며 내 외모를 살피는 것처럼, 수업도 정기적으로 비춰 볼 거울이 필요합니다.

좋은교사 수업코칭연구소의 김태현은 저서 〈교사, 수업에서 나를 만나다〉에서 '수업 성찰은 자기 수업을 낯설게 인식하고, 교사가 수업을 통해 자신의 외형뿐 아니라 내면까지도 발견하는 일'이라고 하였습니다.[13] 수업을 하는 자신을 돌아보는 일은 얼핏 쉬워 보이지만, 실제로는 수업 혁신 과정에서 가장 어려운 일입니다.

한 고등학교에서 음악 수업을 코칭한 적이 있습니다. 에너지가 넘치는 30대 초반 음악 선생님이었는데, 음악 수업을 프로젝트 수업으로 진행하였습니다. 학생들이 관심을 갖는 뮤지컬과 오페라를 선정하여 노래 가사를 바꾸어 편곡하고, 모둠별로 UCC를 제작하여 발표하게 하는 등 열정적으로 프로젝트 수업을 진행했습니다. 그런데 모둠 활동 중간에 학생 두 명이 잠을 자는데도 그 학생들에게 별다른 행동을 취하지 않았습니다. 수업이 끝나고 그 이유를 물으니, 놀랍게도 교사는 학생이 잠을 자는 사실을 알아차리지 못했다고 합니다. 열심히 참여하는 학생들을 중심으로 피드백을 하고 있었기 때문에 잠자는 학생을 발견할 여유가 없었던 것입니다.

'선생님이 달라졌어요'에서 수업 코칭을 할 때도 교사들이 동영상을 통해 수업하는 자신의 모습을 있는 그대로 바라보기 힘들어했습니다. 프로그램에 참여한 교사들은 자기 수업에서 나타난 문제 장면을 바라볼 때 매우 당황했습니다. 그리고 대부분 자기 수업이 정말 그렇게 진행되고 있는지 잘 몰랐다고 말했습니다.

제가 코칭을 담당했던 어떤 선생님은 수업 시간에 특정 학생을 여러 번 지적하는 모습을 보였습니다. 그 모습을 동영상으로 보여 주고 이유를 물었더니, 그 학생의 표정이 좋지 않아서 반복해서 야단을 치게 되었다고 대답했습니다. 제가 유심하게 관찰하니 해당 학생은 우울한 표정으로 가만히 있었고, 나름 이유가 있어 보였습니다. 선생님이 학생을 야단치는 표정을 클로즈업하여 보여 주었더니, 선생님은 학생보다 자기 표정이 더 보기 좋지 않다며 눈시울을 붉혔습니다. 자기 수업을 직면하여 성찰이 이루어지는 순간이었습니다.

많은 사람들이 '선생님이 달라졌어요'의 스튜디오 코칭 장면에서, 자신의 수업을 보며 눈물 흘리는 교사들의 모습을 인상적으로 기억하니다. 수업 코칭을 신청한 교사들은 1차 스튜디오 코칭을 통해 자기 수업을 동영상으로 보며 처음으로 자신을 낯설게 바라봅니다. 수업 코치들의 피드백을 받으며 자기 수업의 단점을 발견한 교사들은 당황하고 부끄러워했습니다. TV에서 교사들이 눈물을 흘리는 것을 두고 일부에서는 마치 짜고 치는 고스톱처럼 연출된 것이 아니냐고 의심하기도 하지만, 직접 프로그램에 참가한 수업 코치로서 그런 일은 없었습니다.

자신의 수업을 낯설게 보는 과정에서 교사들이 흘리는 눈물의 의미는 매우 큽니다. 당혹감, 안타까움, 자책감, 후회, 놀라움 등이 그 속에 담겨 있습니다. 진정한 성찰이 이루어질 때 교사는 기쁨과 아픔을 동시에 경험합니다. 수업 성찰은 이성으로 자신의 수업 모습을 분석하여 장단점에 동의하는 수준이 아닙니다. 수업 성찰은 이성뿐 아니라 감성까지 이르러야 합니다. 즉, 머리에서 마음까지 성찰이 이루어져야 한다는 것입니다. 감성적 울림으로 수업 성찰이 이루어질 때 눈물이 나옵니다.

그렇다고 수업 코칭을 할 때마다 눈물을 흘려야 한다는 것은 아닙니다. 머리로만 성찰이 이루어지면 근본적인 변화로 이어지기 힘들며, 가슴으로 성찰이 이루어졌을 때 그제야 의미 있는 수업의 변화들이 교실에서 나타난다는 것입니다. '선생님이 달라졌어요'에 참여한 어떤 선생님은 진정한 수업 성찰까지 8개월이라는 긴 시간이 걸리기도 했습니다. 자기의 문제를 이성적으로 알아차린다고 수업 성찰이 바로 되는 것은 아니며, 현상 속에 숨은 근본 원인을 인식하고 문제에 직면했을 때 진정한 수업 성찰이 이루어집니다.

나는 어떤 선생님인가

교사로서 느끼는 두려움의 근원

교사가 수업 과정에서 경험하는 두려움을 극복하지 않으면 좋은 수업으로 나아가기 힘듭니다. 학생들과 눈을 마주치지 않고 교과서에만 시선을 두고 수업하는 교사에게 학생과 눈맞춤을 하라고 조언한다고 다음 수업 시간에 원활하게 수업을 진행할 수 있을까요? 아마 그러지 못할 것입니다. 교사가 학생들의 눈을 제대로 바라보지 못하는 이유를 직시하고 스스로 극복하기 위해 노력할 때만 문제가 개선됩니다. 교사가 학생들과 눈을 맞추지 못하는 근본 원인, 즉 자신의 내면에 감추어진 두려움의 원인을 먼저 인식해야 합니다.

파커 파머는 교사의 내면에 감추어진 수업에 대한 두려움의 원인을 지식, 학생, 교사 자신이라고 하였습니다.[14]

교사는 교과 지식을 학생들에게 가르칩니다. 지식 정보화 사회에서 교사는 폭증하는 지식을 모두 감당하기 힘듭니다. 전공 지식뿐 아니라 시대 변화에 따라 새롭게 개설된 과목을 가르쳐야 하는 상황에서 교사는 지식이 부족한 부분을 가르칠 때 두려움을 느끼게 됩니다.

최근 교육과정이 개정되면서 인문계 고등학교에서는 1학년에게 융합과학을 가르칩니다. 그러나 과학과 교사들은 학부 시절에 융합과학을 공부한 적이 없습니다. 융합과학은 물리, 화학, 지구과학, 생물 등 기존의 과학 영역을 말 그대로 융합하여 가르쳐야 합니다. 이런 상황이다 보니 과학과 교사들은 융합과학을 담당하지 않으려 하고, 어떤 학교는 융합과학을 네 명의 교사가 영역별로 나누어 수업을 하기도 합니다.

영어과 교사들은 공통적으로, 영어는 잘해도 본전이라는 생각을 갖고 있습니다. 최근에는 외국에서 살다 온 학생들이 많아 영어 수업을 하기가 예전보다 힘들어졌습니다. 영어 발음이 좋지 않거나 문법에서 실수를 하면 능력 없는 교사로 낙인찍힐 가능성이 있습니다. 교사라면 누구나 학생들에게 수업을 통해 인정받고 싶은 욕구가 있습니다. 그러나 해당 지식이 부족할 때 학생들 앞에서 그것이 드러날까 봐 두려운 마음이 수업을 지배하기도 합니다.

제가 수업 코칭을 했던 한 선생님은 행정 업무 처리 능력이 탁월하고 학생 통제 능력이 뛰어나서 다른 교사들에게 인정받는 교사였습니다. 그런데 수업을 참관해 보니 어떤 개념을 친절하게 설명하지 않고, 학생들에게 무작위로 질문을 던지며 정답을 강요하는 방식으로 수업을 진행했습니다. 그 이유는 수업 준비가 충분하지 않았기 때문이었습니다. 준비가 부족한 상태에서 수업을 진행하다 보니 충분히 개념을 설명하지 못했고, 부족함을 숨기기 위해 무의식적으로 학생들에게 질문을 던지고 공포 분위기로 수업을 진행했던 것입니다.

또한 교사들은 학생과의 관계에서 두려움을 느낍니다. 예전에는 학생들이 선생님을 어려워했습니다. 그래서 교사가 학생을 지도하기가 상대적으로 수월했습니다. 공부를 잘하는 학생들은 수행평가로 관리하고, 말썽을 피우는 학생들은 야단치거나 체벌을 통해 강력하게 지도할 수 있었습니다. 그러나 최근에는 오히려 교사가 학생들을 두려워합니다. 인권 조례가 생기면서 관행적인 체벌이 금지되었을 뿐 아니라, 공부를 잘하는 학생들도 사교육을 통해 선행학습을 하면서 수업 시간에 잘 집중하지 않습니다. 덩치가 큰 남학생들이 젊은 여교사를 함부로 대하는 경우도 있습니다. 학생이 교사의 권위 자체에 도전하는 일이 종종 벌어지다 보니, 이 속에서 교사들은 학생들에게 상처를 받습니다. 학생에게 상처를 깊게 받은 교사는 더 이상 학생들과 원만하게 의사소통을 하지 못합니다.

저와 함께 근무했던 친한 후배 교사 중에 항상 밝고 상냥한 선생님이 있었습니다. 당시 근무하던 학교는 복도 창문이 커서 복도를 지나다 보면 다른 교사들의 수업이 훤히 보였습니다. 하루는 복도를 지나다가 그 선생님의 수업을 보게 되었는데, 선생님이 전혀 웃음기 없는 엄한 표정으로 수업을 하고 있었습니다. 처음에는 그때만 그런가 보다 했는데, 볼 때마다 표정을 읽을 수 없는 얼굴로 수업을 하고 있었습니다. 동료 교사들을 대하는 태도와 수업 시간에 학생들을 대하는 태도가 너무 달라 이상해서 한 번은 그 이유를 물어보았습니다.

그 선생님은 처음에는 학생들을 친절하게 대했는데 언제부턴가 일부 학생들이 자신을 교사로 대하지 않고 짓궂은 장난을 치거나 무시하는 행동을 보이기 시작했다고 했습니다. 아무리 야단을 쳐도 수업 질서가 잡히지 않아 결국 수업이 엉망이 되고만 경험이 있었습니다. 그래서 다음 해부터 캐주얼 복장은 피하고 정장 차림으로 출근하며 학기 초부터 일부러 웃지 않고 무표정하거나 엄한 얼굴로 수업에 임했다고 합니다. 그러니까 학생들이 선생님을 어려워하고 수업 질서도 어느 정도 잡혔다고 하였습니다. 학생에 대한 두려움이 교사의 웃음을 앗아가 버린 것이었습니다.

최근에는 젊은 교사뿐 아니라 경력이 많은 교사들도 수업에서 학생들이 하는 행동 때문에 상처받는 경우가 많습니다. 다만 그 두려움을 잘 표현하지 않을 뿐입니다. 한번은 연수를 통해 알게 된 선생님이 긴급하게 저에게 수업 코칭을 요청했습니다. 30대 후반의 부장 교사인 그 선생님은 특정 학급에서 수업하기가 너무 힘들다고 고충을 털어놓았습니다.

수업에 참관하여 학생들을 세밀하게 분석해 보니, 해당 학급에 수업 내용에는 별 관심이 없고 신체 에너지만 넘치는 학생이 다섯 명이나 보였습니다. 수업을 마치고 나서 해당 학급 학생들에게 설문 조사를 한 결과, 많은 학생들이 선생님이 열정적으로 잘 가르쳐 주지만 때로 이유 없이 화를 낸다고 기록하였습니다. 보통 한 학급에 수업하기 힘든 학생이 많아도 두세 명인데 해당 학급에는 다섯 명이나 되는 것이 원인이었습니다. 이 학생들 때문에 수업이 예상한 대로 진행되지 않자 선생님이 자기도 모르게 화를 내고 짜증을 내는 것이었습니다. 이처럼 학생에게 받은 상처 때문에 교사가 수업에서 학생과 좋은 관계를 맺지 못하기도 합니다. 이때 교사가 학생들에게 상처받았다는 것을 스스로 인식하는 것이 중요합니다.

한 인간으로서, 성장 과정에서 겪은 경험이나 관계에서 받은 상처가 좋은 교사의 길을 막기도 합니다. 그것은 인식하지 못하더라도 내면에 잠재되어 있다가 특정한 상황에서 자기도 모르게 드러납니다. 교사들은 대체로 학창 시절 자기 욕구보다 주변의 기대에 따라 살았던 모범생이거나 자수성가형이어서, 학생들도 교사처럼 모범적으로 살기를 바랍니다. 어떤 학생이 교사가 생각하는 규범과 기대치에서 벗어나면 어떻게든 그 안에서 학생을 지도하려는 경향이 있습니다. 문제는 규범 자체가 아니라, 규범의 기준이 다른 사람보다 높아서 실제 학생들과 생각이 크게 다를 수 있다는 것입니다.

모범생이었던 교사들은 학생을 칭찬하는 데 인색한 경우가 많습니다. 자신의 높은 기대치에 부응하는 학생들이 적기 때문입니다. 교사는 칭찬의 기준을 학생 수준으로 낮추고 의도적으로 학생들을 칭찬하려고 노력해야 합니다. 교사의 삶 속에 습관으로 자리 잡을 수 있도록 의도적으로 학생들의 사소한 행동도 유심히 관찰하고 칭찬하기를 시도해야 합니다.

자수성가형이란 어려운 가정환경 속에서도 불굴의 의지로 공부하여 교사가 된 경우입니다. 다른 직장에서 근무하다가 적성에 맞지 않아 다시 공부하여 교육대학이나 사범대학에 진학하고 늦은 나이에 교사가 된 이들 중에는 자수성가형이 많습니다. 자수성가형 교사들은 엄격하게 자기 관리를 하는 편으로, 이들의 삶은 존경스럽고 배울 점이 많습니다. 하지만 자신이 그런 것처럼 학생들이 자기 관리를 철저히 할 것을 강조하기도 합니다. 학생들의 사소한 실수도 엄격하게 지도하는 경우가 많습니다. 자수성가형 교사들은 자기와 다르게 살아가는 학생들, 자신이 보기에 부족해 보이는 학생들을 있는 그대로 받아들이기 위해 의식적으로 노력해야 합니다. 교사가 학생에게 학습 동기를 부여하는 것이 중요하기는 하나, 그 방식이 왜곡된 형태로 진행되지 않는지 수시로 점검해야 합니다.

제가 아는 한 선생님은 경제적으로 어려운 가정환경에서 자랐습니다. 두 남매 중 오빠는 출중한 실력 때문에 집안에서 인정을 받으며 사랑을 독차지했습니다. 이 선생님은 자신도 가정에서 인정받기 위해 열심히 공부했습니다. 그런 성향은 교사가 되어서도 이어져 일중독과 성과주의로 나타났습니다. 남에게 인정받기 위해 자신을 학대하는 정도로 열심히 일해서 학교 안에서는 해당 업무를 완벽하게 해내는 교사가 되었지만, 정작 학생들과의 관계는 어려움이 많았습니다. 자기가 노력한 것처럼 학생들도 완벽하기를 원했기 때문에 학생들과 인간적인 관계가 잘 형성되지 않았던 것입니다.

또 한 선생님은 영어가 전공과목이 아닌데도 수업 시간에 영어 표현을 자주 사용하고 담임을 맡은 반의 학생들에게도 하루에 열 개 이상 영어 단어를 의무적으로 외우게 했습니다. 물론 영어 단어 외우기는 영어과 교사가 아니더라도 지도할 수 있지만, 선생님의 지나친 영어 강조는 그 선생님의 영어에 대한 열등감과 관련되어 있었습니다. 그것이 오히려 학생들에게 영어에 대한 부담감을 심어 주고 있었습니다.

나의 교수 유형 이해하기

사람은 개별적인 다양성과 독특함을 가지는 존재지만, 비슷한 성격들을 유형별로 구분할 수 있습니다. 한 개인을 특정 유형으로만 파악하는 것은 바람직하지 않으나, 그래도 유형을 이해하면 자신을 성찰하는 데 큰 도움이 됩니다. 마이어스와 맥커리가 개발한 성격유형검사(MBTI)는 심리학자 융의 영향을 받은 대표적인 성격 유형 검사 방법으로, 사람들의 성격을 네 가지 선호 경향으로 구분합니다.[15]

첫째, 에너지의 방향과 주의 초점에 따라 외향성(E)과 내향성(I)으로 나눕니다. 다른 사람들과의 관계에서 에너지를 얻으면 외향적, 혼자만의 시간을 확보해야만 에너지를 얻으면 내향적이라고 볼 수 있습니다.

둘째, 정보를 수집하고 인식하는 방식에 따라 감각형(S)과 직관형(N)으로 구분합니다. 구체적인 사실을 먼저 인식하고 나중에 큰 틀에 접근하면 감각형, 큰 틀을 먼저 인식하고 그 다음에 구체적인 사실을 인식하는 경우는 직관형입니다.

셋째, 의사 결정을 내릴 때 어떤 종류의 판단을 더 신뢰하는가에 따라 사고형(T)과 감정형(F)으로 나눕니다. '옳다, 그르다'의 원칙이나 사실에 근거한 판단을 중시하는 경우 사고형, '좋다, 싫다'의 기준에 따라 판단하는 경우 감정형입니다.

넷째, 외부 세계에 대처하고 실천하는 방식에 따라 판단형(J)과 인식형(P)으로 구분합니다. 판단형은 계획한 대로 일이 처리되고 각 변인을

통제할 수 있어야 편안함을 느끼
며, 인식형은 계획보다 주변의 상
황에 따라 융통성 있게 반응하는
것을 더 편하게 느낍니다.

ISTJ 세상의 소금형	ISFJ 임금 뒤편의 권력형	INFJ 예언자형	INTJ 과학자형
ISTP 백과사전형	ISFP 성인군자형	INFP 잔다르크형	INTP 아이디어 뱅크형
ESTP 수완좋은 활동가형	ESFP 사교적인 유형	ENFP 스파크형	ENTP 발명가형
ESTJ 사업가형	ESFJ 친선도모형	ENFJ 언변능숙형	ENTJ 지도자형

위에 제시한 네 가지 선호 경향
에 따라 조합하면 총 열여섯 개
의 성격 유형으로 구분할 수 있습
니다.

MBTI에 기반하여 교수 유형을 연구한 텀프슨은 교사의 교수 유형
을 'ST, SF, NF, NT'의 네 가지 유형으로 나누어 다음과 같이 정리하였
습니다.

– 교사의 역할

교수 유형	특징
ST	학생들에게 실례를 제시하고 본보기가 되며 지식과 경험을 나눈다.
SF	학생들을 가르치고 훈련시키고 북돋우고 지지하고 타인에게 본보기가 되고 봉사한다.
NF	다양성과 창의성을 발휘할 수 있도록 영감을 자극하고 북돋우며 학생들이 성장할 수 있도록 동기를 부여한다.
NT	한 개인이자 사회의 일원으로서 학생들이 성장하도록 격려하고 도와준다.

교수 유형	특징
ST	늘 일정한 규칙에 따르며 활동을 지시한다.
SF	사람 중심의 상호작용을 염두에 두고 순서대로 정해진 방식을 따른다.
NF	주제나 학생들의 요구에 맞게 융통성 있는 방식을 사용한다.
NT	학생들의 요구나 주제에 따라 유연한 방식을 쓰는데, 이런 상호작용은 질서와 학습에 대한 기대에 의존한다.

– 교사가 만족하는 수업의 기준

교수 유형	특징
ST	학생들의 성적이 향상되고 행동 역시 좋아졌다.
SF	학생들 행동이나 성적이 나아지는 변화에 교사가 기여하고 있다는 것을 느낀다.
NF	학생들의 학습이 향상되고 참여도가 높아지는 교육에 교사가 기여하고 있다는 것을 느낀다.
NT	학생들이 학습에 대한 관심도가 좋아졌다.

경험에 비추어 볼 때 우리나라 교사 중 상당수가 ST 유형에 해당합니다. 특히 한국 교사들 중에는 ISTJ 유형이나 ESTJ 유형이 상대적으로 많습니다. 규칙을 잘 준수하고 꼼꼼하게 일을 잘 처리하는 유형입니다. 치열하게 경쟁하는 학습 문화 속에서 살아남으려면 타고난 성격이 ISTJ 유형이 아니더라도 그렇게 살아야 합니다. ISTJ 유형은 다른 유형에 비해 실수가 적은 편입니다.

그런데 학생들의 상당수는 NF 유형으로, 특히 중학생의 절반 정도는 ENFP 유형에 해당한다고 합니다. 이후 고등학교를 거치며 타고난 성격 유형을 찾아가지만, 대체로 주변 친구들과 이야기하기를 좋아하고 수업 내용과 상관없는 질문을 던지며 감정적으로 행동하고 책상이 잘 정리되지 않은 상태를 즐깁니다. 이런 성격 유형 차이 때문에 교사와 학생 사이에 갈등이 일어나기도 합니다.

대개 성격 유형은 고정되지 않고 변합니다. 자기가 처한 상황에 따라 성격 유형이 바뀌기도 하고, 나이를 먹고 성숙해지면서 자기와 반대되는 유형으로 변하기도 합니다. 특정 성격 유형이 다른 유형에 비해 좋고 나쁜 것이 아닙니다. 성격 유형 이론을 잘 이해하면 나와 다른 성격의 학생을 이해하는 데 도움이 되고 있는 그대로 인정하게 됩니다. 성숙한 교사는 자신과 성격 유형이 전혀 다른 학생들도 있는 그대로 받아들이고 수용합니다.

하워드 가드너Howord Gardner의 다중지능이론(MI) 역시 자신을 파악하고 다양한 유형의 학생을 이해하는 데 도움이 됩니다.

비네가 처음 지능검사를 만든 지 80여 년이 지난 1983년에, 하버드 대학교의 하워드 가드너는 그의 저서 〈정신(마음)의 구조 : 다중지능이론(Frames of Mind : The Theory of Multiple Intelligences)〉에서 지능에 대해 새로운 접근을 시도하였습니다. 그는 다양한 능력이 인간의 지능을 구성하고 있으며 이런 능력들도 상대적 중요성은 동일하다고 주장했습니다. 가드너는 시능을 '문화 속에서 가치가 부여된 문제를 해결하거나 결과물을 창출하는 능력'으로 정의하였습니다. 전통적인 IQ 개념은 학교 내에서 특별한 가치가 부여된 지식이나 기능에 초점을 맞추지만, 가드너의 정의는 이보다 훨씬 넓은 범위에 걸쳐 있습니다.

가드너는 기존의 지능 이론을 비판하면서 아래와 같이 여덟 가지 다중지능을 제시하였습니다.[16]

- 언어지능 : 단어의 소리, 리듬, 의미에 대한 감수성이나 언어의 다른 기능에 대한 민감성과 관련된 능력.
- 논리-수학지능 : 논리적 문제나 방정식을 풀어 가는 정신 과정에 관한 능력.
- 공간지능 : 시공간적 세계를 정확하게 인지하고 3차원의 세계를 잘 변형시키는 능력.
- 신체-운동감각지능 : 운동, 균형, 민첩성, 태도 등을 조절하는 능력.
- 음악지능 : 소리, 리듬, 진동과 같은 음의 세계에 민감하게 반응하는 능력.
- 대인지능 : 다른 사람들과 교류하고 이해하며 그들의 행동을 해석하는 능력.
- 자성지능 : 자기 자신을 이해하고 느낄 수 있는 인지적 능력.
- 자연이해지능 : 가장 최근에 오른 항목으로, 자연 현상 유형을 규정하고 분류하는 능력.

교사라는 직업적 특성상 공통적으로 언어지능, 논리-수학지능, 대인지능이 필요합니다. 가르치는 행위는 주로 언어로 이루어지기 때문에 언어지능이 중요하고, 지식을 다루어야 하기에 고도의 논리-수학지능이 요구됩니다. 대학교수와 달리 교사는 학생, 학부모, 교사 등 많은 사람들을 상대하기 때문에 그에 맞는 높은 수준의 대인지능이 있어야 합니다. 교육대학이나 사범대학에 진학하고 교원임용고사에 통과하여 교사가 되려면 기본적으로 언어지능과 논리-수학지능을 갖추어야 하기 때문에 이 부분은 훈련받고 검증받을 수 있습니다. 그러나 대인지능은 제대로 훈련받고 검증받을 기회가 적습니다. 대인지능이 낮은 경우, 교직 생활에 대한 만족도가 상대적으로 떨어질 수밖에 없습니다.

물론 대인지능이 상대적으로 낮다고 미리 실망할 필요는 없습니다. 왜냐하면 다중지능이론에서는 지능이 고정 불변한 것이 아니라 자신이 노력하고 연습하면 어느 수준까지 발달시킬 수 있다고 보기 때문입니다. 다중지능에 따른 교수 전략을 잘 이해하면 자기 스타일에 맞는 방법을 선택하거나 자기 수업의 장단점을 이해하는 데 큰 도움이 됩니다.

다중지능이론에 따라 제 자신을 분석해 보면 저는 언어지능, 공간지능, 대인지능이 높은 편입니다. 그래서 저는 수업 시간에 주로 이야기 교수법 같은 말하기 수업과 마인드맵, 이미지를 활용한 프레젠테이션 수업을 주로 사용합니다. 대인지능은 협동학습이나 프로젝트 수업, 학습 동아리 지도나 동료 교사와의 수업 동아리 활동에 도움이 된 것 같습니다. 그에 비해 음악지능, 신체지능, 자연이해지능이 상대적으로 떨어져서 수업 시간에 관련 교수·학습 방법들은 잘 사용하지 않습니다.

자신이 어떤 교수 유형인지 이해하면 특정한 수업 모델을 적용할 때 자신에게 맞도록 변형하여 활용할 수 있습니다. 다른 교사에게 성공적인 수업 모델이 자신에게는 잘 맞지 않을 수 있습니다. 자신의 교수 유형을 잘 이해하는 것은 수업을 성장시키는 과정에서 매우 의미 있는 성찰 활동입니다.

■ 다중지능이론(MI) 요약

지능	핵심 성분	상징 체계	좋아하는 행동
언어지능	언어의 소리, 구조, 의미와 기능에 대한 민감성	표음문자 (한글, 영어 등)	독서, 작문, 이야기하기, 낱말 게임 등
논리-수학 지능	논리적, 수리적 유형에 대한 민감성과 구분 능력	컴퓨터 언어 (파스칼 등)	실험하기, 질문하기, 퍼즐 맞추기, 계산하기 등
공간지능	시공간적 세계를 정확히 지각하고 최초의 지각에 근거해 형태를 바꾸는 능력	표의문자 (한문 등)	디자인하기, 그리기, 마음 속으로 공상하기, 낙서하기 등
신체-운동 감각지능	자기 몸의 움직임을 통제하고 사물을 능숙하게 다루는 능력	수화, 점자	춤추기, 달리기, 뛰기, 쌓기, 만지기, 몸 동작하기 등
음악지능	리듬, 음조, 음색을 만들고 평가하는 능력	음악 악보, 모르스 부호	노래하기, 음악 감상하기, 콧노래하기, 박자 맞추기 등
대인지능	타인의 기분, 기질, 동기, 욕망을 구분하고 적절하게 대응하는 능력	사회적 단서(몸짓과 얼굴 표정 등)	통솔하기, 조직하기, 말하기, 사람 다루기, 모임 운영하기, 파티하기 등
자성지능	자기 자신의 감정에 충실하고 자신의 정서를 구분하는 능력	자아 상징 (꿈과 예술 활동 등)	목표 세우기, 중재하기, 공상하기, 계획 세우기 등
자연이해 지능	자연을 관찰하고 즐길 수 있는 능력	관찰	동물이나 식물 키우기, 자연 감상하기, 텃밭 가꾸기, 동식물 관찰하기 등

■ 다중지능이론에 근거한 교수 전략

지능	기본적인 교수 활동	교수·학습 활동들	교수 전략
언어	이야기를 통해 가르치기	강의, 토론, 이야기하기, 읽기, 쓰기, 브레인 스토밍, 낱말 게임 등	~을 읽어라 ~에 대해 쓰라 ~관해 들어 보라
논리 수학	소크라테스식 문답법	수학 문제 풀기, 문답 토의, 논리적 문제 해결 학습, 분류와 범주화, 과학적 사고 등	~을 측정하라 ~을 비판적으로 생각하라 ~을 개념화하라
공간	그림 그리기, 마인드맵	표, 그래프, 다이어그램, 지도, 그림, 비디오 및 영화, 생각 묘사하기, 작품 감상하기 등	~을 보라 ~을 시각화하라 ~에 대한 이미지를 그림으로 표현하라
신체 운동 감각	몸동작	현장 학습, 체험 활동, 운동, 신체 이완 훈련, 역할극, 무용 등	~을 제작하라 ~을 춤으로 표현해 보라 ~을 역할극으로 시연하라
음악	음악(리듬, 음정, 박자 등)	노래, 음악 감상, 악기 연주, 리듬, 노래 가사 바꾸어 부르기 등	~을 노래로 표현해 보자 ~을 들어 보아라
대인	학생과의 역동적인 사회적 상호작용	협동학습, 또래 가르치기, 갈등 중재하기, 학습 동아리 활동 등	~을 다른 사람에게 설명해 보라 ~와 함께 과제를 완성해 보라
자성	개인의 감정 고려하기	1분 반성의 시간, 과제 선택, 개별적인 만남 및 상담, 일지나 일기 쓰기 등	~에 대해 개인적으로 생각해 보라 ~에 관해 선택하라
자연 이해	자연이나 환경을 직접 경험하기	동식물 관찰, 동식물 키우기, 야외 체험 학습 활동 등	~을 관찰해 보라 ~을 키워 보라 ~을 경험해 보라

출처 : 〈복합지능과 교육〉(토마스 암스트롱, 중앙적성출판사, 1999)

내 수업 낯설게 바라보기

게슈탈트 & 알아차림

교사가 수업을 할 때 경험하는 자신의 신체 감각, 욕구, 감정, 환경, 상황, 내적인 힘을 알아차리고 사고방식, 행동방식 등을 인지하는 것이 중요합니다. 자신이 어떻게 생각하고 학생들에게 어떻게 행동하는지 민감하게 알아차리려면 구체적인 방법으로 실천해야 합니다.

수업 성찰은 익숙한 내 수업을 낯설게 바라보는 것에서 시작됩니다. 익숙한 장면을 낯설게 바라보려면 특별한 노력이 필요한데, 게슈탈트 심리학은 수업 성찰에서 의미 있는 접근법을 제시합니다.

〈게슈탈트 심리 치료〉(김정규, 학지사)에 따르면 게슈탈트Gestalt란 '전체, 형태, 모습' 등의 뜻을 지닌 독일어로, 사람이 어떤 자극을 접하면 그것을 하나하나 부분으로 보지 않고 의미 있는 전체로 인식하려는 경향이 있다고 합니다. 어떤 사물을 단순한 사물로 이해하지 않고, 자신의 욕구나 감정, 환경 조건과 맥락 등을 고려하여 인식한다는 것입니다. 예를 들어 컵에 물이 반쯤 있는 것을 보고 어떤 사람은 '물이 반이나 남았네.' 생각하지만, 어떤 사람은 '물이 반밖에 남지 않았네.' 할 수 있다는 것입니다.[17]

우리는 어떤 대상을 인식할 때 관심 있는 부분을 지각의 중심으로 떠올리고 나머지는 배경으로 보냅니다. 어느 한 순간, 관심의 초점이 되는 부분을 '전경'이라고 하고 관심 밖에 있는 부분을 '배경'이라고 합니다. 교사가 수업 시간에 학생 전체를 바라보며 개념 설명을 하는데, 한 학생이 떠들어서 야단치는 일이 생겼다고 가정해 봅시다. 이 경우, 떠들어서 야단맞는 학생은 전경이 되고 나머지 전체 학생은 배경이 됩니다. 다시 교사가 전체 학생에게 설명을 하면 전체 학생이 전경이 되고 야단맞았던 학생은 배경이 됩니다. 모둠 활동을 할 때 교사가 특정 모둠에 피드백을 할 때는 해당 모둠이 전경이 되고, 나머지 모둠은 배경이 됩니다.

게슈탈트 심리 치료에서는 어떤 현상의 배후에 있는 원인보다 현재에 나타나는 현상과 그 방식에 더 비중을 둡니다. 현재의 문제가 과거에 있었던 어떤 충격적 사건의 억압 때문이 아니라 '지금', '여기'에서 보이는 내담자의 특정한 행동방식이라고 봅니다.

게슈탈트 심리학에서는 익숙한 것을 낯설게 보는 방법으로 '알아차림'을 강조합니다. 알아차림은 '개체가 자신의 삶에서 현재 일어나고 있는 중요한 현상들을 방어하거나 피하지 않고 있는 그대로 지각하고 체험하는 행위'를 말합니다. 즉, 현재 순간에 중요한 자신의 욕구나 감각, 감정, 생각, 행동, 환경 그리고 자신이 처한 상황 등을 지각하는 것입니다. 우리의 중요한 외적, 내적 상황에 대해 구체적이고 현실적으로 아는 것입니다.

알아차림은 대상에 따라 현상 알아차림과 행위 알아차림으로 나눕니다. 현상 알아차림은 개체와 환경의 상호작용 과정에서 발생하는 현상들을 알아차리는 것으로, 수업을 관찰하는 중이라면 다음과 같이 신체 감각, 욕구, 감정, 환경, 상황, 내적인 힘, 어투와 억양 등을 정리할 수 있습니다.

　- 신체 감각
　　• 공개수업 시간에 교사가 외부 관찰자를 인식하여 표정이 내내 굳어 있다.
　　• 특정 학생과 이야기할 때 평소와 다르게 교사의 목소리가 올라가고 표정의 변화가 거의 없다.

　- 욕구
　　• 수업 시간에 모든 학생이 수업에 집중해 주기를 원한다.
　　• 동료 교사나 학교 관리자에게 수업을 잘하는 교사로 인정받고 싶어 한다.

　- 감정
　　• 아침 교직원 회의 시간에 좋은 일이 있어서 기분 좋게 1교시 수업에 들어갔다.

- 민철이가 모둠 활동에서 열심히 하지 않아 수행평가 점수를 깎았더니 민철이가 부당하다며 교사에게 대들었다. 평상시 산만한 민철의 행동에 불만이었던 교사는 화를 내면서 크게 야단쳤다.

- 환경
- 교사가 수업을 시작하려는데 교실이 엉망이어서 학생들에게 쓰레기를 줍도록 하였다.
- 3반 교실에 들어갔더니 교실 뒤 게시판에 교과 수업과 관련된 내용이 붙어 있어서 교사가 게시물 내용을 유심히 읽어 보았다.

- 상황
- 시작종이 울렸는데 많은 학생들이 자기 자리에 앉지도 않고 떠들고 있었다.
- 미숙이가 짝꿍과 떠들어서 교사가 주의를 주었는데, 알고 보니 미숙이의 짝꿍이 물건을 빌려 달라고 한 것이었다.

- 내적인 힘
- 수업 시간 내내 유머를 섞어 가며 즐겁게 수업을 진행하였다. 단원 내용을 막힘없이 설명하는 것은 교사가 교육과정을 충분히 이해한 데서 오는 자신감으로 보인다.
- 학생들에게 상처받은 경험 때문에 특정 학급에 들어가는 것을 교사가 부담스럽게 여긴다.

- 어투와 억양

• 말소리가 작고 차분하게 말하는 편이다.

• 이야기를 할 때 사투리 억양이 나온다.

행위 알아차림은 자신의 행위 방식을 알아차리는 일입니다. 현상 알아차림이 '어떤 것'에 대한 알아차림이라면 행위 알아차림은 '어떻게'에 대한 알아차림이라고 할 수 있습니다. 어떤 사람이 문제 행동을 하는 이유는 그것에 대한 자각이 없기 때문입니다. 무의식적인 행동을 의식적인 행동으로 바꾸어 주면 자신의 행동에 통제력을 갖게 되어 문제 행동을 극복하는 데 도움이 됩니다.

다음과 같이 행위 알아차림을 통해 한 사람의 접촉경계혼란행동, 사고방식, 행동방식, 교수 습관, 학생들에 대한 태도 등을 알 수 있습니다.

- 접촉경계혼란행동(개체와 환경이 직접 만나는 것을 방해하는 현상과 관련한 행동)

• 엄격한 가정환경에서 자란 A교사는 수업 시간에 학생들을 엄격하게 통제하는 것이 교사의 능력이라고 생각한다.

• B교사가 수업 시간에 우스갯소리를 했는데, 모든 학생들이 다 웃었지만 숙영이만 웃지 않고 무표정한 모습을 하고 있다. 사실 숙영이가 무표정한 데는 다른 이유가 있었는데, B교사는 숙영이가 평상시 자기를 싫어하기 때문이라고 생각한다.

– 사고방식

• 역시 우리 학교 학생들은 전문계 고교생이라서 인문 계열 과목에는 흥미가 없어.
• 예전에 협동학습을 교실에서 시도하다가 실패했는데, 이번 프로젝트 수업도 해 보기는 하지만 결국 실패할 거야.

– 행동방식

• C교사는 경상도에서 자란 남자 교사로 무뚝뚝한 편이다. 학생들이 다가와 시시콜콜한 이야기를 하면 학생들에게 어떻게 반응해야 할지 난감해한다.
• D교사는 학창 시절 선생님들이 내 준 숙제를 꼬박꼬박 잘 하는 모범생이었다. 교사가 되어 교실에서 만나는 상당수의 학생들이 숙제를 안 하고도 전혀 미안해하지 않는 모습이 이해가 되지 않는다.

– 교수 습관

• 수업 시간에 습관적으로 '어~', '자~' 하는 말버릇이 있다.
• 무작위로 출석 번호를 불러 학생들을 지명한다.

– 학생들에 대한 태도

• 모범적인 학생들과 문제 학생들을 대할 때 억양과 태도가 다르다.
• 학생들과 눈을 맞춰 이야기한다.

수업 성찰 일지 & 배움 일지 쓰기

수업 성찰 일지는 일기를 쓰듯이 수업을 준비하는 과정에서 고민이 무엇이었고, 실제 수업은 어떻게 진행되었으며, 학생들의 반응은 어땠는지 기술하는 것입니다. 성공적인 수업과 실패한 수업의 이유가 무엇인지, 단순한 사실 기록을 넘어 교사의 내적인 고민과 감정을 정리하며 성찰의 시간을 가질 수 있습니다.

다음은 인문계 고교에서 문학을 담당하는 한 선생님의 수업 성찰 일지 일부로, 수업 성찰 일지의 좋은 예입니다.

1.

어제는 마음이 많이 심란했다. 1학년 7반에서 봉산탈춤 수업을 하면서 힘이 쭉쭉 빠졌기 때문이다. 왜 힘들었을까? 무엇이 문제였을까?

봉산 탈춤 첫 시간에 사진 자료와 시사 현안들을 보여 주며 풍자의 기본적인 방식 세 가지를 설명했다. 희화화, 언어유희, 반어였다. 그리고 '사마귀 유치원'을 보며 풍자의 대상과 각 코너에서 사용한 풍자의 방식, 가장 인상 깊은 풍자의 내용과 그 이유 등을 노트에 적고 발표하게 했다. 단순히 웃고 즐겼던 프로그램을 '풍자'라는 코드를 가지고 일관성 있게 분석하니 아이들의 몰입도가 높았다. 가장 인상 깊은 풍자를 꼽고 그 이유를 함께 이야기하다 보니 공통점을 발견했다. 그것은 바로 현실에서 실제로 일어나고 있고, 모두가 공감하는 내용이라는 것이었다. 이 발견을 통해 현실에서 일어나는 사회 상황들을 민감하게 바라봐야겠다는 교훈까지 얻을 수 있었다.

두 번째 시간에는 '왕의 남자'의 일부분을 보고 영화의 내용과 관련지어 탈춤의 기본적인 특징에 대해 설명했다. 왕의 남자와 탈춤의 특징을 연관 짓는 데 약간 억지스러운 부분이 있었고 보통 자습서에서 나오는 내용을 '성찰 없이' 아이들에게 던지다 보니 급속하게 수업 분위기가 냉각되었다. …… (중략) ……

2.

그날 따라 7반 녀석들의 상태가 안 좋았다. 수업을 시작할 때부터 관심이 없다는 게 느껴졌다. 두 번째 수업 시간 때문에 그렇다는 생각이 들었다. 외모를 통해 희화화한 부분이나 계층의 특징을 나타내는 소재들을 주입식으로 수업했다. 그렇게 수업하는 내 모습이 갑자기 한심하게 느껴지고 아이들도 나를 그렇게 바라보는 것 같은 생각이 들었다. '저거 자습서에 있는 내용인데 밑줄 쳐져 있는 내용 그대로 수업하네.' 하고 나에게 말하는 것 같았다. …… (중략) ……

3.

어제 저녁 이대로는 안 되겠다 싶어 수업 준비를 좀 더 구체적으로 하기로 했다. 일단, 아이들이 언어유희를 힘들어하는 이유는 교과서의 예만 보고 언어유희를 만들려니 창조적인 영감이 떠오르지 않아서 그런 것 같다는 판단을 했다. 인터넷에서 시중에 떠도는 언어유희의 예들을 찾아보았다. 그런데 한마디로 아, 할 만한 게 안 나왔다. 갑자기 지치기 시작했다. …… (중략) …… 자료는 아무것도 구해지지 않았는데 시계는 12시를 향해 가고 있었다. 포기하고 싶은 마음이 들었다. 그냥 해석만 해 주는 강독식 수업에 대한 유혹이 몰려 왔다. 중간은 가니까 말이다. 그래도 이러면 안 되겠다 싶어 구글에 들어가 풍자라는 단어로 검색해서 검색된 자료를 찬찬히 훑어보았다.

4.

두 가지 기본적인 질문 '양반은 왜 평민들을 제재하지 않았을까?', '풍자는 어디서 시작되었을까?'를 고민하고 답하고 나니 기본이 단단해진 것 같은 느낌이 들었다. 자신감이 생겼다.

수업 준비에서 가장 중요한 것은 수업 내용에 대한 성찰이었다. 수업 준비는 영상 자료를 찾고 PPT를 만드는 것이 전부가 아니다. 기본은 스스로 생각하고 성찰하는 것이다. 자료를 찾는 것에 열중하다 보면 가끔 본말이 전도되어 좋은 자료를 어떻게 본문의 내용에 끼워 맞출까 고민하게 된다. 왕의 남자에 탈춤의 특징을 끼워 맞췄던 내 행동이 그러했다.

위 선생님의 수업 성찰 일지에는 봉산탈춤 수업에 대한 깊은 성찰이 담겨 있습니다. 수업 진행이 어떠했는지 상세하게 설명(1)하고, 수업을 할 때 느낀 점(2), 구체적인 수업 준비 과정(3), 기존 수업에 대한 반성(4)이 생생하게 담겨 있습니다. 성찰 일지를 쓰면 고민을 흘려 버리지 않고 해결을 위해 노력하게 되고, 그 과정에서 스스로 큰 위로를 받을 수 있습니다.

무엇보다 가장 중요한 것은 꾸준히 쓰는 것입니다. 학기 초에 교사가 성찰일지를 쓰기로 결심해도 막상 학교 업무가 바쁘게 돌아가고 해야 할 일이 많아지면 성찰 일지 쓰기가 우선순위에서 밀리기 쉽습니다.

꾸준히 수업 성찰 일지를 기록하려면 일정한 시간을 정하여 기록합니다. 또 인터넷 카페나 페이스북 비공개 그룹, 네이버 밴드 등 SNS에 관련 코너를 만들어 뜻이 같은 동료 교사와 공유하는 것이 좋습니다. 처음에는 수업 성찰 양식지를 활용하는 것도 좋습니다.

수업 성찰 일지가 교사들이 쓰는 것이라면 배움 일지는 학생들이 기록하는 일지입니다. 수업에서 이해한 것, 잘 이해가 되지 않는 것, 선생님에게 하고 싶은 말 등을 학생들에게 적도록 하는 것입니다. 배움 일지를 통해 학생들의 배움이 구체적으로 어떻게 이루어지고, 학생들의 눈에 비친 교사의 수업이 어떤지 살필 수 있습니다. 교사의 가르침이 학생의 배움으로 잘 연결되는지, 학생들이 무엇을 이해했고 이해하지 못했는지, 선생님에게 하고 싶은 말이 무엇인지 알 수 있습니다. 외국에서는 배움 일지를 K-W-L 학습지 형태로 활용하기도 합니다. 지식(K), 알고 싶은 것(W), 배운 것(L)을 기록하는 것입니다.

배움 일지는 차시마다 기록할 수도 있고 하루를 기준으로 할 수도 있습니다. 하루 단위로 꾸준히 실천할 수 있도록 만든 것이 복습 공책입니다. 수원중앙기독초등학교에서는 학교 차원에서 3~6학년 학생에게 복습 공책을 기록하여 가정에서 부모에게 검사를 받도록 합니다. 학부모

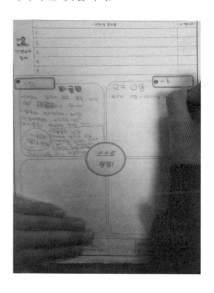

들은 이것으로 자녀가 무엇을 배웠고 무엇이 부족한지 실시간으로 확인합니다. 다음날 아침 학생들이 등교하면 담임교사가 개별 학생들의 복습공책을 점검하여 전날 학생들의 학습 상황을 파악합니다.

(참고 1) 수업 성찰 일지 양식

날짜	
이번주 과제	
수업 만족도	과제 점수 ( )점, 전반적인 만족도 ( )점
수업 이야기	1. 수업 준비 과정의 고민 2. 수업의 핵심 및 의도 3. 수업 진행(교육과정 재구성 및 수업 방법 등) 및 고민 4. 학생들의 반응 5. 수업 이후 결과에 대한 분석
학생 이야기	

기록자 :

(참고 2) 배움 일지

학년 반 번 이름 :

일시	년 월 일 교시
학습 단원	
이번 시간에 내가 배운 것	
잘 이해가 가지 않는 것	
기타 수업 소감 및 선생님에게 하고 싶은 말	

수업 동영상 촬영 & 수업 공개와 나눔

동영상 촬영은 자기 수업을 낯설게 보고 객관적으로 이해하는 데 큰 도움이 됩니다. 최근에는 많은 학교들이 수업 분석실을 만들어 손쉽게 수업을 동영상으로 촬영할 수 있습니다. 일반 캠코더를 활용할 때는 관찰 포인트에 따라 촬영 각도를 정합니다. 얼굴 표정이나 말투, 설명 방식 등을 살피려면 교사에게 초점을 맞춥니다. 교사와 학생의 상호작용, 학생들의 반응을 보려면 교실 앞 출입구 부근에 카메라를 두어 교사의 옆모습과 학생들의 정면이 동시에 나오도록 합니다. 일반적으로 학생들의 반응을 살펴볼 수 있는 후자 방법이 더 좋은데, 가능하다면 캠코더를 두 개 설치하여 하나는 교사, 또 하나는 학생들을 찍어서 동시 화면으로 편집해 보는 것이 좋습니다.

수업 성찰을 위해 가장 좋은 방법은 수업 코칭을 직접 받는 것입니다. 그러기 위해서는 신뢰할 수 있는 동료 교사나 수업 전문가들이 수업을 참관하도록 하고, 기존 공개수업처럼 구조화되고 꾸민 수업이 아니라 자신의 일상 수업을 그대로 공개해야 합니다. 수업 참관 후에는 수업 대화를 나누는데, 이것을 통해 교사의 수업 고민을 함께 나누고 수업 성장이 일어날 수 있도록 힘을 모을 수 있습니다.

기존 수업 강평회 방식은 교사의 수업 성장에 큰 도움이 되지 못하므

로, 수업 대화는 수업 코칭 방식으로 진행하는 것이 좋습니다. 수업 대화 내용을 녹음하거나 동영상으로 촬영, 혹은 기록으로 남겨 나중에 한 번 더 생각해 볼 수 있도록 합니다. 수업 공개와 대화에 대한 자기 소감도 기록합니다.

성찰과 자책은 다르다

종종 수업 성찰은 자책으로 흐르기도 합니다. 어설픈 수업 성찰은 자책으로 이어져, 결국 교사를 슬럼프로 밀어 넣습니다. 성찰과 자책은 얼핏 비슷해 보이나 근본적인 차이가 있습니다. 성찰은 건강한 자아를 바탕으로 자기의 모습을 있는 그대로 알아차리는 것입니다. 반면, 자책은 자신의 문제에 집착하여 자아를 학대하고 자기 열등감에 빠져서 헤어나지 못하도록 합니다. 교사의 자아가 건강하지 못할 때, 내적인 힘이 없거나 왜곡된 자아 정체성을 가지고 있을 때 쉽게 자책으로 흐를 수 있습니다. 자책은 자아를 손상시켜 수업 성장에 전혀 도움이 되지 않을 뿐 아니라, 도전 의지를 없애 버립니다.

실제 수업 코칭을 하다 보면 교사가 자책에 빠지는 경우를 만납니다. 제가 수업 코칭을 했던 한 선생님은 경력이 어느 정도 되고 수업 열정이 높은 초등학교 교사였습니다. 수업도 일방적인 설명이 아니라 발문을 통해 학생들이 스스로 학습 주제를 찾아가도록 진행했습니다. 그런데 수업을 너무 완벽하게 풀려다 보니 몇 가지 문제가 있어 그 부분에 대해 수업 코칭을 했는데, 선생님이 자책감에 빠져 무척 괴로워했습니다.

이런 경우에는 교사가 건강한 자아를 찾을 수 있도록 긍정적인 피드백을 하고 칭찬과 격려를 적극 해 주어야 합니다. 교사가 감정에 빠져 스스로 무너지지 않도록 사실과 감정을 구분하고, 스스로 자책감에서 빠져 나와 긍정적인 에너지를 가지고 수업에 임할 수 있도록 지속적으로 도와주어야 합니다.

수업 성찰은 외부의 강요로 이루어질 수 없습니다. 수업 컨설턴트나 경력이 있는 교사들이 다른 교사의 수업에 대해 이야기할 때 마치 자신이 완벽한 것처럼 포장하는데, 이것은 수업 성찰을 강요하는 것처럼 느껴질 수 있습니다. 강요된 수업 성찰은 결과적으로 실패할 수밖에 없습니다. 누군가의 수업 성찰을 돕기 위해서는 수업 코치가 자신의 수업 성찰 경험을 바탕으로 접근하는 것이 좋습니다. 그래야 상대방도 공감하고 스스로 편안하게 수업 성찰을 할 수 있습니다. 교장이 수업 성찰을 강조하고 수업 성찰을 할 수 있도록 지원 방안을 제시하는 것은 매우 의미 있는 일이지만, 교사들에게 수업 성찰을 하라고 강요하면 오히려 반발심을 일으킬 수 있습니다.

무엇보다 지속적인 수업 성찰이 이루어지려면 수업 공동체가 필요합니다. 수업 공동체는 수업 성찰의 가장 좋은 거울입니다. 그 안에서 자신의 수업 고민을 나누고 다른 동료 교사의 수업 고민을 들으며 교사는 지속적으로 성장할 수 있습니다. 수업 나눔처럼 다른 사람들로부터 공격받지 않고 수업에 대한 자신의 고민을 나눌 수 있는 안전한 공간을 만들어야 그 안에서 진정한 수업 성찰이 이루어집니다.

CHAPTER 3

수업을 어떻게
바라볼 것인가

수업 관찰의 목적과 기준이 중요하다

같은 수업, 다른 평가

다른 교사의 수업을 많이 참관하면 수업을 보는 시야가 넓어집니다. 하지만 수업을 많이 보는 것보다 수업을 어떤 관점과 목적으로 보느냐가 더 중요합니다. 현재 우리 교육계에는 수업 관찰의 관점이 다양해서 한 수업에 대한 평가가 정반대로 나올 때도 있습니다.

연수 때문에 알게 된 한 장학사가 있는데, 최근 자신이 참여한 수업 강평회 경험을 얘기한 적이 있습니다. 장학사는 공개수업이 교사와 학생 사이에 상호작용이 잘 이루어져 좋았지만 수업 목표에 충분히 도달하지 않아 아쉬웠다고 했습니다. 그런데 함께 수업에 참관한 사람들이 해당 수업에 대해 극찬을 해서 자신의 입장을 충분히 이야기하지 못했다고 했습니다.

최근 교원능력개발평가 실시와 함께 수업 혁신에 대한 관심이 높아지면서 수업 공개가 더욱 강조되고 있습니다. 전 교사의 수업을 공개하고 수업 동영상을 촬영하여 학교 홈페이지에 탑재하도록 하지만, 전체 교사의 수업 공개가 곧 수업 혁신으로 이어지고 있지는 않습니다. 수업을 어떤 관점으로 해석하고 평가하느냐가 중요한데 교사나 장학사, 학자 등 수업 참관자의 특성과 성향에 따라 수업 평가 기준이 다양하다 보니 같은 수업도 어떤 사람은 극찬을 하고 어떤 사람은 혹평을 합니다.

기존 수업 장학이나 수업 평가의 관점에서 많이 활용하는 체크리스트 방식은 수업을 과학적인 관점으로 접근합니다. 전통적인 체크리스트는 교육과정과 교수·학습 방법을 중심으로 수업을 분석하기 때문에 상대적으로 학생의 배움, 교사의 내면적인 성찰, 교육 철학적인 부분에 대한 평가가 부족합니다. 그래서 수업을 예술적 관점에서 이해하는 발도로프 수업이나 다중지능이론에 근거한 수업은 해석하기 어렵습니다.

수업 관찰 목적이나 수업 공개 맥락에 따라서도 평가가 달라집니다. 예를 들어 스마트 러닝 시범학교에서 이루어진 공개수업에서는 교사가 아무리 수업을 잘해도 스마트 러닝 요소를 활용하지 않으면 좋은 평가를 받을 수 없습니다.

실제 수업을 하는 교사가 어떤 기준에 맞춰 수업하느냐에 따라 수업 구성이나 진행 방식 등이 달라집니다. 그런데 수업 평가 기준이 달라서 갈등이 생기는 경우가 있습니다. 현재 교육계에서 논란이 되고 있는 수업 관찰 쟁점들은 다음과 같습니다.

가르침 VS 배움

수업을 바라보는 중심 대상이 교사인가 학생인가에 따라 접근과 해석 방식이 달라집니다. 지금까지 수업 관찰의 대상은 주로 교사였습니다. 특히 전통적인 수업 장학과 수업 평가는 교사의 가르침을 중심으로 수업을 이해하고 분석합니다. 교사의 교수 행위가 객관적인 기준에 잘 따르는지 여부를 확인합니다. 수업 도입 단계에서 학습 목표를 잘 제시했는지, 학습 동기 유발을 위해 어떤 방법을 활용했는지, 교사의 억양과 말투는 명료하고 잘 전달되는지 등을 중심으로 살폈습니다.

교사의 가르침보다 학생의 배움을 중심으로 수업을 바라보아야 한다는 주장은 최근에 새롭게 등장한 관점으로, '배움의 공동체[18]'나 '아이의 눈으로 수업 바라보기[19]' 등이 여기에 속합니다. 기존의 교사 중심 평가는 상대적으로 학생들의 배움 부분에 소홀합니다. 교사가 아무리 수업 내용을 잘 설명해도 그런 수업에서 학생은 상대적으로 수동적일 수밖에 없고, 학생들의 자기 주도적 학습이 이루어지기 힘듭니다.

배움의 공동체에서는 수업에서 학생들의 배움이 어디에서 일어나고 어디에서 멈추는지 관찰하고 이에 대한 피드백을 실시할 것을 강조합니다. 평소 수업 시간에 산만하던 학생이 해당 수업에 열심히 참여했다면 그 학생에게 이제까지의 생각을 버리게 되었다고 이야기해 주고, 어떤 모둠에서 특정 학생이 독점해서 다른 학생들이 원활하게 참여하지 못했다면 그것을 말해 주고 교사가 어떻게 보완하면 좋을지 피드백하라는 것입니다.

교사가 의도한 대로 학생의 배움이 잘 일어나고 있는지, 학생의 배움이 잘 일어나지 않았다면 교사의 가르침에 문제가 있는지 확인해야 합니다. 좋은 수업은 가르침과 배움, 어느 하나만 훌륭하다고 이루어지는 것이 아니며, 씨실과 날실처럼 둘의 조화가 중요합니다.

양적 접근 VS 질적 접근

양적 접근은 수업 평가지나 설문 조사, 학업성취도검사 등 양적으로 측정할 수 있는 데이터에 근거하여 수업을 평가하는 방식입니다. 그래서 수업에 대한 객관적인 평가 기준과 이에 맞는 평가 도구 개발을 강조합니다. 양적인 접근은 짧은 시간 안에 해당 수업을 분석할 수 있고 비교적 손쉽게 평가할 수 있는 장점이 있습니다. 수업 장학이나 수업 평가가 대표적입니다. 하지만 양적 접근은 수업을 평가하는 객관적인 기준이 과연 존재하는가 하는 근본적인 문제를 제기합니다. 또 수업의 맥락과 주관적인 요소들을 상대적으로 소홀히 여길 수 있습니다. 이에 대한 대안이 질적인 평가 접근입니다.

교육인류학에 토대를 둔 질적인 평가 접근은 전통적인 체크리스트 평가 도구 대신에 다양한 평가 방법을 활용합니다. 교사 인터뷰, 학생 인터뷰, 수업 관찰 일지, 참관자의 참여 관찰 등 지속적이고 다양한 관찰 방법을 통해 수업을 심도 있게 이해하고 수업 현상을 있는 그대로 기술하려고 합니다. 양적인 평가 접근보다 수업을 깊게 이해하고 특정 관점으로 수업을 평가하지 않는 장점이 있습니다. 하지만 훈련된 전문가와 많은 시간, 예산의 뒷받침이 필요해서 현실에서는 쉽지 않은 실정입니다.

최근 양적인 접근과 질적인 접근의 장점을 결합하려고 노력하며 수업 비평이 등장했습니다. 수업 비평은 예술 비평에서 아이디어를 얻은 것으로, 수업 현상을 다양하게 이해하고 해석하는 데 초점을 둡니다. 영화는 평론가에 따라 다양한 해석이 가능합니다. 한 영화에 대해 A평론가가 극찬했더라도 B평론가는 혹평을 할 수 있습니다. 관객들이 평론가의 전문성을 인정하고 영화에 대한 다양한 해석과 평가 기준을 인정하기 때문입니다.

수업 비평 역시, 수업 관찰자의 전문적인 관점에 따라 수업 현상을 다양하게 해석하고 판단해 보자는 것입니다. 수업 평가에서는 수업 관찰자가 잘 드러나지 않지만, 수업 비평에서는 수업 관찰자의 주관적인 판단과 해석이 드러납니다. 전통적 체크리스트뿐 아니라, 수업 교사의 맥락이나 학생 입장에서 수업 바라보기, 수업 관찰자의 특정 관점으로 수업 바라보기 등 다양한 관점에서 수업 현상을 해석합니다.

연역적 접근(정답 제시형) VS 귀납적 접근(스스로 해답 찾기형)

수업에 대한 정답을 제시하면서 수업을 평가하는 연역적인 접근과 수업 현상 자체를 있는 그대로 인정하면서 그 안에서 문제점을 찾고 스스로 정답을 찾아가도록 돕는 귀납적인 접근이 있습니다. 연역적 접근의 대표적인 방법으로 수업 장학과 수업 평가가 있으며, 귀납적인 접근으로 수업 컨설팅과 수업 코칭을 들 수 있습니다.

일반적으로 학교에서 시행하는 수업 관찰 접근 방법은 수업 장학입니다. 수업 장학은 교사의 수업 행위를 변화시켜 교수·학습 방법을 개선하는 데 초점을 둡니다. 장학사와 교사라는 관계가 설정된 상황에서, 수업이 장학 기준에 못 미치면 해당 교사에게 강력한 외부 피드백이 주어집니다. 수업 평가는 평가자와 피평가자라는 관계를 전제로 수업 행위를 평가하고 등급을 매기기 위해 시행합니다. 최근 실시하는 교원평가제가 대표적인 수업 평가 방식으로 교사의 수업에 대한 학생, 학부모의 만족도 조사 결과로 등급을 매깁니다. 수업 장학과 수업 평가는 기본적으로 수업에 정답이 있다는 것을 전제하며, 그 기준에 어느 정도 도달했는지 평가하고 피드백합니다.

그에 비해 수업 컨설팅이나 수업 코칭은 교사 스스로 수업에 대한 정답을 찾아가도록 돕는 방식입니다. 수업 컨설팅은 컨설팅을 의뢰한 교사의 고민과 문제를 해결해 주는 것으로, 의뢰인과 컨설턴트라는 관계를 전제로 합니다. 수업 코칭은 수업 개선을 위해 교사 스스로 성찰을 통해 자신의 문제를 인식하고 한계를 극복할 수 있도록 돕습니다. 수업 장학과 수업 평가가 외부 수업 관찰자 중심이라면, 수업 컨설팅과 수업 코칭은 수업자 중심으로 접근합니다.

최근 교육계의 흐름은 교사가 스스로 정답을 찾아갈 수 있도록 하는 수업 컨설팅과 수업 코칭을 더 중시하고 있습니다. 교사의 자발적인 참여를 이끄는 수업 컨설팅과 수업 코칭이 실제로 수업 개선 효과가 더 크기 때문입니다. 교육계에서도 수업 장학이라는 표현 대신 수업 컨설팅이라는 표현을 주로 사용하고 있습니다. 교육청 산하 수업 장학단이 수업 컨설팅단으로 이름이 바뀌고, 최근에는 두 개념을 결합하여 컨설팅 장학이라는 단어를 사용하기 시작했습니다. 이렇게 상이한 단어를 결합하여 활용하다 보니 개념이 더 혼란해지고, 수업 컨설팅이라는 이름으로 시행되는 활동도 실제로는 수업 장학 방식에 근거하는 경우가 많아 수업 컨설팅이라는 표현 자체가 의미를 상실하고 있습니다.

■ 기존 수업 관찰 방식 비교

구분	수업 장학	수업 평가	수업 컨설팅	수업 비평	배움의 공동체	수업 코칭
주된 관찰 목적	교사의 교수 행위 개선	교사의 수업 능력 측정과 평가	교사의 고민이나 문제 해결	수업 현상의 이해와 해석	학생의 배움	교사의 성찰을 통한 수업 개선
실천가와 관찰자와의 관계	교사 –장학사	평가자 –피평가자	의뢰인 –컨설던트	예술가 –비평가	동료 –동료 (전문가)	선수 –코치
주된 관찰 방법	양적, 질적 방법	양적 방법	양적, 질적 방법	질적 방법	질적 방법	양적, 질적 방법
산출물 형태	수업 관찰 협의록	양적, 질적 평가지	컨설팅 결과 보고서	질적 비평문	수업 관찰 일지 등	수업 관찰 일지, 수업 성찰 일지, 배움 일지 등
관찰 정보의 공유자	관련 당사자	관련 당사자	관련 당사자	잠재적 독자	관련 당사자	관련 당사자
관찰 결과의 활용	교사의 수업 전문성 향상에 관한 정보 제공	교사의 수업 설계 및 실행 능력에 대한 평가	의뢰인의 판단에 의존함	수업 현상에 대한 감식안과 비평 능력 제고	학생의 배움 피드백	교사의 성찰 및 도전 과제 수행
참여의 강제성 여부	의무적 참여	의무적 참여	자발적 참여	자발적 참여	의무적 참여	자발적인 참여

출처 : 〈수업, 비평의 눈으로 읽다〉(이혁규, 우리교육, 2000) 인용 및 첨가

4가지 차원에서 수업 바라보기

　교육 철학자 파커 파머는 〈가르칠 수 있는 용기〉에서 기존 수업 접근 방식이 무엇(교육과정)과 어떻게(교수·학습 방법)의 문제로만 한정되어 있다는 것을 비판하면서, 왜(교육 철학)와 누가(존재론)의 문제까지 접근할 것을 역설하였습니다. 파커 파머가 제시한 수업을 바라보는 4가지 차원은 다음과 같습니다.

누가(who) : 교사, 학생 그리고 그들의 관계

　파커 파머는 기존의 수업 연구가 주로 '무엇을'과 '어떻게'에 치중되어 있다고 비판하며 더 나아가 '누가(교사론/학생론)'를 거의 다루고 있지 않다고 지적합니다. 그는 '누가'의 문제가 수업을 개선하는 핵심 주제라고 강조합니다. 수업의 주체는 교사와 학생입니다. 수업을 이해하려면 먼저 교사와 학생의 존재 특성과 둘 사이의 관계를 알아야 합니다.

- 교사

교사의 연령, 학문적 배경, 교과 지식 이해 정도, 수업 열정, 학생들을 대하는 태도, 말투와 억양, 자아 정체성, 사고방식, 행동방식 등 수업을 진행하는 교사의 인격적인 특성을 파악합니다.

예)

* 30대 중반의 남자 교사로, 현재 가르치는 과목과 교사의 전공과목이 다르다.
* 교과 지식 연구가 잘 이루어졌고 가르치는 내용에 자신감을 보인다.
* 학생이 질문할 때 세심하게 듣고 원하는 대답을 하지 않아도 긍정적으로 피드백을 하면서 다른 학생들의 대답을 유도한다.
* 말이 다소 빠르고 수업 뒷부분으로 갈수록 점차 빨라진다. 사투리 억양이 재미있게 느껴지나 약간 어색하다.
* 수업 시간에 배우는 내용 중에서 중간고사에 출제한 문제가 많다고 자주 강조한다. 또한 예를 들 때는 돈과 관련한 소재를 자주 꺼낸다.

- 학생

교육을 '바람직한 행동의 변화'로 정의합니다. 교사가 교육공학적 측면에서 완벽하게 수업을 잘 진행했더라도, 수업에서 학생들에게 의미 있는 배움이 일어나지 않았다면 결코 성공적인 수업이라고 할 수 없습니다. 수업 시간에 학생들의 행동을 잘 관찰하여, 학생의 눈으로 수업을 보아야 합니다.

예)

- 시작종이 울린 지 한참 되었는데 학생들이 자리에 앉아 있지 않았다. 교실에 늦게 들어온 학생들도 있었다.
- 교사가 20분 이상 개념 설명을 하자 절반의 학생들이 수업에 집중하는 정도가 현저하게 떨어졌다.
- 모둠 신문을 만드는 과제를 수행하고 있는데, 한 모둠에서 신문 제작 방향에 대한 의견이 달라 두 학생이 대립하였다.
- 한 학생이 모둠 활동에 잘 참여하지 않고 옆 모둠의 학생과 떠들고 있다. 나머지 모둠원은 그런 행동에 별로 관심을 갖지 않는다.

- 교사와 학생 사이의 관계

교사와 학생 사이의 관계는 교수·학습 방법에서 일컫는 사회적 상호작용과 다릅니다. 평상시 교사와 학생 사이의 신뢰 정도를 말하는 것으로, 이것이 교실의 분위기를 좌우합니다. 둘 사이의 신뢰가 깊으면 수업 분위기가 따뜻하고 편안하며 서로의 사소한 실수도 포용합니다. 그러나 교사와 학생 사이의 관계가 깨지면 수업 분위기가 냉랭하고 부정적이고 차가운 에너지가 교실에 흐릅니다. 이런 상황에서 수업 시간에 교사와 학생 사이에 의미 있는 소통과 배움이 일어나기는 어렵습니다. 교사와 학생 사이의 평상시 관계를 좀 더 알고 싶으면 학생들에게 수업에 대한 설문 조사를 시행합니다.

예)

- 교사가 학생들을 보는 시선이 따뜻해 보인다. 학생의 엉뚱한 질문에도 교사가 웃으며 반응하고 자연스럽게 수업을 진행한다. 학생들도 교사의 행동에 긍정적이고 즉각적인 반응을 보인다.
- 교사가 학생들의 눈을 제대로 쳐다보지 못한다. 표정 변화가 거의 없고, 학생들도 교사의 행동에 별로 관심이 없다. 한 학생이 떠들다가 걸리자 교사가 그 학생에게 다가가 째려본다. 학생은 잠시 움찔하더니 시간이 지나자 다른 문제 행동을 한다.

왜(why) : 교육 철학

모든 교육 활동은 의도적으로 선택된 행위입니다. 교사는 수업을 할 때 학습 주제에 대하여 어떤 관점으로 접근할지 고민하면서 교육과정을 재구성합니다. 교수·학습 방법에서도 교사/지식 중심의 직접적 교수 전략으로 할지, 학생/경험 중심의 간접적 교수 전략을 취할지 결정합니다. 이 둘의 장점을 결합한 참여 교수 전략으로 접근할 수도 있습니다. 교사가 어떤 교육 철학을 갖느냐에 따라 이런 교육 활동을 선택하는 기준이 달라집니다.

인문세 고교에서 '정의正義'를 주제로 수업을 한다고 가정해 보겠습니다. A교사는 교과서를 중심으로 PPT를 활용하여 개념을 설명합니다. 그리고 관련 수능 기출 문제를 제시하고 학생들에게 문제를 풀게 한 뒤 그 이유를 설명합니다. 같은 주제를 가지고 B교사는 우리 사회에서 정의롭지 못한 사례를 들고 감성적 호소를 하는 관련 동영상을 보여 줍니다. 그다음 그 원인과 해결 방안이 무엇인지 학생들과 토의하면서 수업을 진행합니다.

A교사의 수업을 분석해 보면 대학 입시를 염두에 두어, 기본 개념을 이해시키고 정의와 관련한 수능 기출 문제 분석을 통해 모의고사나 대입 수능시험에 잘 대비할 수 있도록 수업을 풀어 갔음을 알 수 있습니다. 교수 전략 역시 교사 중심, 지식 중심인 직접적 방식을 주로 사용합니다. 반면, B교사는 교실 수업과 실제 삶을 연결시키려고 노력합니다. 접근 방식도 상대적으로 학생 중심, 경험 중심의 간접적 혹은 참여적 교수 전략을 쓰고 있습니다. 두 수업의 차이점은 교사가 갖고 있는 교육 철학의 차이에서 나옵니다. 동일한 학습 주제도 교사의 교사 철학에 따라 전혀 다르게 구현될 수 있습니다.

교사의 교육 철학은 크게 교사관, 학생관, 지식관으로 나눌 수 있습니다. 교사관은 교사가 스스로 바람직한 교사상이 무엇이라고 생각하느냐와 관련됩니다. 지식의 전달자로 보는지 학습 조력자로 생각하는지에 따라 교실에서 교사의 역할과 행동이 달라집니다. 학생관은 교사가 학생을 어떤 존재로 규정하고 접근하느냐 하는 것입니다. 지식을 배우는 대상으로 파악하는지, 학습의 주체로 이해하는지에 따라 수업 안에서 학생의 역할과 행동이 규정됩니다. 지식관은 지식의 성격을 어떻게 이해하고 있느냐의 문제입니다. 지식이 홍수처럼 쏟아지는 정보화 시대인 지금, 학교에서 모든 지식을 가르치는 일은 불가능해졌습니다. 그러나 지식을 객관적인 실체이고 핵심적인 무엇이라고 보고, 학생들에게 꼭 가르쳐야 할 것이 있다고 생각할 수 있습니다. 반면, 지식을 주관적이고 경험적인 그 무엇으로 보기도 합니다. 지식을 결합하고 가공하여 새로운 지식을 만들고 창출할 수 있는 것으로 이해할 수 있습니다.

교사가 어떤 교육 철학을 갖고 있는지는 교사의 수업 행위를 분석해 보면 알 수 있습니다. 교육 철학은 교사의 사소한 행동, 습관, 언어 표현, 학생들에 대한 반응, 학습 동기를 유발하는 방식 등에서 드러납니다.

C교사는 대도시 인문계 고등학교 교사로, 수업을 철저히 준비하고 교육과정을 충분히 이해하여 자신감과 열정이 느껴집니다. 학생들이 졸면 재미있는 예화나 농담으로 분위기를 전환시킵니다. 종종 비속어를 사용하거나 딴 이야기로 시간을 낭비하기도 하는데, 이것을 학생들을 수업에 집중시키기 위한 방법 정도로 생각해서 큰 문제라고 여기지 않습니다.

D교사는 시골 초등학교의 5학년 담임교사입니다. 평소 기존 수업의 틀을 깨려고 노력하며 프로젝트 수업 위주로 진행합니다. 교실 안에서 학생들이 자유롭게 돌아다니고 열심히 수업 활동에 참여하는 편이나, 일부 학생들은 딴짓을 합니다. 그런데 교사는 그런 학생에게 별다른 제지를 하지 않습니다. 학습 과제에 흥미를 보이지 않는 학생을 강세로 교사가 지도하면 오히려 역효과를 거둘 수 있다고 생각하기 때문입니다.

위의 C교사와 D교사를 비교하여 교사관과 학생관, 지식관을 살펴

보겠습니다. 먼저 교사관 측면에서, C교사는 교사의 중요 역할을 지식의 전달자로 이해하고 인기 많은 학원강사를 자신의 바람직한 교사상으로 여겼습니다. 그에 비해 D교사는 자신을 학생들의 학습을 도와주는 학습 조력자로 생각하고 있습니다.

학생관 측면에서, C교사는 학생들을 가르침의 대상으로 생각하여 학생들에게 내용 이해와 관련한 질문 이외에 별다른 발문을 하지 않고, 학생들이 자신이 설명하는 수업에 집중해 주길 바랍니다. 그에 비해 D교사는 학생들이 수업을 주도적으로 풀어가는 것이 중요하다고 생각해서 일부 학생들이 수업 내용에 흥미가 없어 딴짓을 해도 그대로 인정하여, 교사가 기다려 주어야 한다고 생각하고 있습니다.

지식관 측면에서 보면, C교사는 수능 시험에 잘 나오는 학습 내용에 초점을 두고 재구성하여 짧은 시간 안에 학생들이 쉽게 이해하도록 노력하였습니다. 그에 비해 D교사는 교사가 학습 주제를 제시했지만 학생들이 흥미를 갖는 소주제를 찾아 학습을 하는 것이 의미 있는 학습 활동이라고 생각합니다. 설령 탐구 주제나 활동이 교과서에서 벗어나더라도 큰 문제로 여기지 않습니다.

무엇을(what) : 교육과정

'무엇을 가르칠 것이냐'는 교육과정에 대한 질문입니다. 교육과정은 국가 수준, 지역 수준, 학교 수준, 교사 수준 교육과정으로 나눌 수 있는데, 일반적으로 수업에서는 교사 수준 교육과정이 관찰됩니다. 국가 수준 교육과정은 교사 수준 교육과정을 통해 학생들에게 구현됩니다.

교육과정을 재구성하는 성향에 따라 교사의 유형을 다음과 같이 세 가지로 구분할 수 있습니다. 첫째는 교과서 진도형으로, 교육과정을 재구성할 때 국가 수준 교육과정을 따르거나 교과서 내용을 가급적 있는 그대로 전달하려고 노력하는 유형입니다.

둘째는 교과서 재구성형으로, 교육과정 내용의 기본 틀은 유지하되 학생들의 학습 수준이나 자신의 교육 철학에 따라 교사가 세부 내용을 재구성하여 접근하는 유형입니다.

셋째는 교과서 초월형으로 국가 수준 교육과정이나 교과서와 상관없이 교사가 재량껏 교육과정을 구성하는 유형입니다. 교과서 초월형은 전문성이 없는 상태에서 자기가 하고 싶은 대로 가르치는 방임형과 고도의 전문성을 토대로 교육과정을 새롭게 만들면서 수업하는 자율형으로 구분할 수 있습니다. 입시 위주의 파행적 교육과정으로 문제 풀이식 수업을 하거나 독서 활동을 명목으로 수업 시간에 학생들을 방치하는 경우는 방임형에 속합니다. 자율형은 교사가 기존 교육과정을 충분히 연구하고 이를 기반으로 새롭게 재구성하는 것입니다. 구성주의 관점에서 학생들이 새로운 지식을 경험하고 창출할 수 있도록 하는 방식으로, 발도로프 수업이 여기에 해당합니다.

예)

• 교사가 수업 시간에 다루는 학습 내용이 교과서 중심이다. 교과서 내용 이해에 초점을 맞추어 교사가 설명한다. 수업 마무리 단계에서 교과서 주요 내용에 밑줄 긋기 활동을 한다.

- 교사가 교과서 내용을 재구성한 학습지나 워크북을 활용하여 수업을 한다. 교과서뿐 아니라 신문 기사, 동영상 등을 적극 활용한다.
- 교사가 기존 교과서 내용과 상관없는 주제를 선택하여 수업을 진행한다. 학습 활동한 결과를 포트폴리오 형태로 정리한다.
- 교사가 학생들에게 독서나 자습을 하라고 제시했는데, 많은 학생들은 잠을 자고 있다. 교사는 별다른 제지를 하지 않는다.

어떻게(how) : 교수·학습 방법

'어떻게 가르칠 것인가'는 교수·학습 방법에 대한 질문입니다. 교수·학습 방법은 교육과정만큼이나 중요한 과제입니다. 교수·학습 방법에 따라 학생들의 학습 경험이 달라지기 때문입니다. 교수·학습 방법의 핵심은 학생의 눈높이에 맞추는 것입니다. 많이 안다고 잘 가르치는 것이 아니며, 학생들의 눈높이에 맞추어 어떻게 효과적으로 가르칠 것인가가 중요합니다.

교수·학습 활동별 특징과 장단점을 알고, 수업에서 이루어지는 교수·학습 방법이 학습 내용과 잘 연결되고 있는지, 교사와 학생 사이에 사회적 상호작용이 잘 이루어지고 있는지, 학습 활동이 너무 많거나 적은 것은 아닌지 살펴야 합니다.

예)
- 교사가 다양한 수업 모형을 보여 주려고 노력한다. 한 차시 수업에

서 다섯 개 이상의 학습 활동으로 수업을 진행하느라, 마무리 시간이 부족하여 학습 활동 정리와 피드백을 충분히 하지 못했다.

- 안창호에 대해 공부하는 수업에서 교사가 과제 분담 학습 모형으로 진행하였다. 각 모둠에 안창호의 성장 과정, 사상, 업적, 교훈 등의 소주제를 각각 과제로 부여하였다. 그러나 이 소주제들은 인과적인 내용이어서 병렬적인 학습 내용을 다루는 과제 분담 학습 모형을 통해서 수업하기가 적절하지 않았다. 활동은 그런대로 진행되었지만 학생들은 교과서 내용 이상 설명하지 못했다.

다양한 관찰 시점으로 수업 바라보기

전통적 체크리스트로 바라보기

수업 관찰 시점에 따라 수업은 다양하게 관찰하고 해석할 수 있습니다. 수업 비평적 관점에서 전통적인 체크리스트, 학생 입장, 교사 입장, 수업 관찰자의 특정한 시각 등 다각도로 수업 현상을 관찰하고 해석하는 것은 매우 의미 있는 접근입니다.

전통적 체크리스트는 주로 교육과정과 교수·학습 방법에 초점을 맞춥니다. 도입, 전개, 마무리 세 단계로 나누어 수업을 과학적으로 평가합니다.

예)

- 교사가 수업 도입 단계에서 학습 목표를 제시하고 그 이유를 설명한 다음 그것을 칠판에 판서하였다.
- 수업 전개 단계에서 교사가 기본 개념을 설명하고, 해당 주제에

대해 모둠 토의를 하도록 하였다.

- 수업 마무리 단계에서 교사가 정리를 하고 학습 내용에 대해 간단한 형성 평가를 실시하였다. 다음 차시 학습 과제를 제시하고 학습 내용을 예고하였다.

지금까지 수업 연구 성과를 반영하는 전통적 체크리스트는 현재에도 의미 있는 접근법입니다. 하지만 이것만 가지고 수업을 해석하면 심층적인 이해를 하는 데 한계가 있어 수업에서 중요한 요소를 놓칠 수 있습니다.

학생 입장에서 바라보기

학생의 눈으로 수업을 보는 방법에는 두 가지가 있습니다. 첫째는 수업 관찰자가 학생이 되어 1인칭으로 수업을 바라보는 것입니다. 내가 학생이라면 수업과 교사의 특정 행동에 어떻게 반응할 것인가 생각하는 것입니다.

예)

- 교사의 말이 빠른 편이다. 학생 입장에서는 기본 개념을 이해하는 데 다소 어려움을 느낄 수 있다.
- 교사가 다른 학생들에게는 포용적인데 특정 학생에게 엄하게 대한다. 그 특정 학생은 교사가 자신을 싫어한다는 생각이 들 것이다.

둘째는 3인칭 관찰자 시점으로 전체 학생들의 학습 활동에 초점을 맞추어 수업을 바라보는 것입니다. 전체 학습 분위기와 개별 내지 모둠 별 학습 상황을 인식하는 것입니다.

예)

- 교사가 기본 개념을 20분 넘게 설명하고 있지만 한 명도 주의가 흐트러지지 않고 교사의 설명에 귀 기울이고 있다.
- 교실 뒷자리에서 한 학생이 수업 시간 내내 자고 있지만 교사는 모르고 있다.
- 교사가 특정 모둠을 중심으로 피드백 활동을 하는 동안 나머지 모둠은 떠들고 있다.
- 수업 후 학생 인터뷰에서, 선생님이 평소 편하게 학생들을 대해 주어 좋지만 떠드는 학생들을 잘 지도하지 않아 수업 분위기가 잘 잡히지 않는 것이 불만이라고 말했다.

수업자(교사) 입장에서 바라보기

교사의 인격적인 특징과 성향, 교육 철학, 수업 고민이 무엇인지 이해하고, 수업의 맥락을 파악하며 바라보는 접근법입니다.

수업 교사의 입장에서 바라볼 때에도 두 가지 접근이 가능합니다. 일인칭 관점으로, 만약 내가 수업 교사라면 어떻게 수업을 했을지 생각해 보는 것입니다. 초등학교 2학년 수업 시간에 학생들이 떠들고 장난친다면, 내가 그 학급의 교사라면 어떻게 지도하고 수업 내용에 주의 집중을 시킬 것인가 생각해 봅니다.

3인칭 관점으로 교사의 수업 맥락과 흐름에서 수업이 어떻게 진행되고 있는지 객관적으로 바라보는 접근법도 있습니다. 수업 도입 단계에서 학생들이 전 수업 내용을 알고 있는지 확인했는데 충분히 이해하고 있지 않다는 것을 교사가 알게 되었다면, 이를 무시하고 원래 계획대로 수업하는 것이 좋을지 아니면 복습하면서 원래의 계획대로 진행하는 것을 포기하는 것이 좋을지 생각해 볼 수 있습니다. 이런 상황에서 교사가 어떤 선택을 하고 있는지 관찰합니다.

교사의 입장에서 수업의 맥락을 바라보려면 사전 수업 준비 단계나 수업 후에 교사를 인터뷰하여 교사의 고민을 충분히 이해해야 합니다.

예)

• 저는 교직 경험이 15년이나 되지만 사실 초등학교 2학년 학생들을 어떻게 지도하는 것이 좋을지 고민이 많이 됩니다. 평소 학생들과 관계가 좋고 소규모 학급이라 학생들의 개별적인 특성을 잘 파악하고 있습니다. 그러다 보니 문제 행동을 발견해도 그 행동의 이유가 충분히 이해되어 좀처럼 야단치기가 쉽지 않습니다. 교사와 학생 사이에 경계를 어떻게 세워야 할지 고민이 됩니다.

• 오늘 수업은 다소 파격적으로 볼 수 있습니다. 이번 학습 주제는 교과서에 적게 언급되었지만, 과학 지식과 일상의 삶을 연결해 강조하고 싶었습니다. 그래서 과자 봉지에 쓰인 식품 첨가물을 조사하고 그것이 우리 인체에 미치는 영향을 학생들과 이야기를 나누

었습니다. 이번 수업에서 학생들이 먹거리에 대한 인식이 바뀌면 좋겠다고 생각했습니다.

수업 관찰자의 특정 시각으로 바라보기

수업 관찰자가 교육 매체 활용에 관심이 있다면 해당 수업에서 교육 매체를 적절히 활용하고 있는지를 주로 볼 것입니다. 발문법에 관심이 있다면 교사가 어떻게 발문하고, 교사와 학생 사이에 사회적 상호작용이 어떻게 일어나고 있는지를 중심으로 수업을 볼 것입니다. 수업 관찰자가 가지고 있는 다양한 관점은 수업을 여러 면에서 이해하도록 돕습니다.

때로 동일한 수업도 수업 관찰자의 관점에 따라 상반된 해석을 하여 수업을 공개한 교사에게 혼란을 줄 수 있으나, 교사가 각 관점이 가지고 있는 특징을 이해하고 비판적으로 받아들이면 그리 큰 문제가 되지 않을 것입니다. 오히려 하나의 관점으로 수업을 해석하는 것이 더 큰 문제입니다. 수업을 바라보는 다양한 관점이 있음을 인정할 때 수업이 더욱 발전합니다.

예)

• 교사와 학생뿐 아니라 학생과 학생 사이에도 다양한 형태의 사회적 상호작용이 일어나고 있었다. 교사가 학습 목표를 일방적으로 제시하지 않고, 발문으로 학생들의 생각을 이끌어 내면서 학습 목표를 제시하였다. 모둠 안에서 학생 사이의 협력이 잘 이루어졌다.

• 오늘 수업은 협동학습보다 조별 경쟁 학습에 가까웠다. 교사가 모둠 세우기 활동에만 치중하여 모둠 안에서는 협동이 잘 이루어졌지만, 모둠과 모둠 사이는 경쟁 관계가 되었다. 소수의 성공한 모둠에게만 보상을 주며 모둠 경쟁을 부추기는 방식으로 진행하였다.

수업 코칭 입장에서 바라보기

수업 코칭은 교사가 자기 성찰을 통해 자기 수업의 장단점을 분석하여 장점을 극대화하고 단점을 보완할 수 있도록 돕습니다. 수업을 다양한 시각으로 바라볼 수 있으나, 궁극적으로 교사의 수업 개선에 초점을 맞추어 분석하는 것이 필요합니다.

수업 코칭 관점에서는 우선 교사의 수업에서 장점을 찾아 분석합니다. 장점만 찾는 것이 아니라 장점이 나올 수 있었던 근본 동기와 특성도 찾아냅니다. 수업에서 단점이 발견되었다면 그 원인과 해결 방안을 고민합니다. 수업의 단점을 극복할 수 있는 방안을 분석해야 합니다. 수업 코칭에 대해서는 다음 장에서 좀 더 자세하게 다루겠습니다.

수업 관찰 태도와 방법

다른 교사의 수업을 관찰할 때 방청객이 되어 아무런 준비 없이 바라보아서는 그다지 도움이 되지 않습니다. 수업 관찰 목적에 따라 수업 관찰 일지를 기록하는 것이 좋습니다.

수업 관찰 일지 양식은 수업 관찰자의 목적과 관점에 따라 자유롭게 구성하여 활용할 수 있습니다. 일지에는 수업 활동을 꼼꼼하게 기

록합니다. 수업 진행 흐름뿐 아니라, 교실 배치와 상태, 교사의 말투와
무의식적인 행동, 학생들의 태도와 반응 등 수업 진행 과정에서 만나
는 모든 것을 꼼꼼하게 기록합니다. 동영상 촬영이나 녹음, 녹취를 병
행하면 실제 수업 장면에서 놓치기 쉬운 것을 나중에 확인할 수 있습
니다.

수업 활동은 특정한 관점에 치중하기보다 다양한 관점으로 기록합
니다. 앞에 제시한 4가지 차원이나 다양한 관찰자 시점으로 기록하여
수업을 입체적으로 파악하고, 해석도 간단하게 덧붙입니다. 수업 전후
에 교사 인터뷰나 학생 인터뷰를 하면 심도 있는 관찰이 가능합니다.
관찰에 따른 해석을 간단히 기록하면 좋습니다. 수업 관찰 중에 드는
생각이나 질문을 메모해 두면 나중에 수업 분석과 코칭의 기초 자료
로 활용할 수 있습니다.

■ **수업 관찰 일지 사례**

> ■ 학교 : ○○중학교
> ■ 대상 : 3학년 6반
> ■ 과목 : 과학과
> ■ 지도 교사 : ○○○

1. 누가

■ 30대 후반 여교사, 16년차.

■ 수업에 대한 열정이 있음.

■ 교과 지식에 대한 지식과 자신감, 안정감이 보임.

■ ○○중학교는 현재 혁신학교이고, 6반은 총 아홉 개 모둠으로 구성되어 있음.

2. 왜

■ 학생 입장에서 이해하기 쉽게 교육과정을 재구성함.

■ 구성주의적 접근 시도.

3. 무엇을

■ 물질의 특성 - 용해도.

■ 붕산과 염화나트륨 혼합물 분리 실험.

4. 어떻게

■ 강의, 문답법, 모둠 활동, 문제 풀이 등.

5. 수업 진행

(1) 학습 목표 제시

■ 전시 학습에 이어서 작은 쪽지를 꺼내도록 함.

■ 전시 학습 내용과 연계하여 좀 더 어려운 과제를 제시할 것이라고 말함.

■ 하얀 분말 가루가 담긴 용기를 보여 주면서 이것이 무엇인가 하고 발문.

    - 학생들이 호기심을 보이며 교사의 설명에 집중.

■ 교사와 학생과 사이에 대화가 자연스럽고 학생들의 반응도 좋음.

- 학생들의 경험과 관련하여 쉽게 설명.

■ 용해도의 개념을 단어로 표현하지 않고 판서 그림으로 표현.

■ 용해도를 왜 배우는가에 대해 질문함.

    - 학생들이 대답하기 어려워하자 객관식 형태로 다시 발문, 학생들이 반응을 보이면서 대답.

    - 학생들의 답변을 통해 학습 목표를 자연스럽게 도출해 나감.

    (학습 목표 : 물질의 특성을 이해하고 혼합물을 분리할 수 있다.)

☞ 교사가 일제 학습 방식이 아니라 발문을 통해 자연스럽게 학습 목표를 제시한 것이 매우 좋음.

☞ 디지털 프레젠테이션을 사용하지 않고 교사가 직접 판서하고 학생들이 나와서 자연스럽게 문제를 풀 수 있도록 한 것이 좋았음.

(2) 전시 학습 확인

■ 용해도 곡선 그림을 그려 주고 다소 어려운 학습 과제를 학생들에게 제시.

    - c의 용해도, c→b 변화 모습 서술, c→a 변화 모습 서술.

- 해당 학습 과제를 잘 수행해야만 다음 프로젝트 과제를 수행할 수 있다고 제시.
  - 학생들에게 학습 동기 유발을 자연스럽게 시도.
- 한 학생이 용해도 개념을 잘 모르겠다고 다른 모둠 학생에게 이야기 하자 교사가 전시 학습 내용 중 힌트를 주어 다시 기억할 수 있도록 유도.
- '주영이가 잘 모르는 것 같으니 옆의 친구들이 도와주렴.' 같은 표현 사용.
- 모둠 안에서 문제를 함께 풀어 감.
  - 한 친구가 잘 모르니까 다른 친구들이 설명해 줌.

☞ 자연스러운 또래 가르치기가 일어나고 있음.

- 전시 학습 문제를 학생들이 나와서 풀도록 함.
  - 여학생이 나와서 교사가 출제한 세 가지 문제를 잘 품.
  - 남학생 한 명이 나와 문제를 푸는데 자신 없어 보임, 자기 모둠원 에게 도움을 받고 문제를 해결할 수 있도록 함.
- 학생이 푼 문제를 교사가 확인.
  - 문제 푸는 것을 확인할 때 오답에 대해 전체 학생들에게 의견을 물어봄.
  - 한 남학생이 일어나서 문제에 대한 자신의 해결책을 제시.
  - 교사가 다른 학생에게 다른 의견들을 이끌어 냄.
  - 교사가 다시 문제 풀이 과정을 세밀하게 점검하면서 개념 설명.

☞ 교사와 학생 사이에 사회적 상호작용이 활발하게 일어나고 있음. 교 사와 학생의 신뢰 관계가 잘 형성되어 보임.

☞ 교사가 자기 전공과목 내용에 전문 지식이 있고, 자신감이 있음.

☞ 학습 내용에 학생들이 깊이 들어갈 수 있도록 유도함

  - 내용 우선으로 방법이 자연스럽게 녹아들어 감.

☞ 교사의 표정이 다양하고, 억양에 다양한 변화가 있어서 학생들이 지루해하지 않음.

☞ 시선 처리가 자연스럽고 공개수업에서 보이는 긴장감이 전혀 느껴지지 않음.

(3) 프로젝트 과제 제시 및 수행

■ 교과서 109쪽 학습 과제 제시 : 붕산과 염화나트륨 혼합물의 분리 방법 찾기.

■ 모둠별로 붕산과 염화나트륨 혼합물을 어떻게 분리할 것인가 토의하도록 함. 8분 소요.

■ 교사가 모둠별로 학습 과제 진행 상황 점검.

■ 두 개 모둠 활동이 제대로 이루어지지 않음.

  - 한 모둠은 한 명이 자고 한 명은 멍하니 있고 두 명은 조용히 문제만 풀고 있음.

  - 남학생 세 명, 여학생 한 명으로 이루어진 또 한 모둠은 남학생들은 멍하니 있으나 여학생이 그 분위기가 싫었는지 교사에게 질문함. 교사가 해당 모둠에 가서 문제 해결을 도와줌.

  - 일부 학생이 교과서에 들어 있는 정답을 찾은 경우가 있었는데, 스스로 문제를 해결하는 것이 좋다고 교사가 이야기함.

■ 문제를 해결한 모둠 중에서 그 해결 방법을 찾을 수 있도록 함.

  - 한 모둠 학생이 발표를 함.

  - 교사가 적절한 피드백을 실시함.

■ 교사가 소금과 붕산 해결 방식에 대하여 간단히 설명함.

☞ 교사의 원래 의도는 염화나트륨과 붕산의 혼합물을 분리하는 것이었지만, 전시 학습 과정에서 학생들의 이해가 충분하지 못해 복습하다 보니 수업이 의도대로 진행되지 못함. 비록 원래 의도대로 진행되지는 않았지만 복습이 충분히 이루어져야 이번 수업이 잘 진행될 수 있기 때문에 전 수업에 배운 내용을 복습한 것은 의미 있는 것으로 판단됨. 다음 수업에서 분리 실험에 초점을 맞추어 진행하면 좋을 것 같음.

6. 수업의 장단점 분석

(1) 장점 : 발문을 통해 자연스럽게 학습 목표를 도출해 감. 수업 자신감과 열정이 느껴짐. 학생들의 참여를 이끌어 내기 위해 노력하고 학생이 오답을 말해도 긍정적인 피드백을 통해 자연스럽게 해결 방안을 모색하도록 함. 학생들의 학습 상황을 잘 인식하고 그에 맞게 수업을 진행함. 발음과 억양이 좋고 언어 전달력이 뛰어남. 수업 준비가 철저하게 이루어짐. 쥐약의 주성분이 붕산이라는 데 착안하여 붕산의 개념을 풀어 간 점 등이 좋았음.

(2) 단점 : 수업 내용이 다소 많게 느껴짐. 대표 실험보다 모든 학생들이 실험에 참여할 수 있도록 구성하면 좋았을 것임. 일반 교실에서 과학 수업이 이루어져 실험을 하기에 그리 적합하지 않은 공간이었음.

7. 수업 이해 질문

■ 오늘 수업의 주안점은 무엇입니까?

■ 오늘 수업에 스스로 만족도 점수를 매긴다면 몇 점을 주겠습니까? 그 이유는?

■ 오늘 학습 목표를 제시할 때 학생들에게 발문 과정을 통해 자연스럽게 도출하셨는데 평상시에도 그렇게 수업을 하고 있습니까? 등.

CHAPTER 4

마음을 여는
수업 코칭

수업 코칭이란

교사가 주연, 코치는 조연

2012년 싱가폴 탐방시 협동학습을 잘 실천하는 이슬람 고등학교를 방문한 적이 있습니다. 그 학교에서 30대 초반의 남자 선생님이 고등학교 3학년 학생들에게 아랍어를 가르치는 수업을 참관했는데, 협동학습의 모둠과제분담학습모형team jigsaw에 따라 깔끔하게 수업을 진행하는 것이 인상적이었습니다. 수업 강평회 시간에 그 선생님에게 협동학습을 얼마나 실천했는지 물었는데 놀랍게도 2년차였다고 대답했습니다. 협동학습을 오래 실천해 온 제가 보기에도 2년차 교사가 할 수 있는 수업이라고 보기 힘들 정도로 안정적이고 노련한 수업이었습니다. 이렇게 높은 수준의 수업을 어떻게 할 수 있는지 이유를 물었더니 교감 선생님이 대신 대답을 해 주었습니다.

학교에서 협동학습 전문가를 초청하여 전체 연수를 실시하고, 그 중에서 자질이 갖추어진 다섯 명의 교사들을 희망자 중심으로 선발하여 전문가에게 집중적으로 수업 코칭을 받게 했다고 하였습니다. 처음 협동학습을 도입했을 때는 교사가 협동학습에 익숙하지 않아 수업 분위기가 흐트러지고 학생들도 학습 과제를 잘 수행하지 못했다고 합니다. 그런데 전문가가 해당 선생님들의 수업을 지속적으로 참관하고 피드백을 하면서 자연스럽게 교사들의 수업 성장이 이루어졌다고 했습니다.

현재 수업 혁신이 잘 이루어지지 않는 것은 정답을 제시하는 연역적인 방식으로만 접근하기 때문입니다. 교사의 수업 능력을 향상시키기 위해 일반적으로 수업 공개와 교사 연수를 실시합니다. 하지만 현실에서 공개수업은 실적 남기기나 평가의 방식일 뿐 수업 성찰을 위한 실질적인 피드백으로 이어지지 못합니다. 교사 연수 역시 그 자체가 교실 수업으로 연결되지 않습니다. 교사가 새로운 콘텐츠를 배우더라도 교실에서 실천하고 시행착오 과정을 거쳐야 자기 것이 되기 때문입니다.

수업 혁신은 하나의 정답으로 몰아간다고 이루어지는 것이 아니며, 수업 성찰을 통해 교사 스스로 수업의 해답을 찾아갈 때 이루어집니다. 수업 혁신의 답은 교사 안에 있습니다. 수업 코칭은 수업 문제를 귀납적으로 접근하며, 교사가 자기 수업을 통해 성찰하고 스스로 수업의 정답을 찾아가도록 돕습니다. 익숙한 자기 수업을 낯설게 바라보고 자신 속에 잠재된 가능성을 발견하도록 이끕니다.

코칭의 동사형 '코치coach'의 사전적 의미는 '운동 경기의 정신이나 기술을 선수들에게 지도하고 훈련시킴'입니다. 게리 콜린스는 코칭을 '한 개인이나 그룹을 현재 있는 지점에서 그들이 바라는 더 유능하고 만족스러운 지점까지 나아가도록 인도하는 기술이자 행위'로 정의하였습니다. 스즈키 요시유키는 '상대의 자발적인 행동을 촉진시키기 위한 커뮤니케이션 기술'로 , 갈웨이는 '성과를 극대화하기 위해 묶여 있는 개인의 잠재 능력을 풀어 주는 것'이라고 하였습니다.[20] 학자마다 표현은 조금씩 다르지만, 코칭은 코칭 받는 사람이 원하는 무엇인가를 스스로 성취하고 발전할 수 있도록 도와주는 일이라는 것을 알 수 있습니다. 즉, 코칭이란 자신이 가지고 있는 능력을 개발하고 향상하도록 돕는 행위입니다.

코칭이란 단어를 가장 많이 쓰는 분야는 스포츠 분야입니다. 그런데 요즘은 '코칭'이라는 단어가 인생 코칭, 진로 코칭, 연애 코칭, 결혼 코칭, 조직 코칭, 학습 코칭 등 다양한 영역으로 확산되었습니다. 코칭의 개념을 수업 영역에 적용한 것이 바로 수업 코칭으로, 교사가 자신의 수업을 성찰하고 이를 바탕으로 수업 성장을 할 수 있도록 도와주는 행위를 의미합니다.

수업 코칭에서 주연은 교사입니다. 수업 코치는 조연일 뿐, 교사가 수업의 한계를 인식하고 더욱 발전하고 싶다는 자발성을 가져야 비로소 수업 코칭이 가능해집니다.

수업 코칭이 기존 수업 접근 방식과 다른 점[21]
– 수업 장학과 수업 코칭

교육계에서 전통적으로 많이 사용해 온 개념이 수업 장학입니다. 수업 장학의 목적은 교사의 교수 행위 개선입니다. 수업 장학에서는 수업에 대한 정답을 제시하고 그 기준에 따라 수업을 평가하고 피드백합니다.

수업 장학의 한계는 외부 수업 관찰자가 제시한 정답이 해당 교사에게 맞는 정답이 아닐 수 있다는 것입니다. 수업 장학과 수업 코칭은 교사의 교수 행위 개선이라는 목적은 같으나 접근 방식에서 차이가 있습니다. 수업 장학은 수업 개선의 동력이 외부 관찰자라면 수업 코칭은 해당 교사의 자발성입니다. 수업 장학에서는 수업 평가자의 기준이 중요하지만, 수업 코칭에서는 해당 교사의 수업 성찰이 더 강조됩니다.

– 수업 평가와 수업 코칭

현행 교원능력개발평가는 수업 평가 방식의 일종입니다. 수업 평가의 목적은 교사의 수업 능력을 측정하고 평가하는 것입니다. 수업 평가에서는 어떤 수업 평가 도구를 사용하느냐에 따라 결과가 달라질 수 있습니다. 현재의 수업 평가 기준은 그 자체가 애매합니다. 수업 방식에 따라 다양한 수업 평가 기준이 존재할 수 있는데, 특정한 수업 평가 도구로 여러 형태의 수업을 평가하기는 그리 쉽지 않습니다. 수업 평가와 달리 수업 코칭은 교사의 수업 능력 측정과 평가를 넘어, 실질적인 수업 개선이 이루어지도록 도와주는 데 중점을 둡니다.

– 수업 비평과 수업 코칭

질적인 실행 연구 접근은 기존 수업 연구의 양적인 접근을 비판하며 대안으로 제시된 것입니다. 하지만 질적인 접근도 실용적으로 접근하기 힘들다는 점에서 한계가 있습니다. 이 둘의 한계를 극복하기 위해 나온 것이 예술 비평에서 아이디어를 얻은 수업 비평입니다.

수업 비평은 수업을 해석학적, 현상학적으로 접근하여 수업을 다양한 관점에서 이해하고 해석할 수 있게 합니다. 수업 비평은 관찰자의 관점에 따라 동일한 수업에 대해 상반적인 결과가 나올 수 있으며, 수업 비평의 목적은 수업 현상의 이해와 해석입니다.

수업 비평은 수업 관찰자의 전문가적 식견에 따라 다양한 해석을 시도할 수 있지만, 교사가 수업 혁신을 하는 데 도움이 되는 구체적인 피드백 방식까지 제시하지는 못합니다. 수업 코칭은 수업 현상의 이해와 해석을 넘어, 성찰과 도전 과제 수행 과정을 통해 스스로 자신의 문제를 극복할 수 있도록 도와줍니다.

– 배움의 공동체와 수업 코칭

배움의 공동체는 우리나라의 혁신학교에 큰 영향을 주었을 뿐 아니라, 수업 혁신에 대한 새로운 접근으로 최근 교육계의 주목을 받고 있습니다. 수업 혁신을 통해 학교 혁신을 추구하며, 진보주의와 구성주의 관점으로 학교 문화와 수업 문화를 개혁하려고 합니다.

배움의 공동체는 수업에서 활동적인 배움, 표현적인 배움, 협력적인 배움을 강조하고, 수업 시간에 학생의 배움이 어떻게 이루어지고 있는지를 중심으로 수업을 바라봅니다. 학생들의 배움을 강조하다 보니, 상대적으로 수업에서 교사의 역할과 성찰을 덜 다루는 면이 있습니다.

배움의 공동체에 비해 수업 코칭은 교사의 의무적인 참여가 아니라 자발적인 참여 방식으로 진행하고, 교사의 내면 성찰을 강조한다는 점에서 차이가 있습니다.

- 수업 컨설팅과 수업 코칭

수업 컨설팅은 기존 수업 장학의 문제점을 비판하고, 1990년대 이후 기업 경영에서 활용하는 컨설팅의 개념을 교육 영역에 도입하여 만들어진 개념입니다.[22] 교사의 수업 고민이나 문제를 해결하는 데 목적이 있으며, 수업 관찰자가 아니라 수업 공개 교사에게 초점을 맞춥니다.

수업 컨설팅은 수업 장학에 비해 교사의 자발성에 기초한다는 점에서 수업 개선 효과가 크지만, 의뢰한 교사가 수업 컨설턴트에게 의존하여 자기 스스로 해결할 수 있는 힘을 제대로 기르지 못할 가능성이 있습니다. 교사의 자발성에 기초하고 해당 교사의 수업 고민을 중심으로 풀어 간다는 점에서 수업 컨설팅과 수업 코칭은 공통점이 많습니다. 하지만 수업 컨설팅이 교사가 도움을 요청한 부분을 중심으로 피드백하는 방식이라면, 수업 코칭은 수업 성찰 과정을 통해 교사가 도움을 요청한 부분뿐 아니라 교사가 잘 인식하지 못했던 문제의 근본 원인을 스스로 깨닫고 해결할 수 있도록 돕습니다. 즉, 수업 컨설팅에 비해 수업 코칭은 교사의 내면 성찰을 강조합니다.

수업 컨설팅과 수업 코칭은 개념에서 약간의 차이가 있지만 진행 방식은 유사한 점이 많습니다. 하지만 이 책에서 수업 컨설팅보다 수업 코칭 개념을 강조하여 사용하는 이유는 현재 우리 교육계에 수업 컨설팅의 개념이 잘못 쓰이는 경우가 많기 때문입니다. 많은 현장 교사나 학교 관리자, 교육 정책 입안자들이 수업 컨설팅을 수업 장학과 비슷한 개념으로 이해하는 경향이 있습니다. 최근에는 교육부나 교육청에서 수업 장학과 수업 컨설팅을 혼합하여 수업 컨설팅 장학이라는 개념을 만들어 활용하고 있습니다. 예전에도 수업 컨설팅이란 이름으로 수업 장학을 하는 경우가 많았는데, 개념을 혼용하다 보니 이런 현상이 가속되고 있습니다.

수업 코칭의 원리

수업 코칭은 자발성, 성찰, 전문성, 피드백, 공동체성 등의 원리로 이루어집니다.

먼저, 자발성의 원리입니다. 효과적인 수업 코칭을 위해서는 우선 교사들의 자발성이 기반이 되어야 합니다. 자기 수업을 공개하고 코칭을 받으려는 열린 마음과 수업 혁신 의지로 자발적으로 참여했을 때 의미 있는 변화를 경험할 수 있기 때문입니다. 강제로 이루어지는 코칭은 자칫 교사의 마음을 닫게 하여 수업 개선 효과가 적고 오히려 역효과를 낼 수 있습니다.

둘째, 성찰의 원리입니다. 수업 성장을 하기 위해서는 수업 성찰이 전제되어야 합니다. 자기 수업을 낯설게 바라보기, 즉 신체적 상황, 감정, 생각, 사고방식, 행동방식 등 수업에서 자신의 모습이 어떤지, 개별 학생들의 학습 상황, 반응, 태도, 전체 교실 분위기 등 학생의 모습이 어떤지 알아차려야 합니다. 교사가 자기 수업의 장단점을 객관적으로 성찰할 때 의미 있는 변화가 일어납니다.

셋째, 전문성의 원리입니다. 어떤 교사의 수업을 관찰하고 분석할 때 수업의 장단점과 원인을 파악하고, 적절한 피드백을 하기 위해서는 고도의 전문성이 필요합니다. 수업 코칭을 효과적으로 실천하려면 수업 코칭에 대해 체계적으로 배우고 실천해야 합니다. 전문의가 되려면 임상 연구와 실험이 중요한 것처럼 수업 코칭을 효과적으로 실천하려면 사례 연구와 실천 경험이 뒷받침되어야 합니다.

외부 전문가를 통해 수업 코칭을 하는 경우, 각 분야별 전문가를 초청하여 코칭을 받는 것이 좋습니다. EBS의 '선생님이 달라졌어요' 프로그램에서는 교사의 내면 성찰을 담당하는 상담 전문가, 교육 철학을 담당하는 교장 선생님, 교육과정 및 교수·학습 방법을 맡는 수업 전문가 세 명이 동시에 수업 코칭 작업에 참여하였습니다.[23] 동료 코칭이나 집단 코칭을 할 때도 영역별로 나누어 접근하면 효과적으로 수업 코칭을 할 수 있습니다.

넷째, 피드백의 원리입니다. 수업 코칭은 수업 현상을 해석하고 평가하는 수준을 넘어 교사의 수업 성장에 도달할 수 있어야 합니다. 교사의 수업 장점을 찾아 칭찬하고, 그 장점을 극대화할 수 있도록 지지해야 합니다. 반대로, 자신의 단점은 교사가 스스로 인식하여 근본 원인에 직면할 수 있도록 하고 그 단점을 보완하도록 돕습니다. 자기 수업의 한계를 뛰어넘을 수 있도록 도전 과제를 수행하고 이를 통해 실질적인 수업 성장이 이루어질 수 있도록 합니다.

다섯째, 공동체성의 원리입니다. 외부 전문가 코칭 방식도 있지만 이것은 일회에 그칠 가능성이 높습니다. 수업 나눔의 공간이 교사에게 안전하고 평안한 공간이 되어야 하는데, 이는 교사의 전문적 학습 공동체 안에서 이루어질 수 있습니다. 지속적인 수업 혁신을 위해서는 상시적인 수업 코칭 체제를 학교 안에 구축해야 합니다. 교사들로 구성된 전문 학습 공동체를 만들고, 그 안에서 지속적인 수업 코칭이 이루어져야 합니다. 수석 교사 등 학교 내 수업 코칭 전문가를 양성하고, 그들을 중심으로 수업 동아리를 만듭니다. 그밖에 교사가 학교 안에서 지속적으로 수업 성장을 이룰 수 있도록 수업 친구 만들기, 혁신 학년제, 스몰 스쿨제, 학년 협의회 및 교과 협의회, 수업 동아리, 학교 차원의 수업 공개회 및 연수 등을 활성화시켜야 합니다.

자발성

성찰

전문성

피드백

공동체성

수업 코칭의 유형과 단계

수업 코칭의 유형

수업 코칭은 셀프 코칭, 개별 코칭, 집단 코칭, 동료 코칭, 전문가 코칭 등이 있습니다.

셀프 코칭은 말 그대로 스스로 수업 성찰을 하며 자신을 코칭하는 것입니다. 수업 성찰과 셀프 코칭은 비슷하지만 동일한 개념은 아닙니다. 수업 성찰은 자기 수업을 낯설게 인식하여 있는 그대로의 모습을 알아차리는 것이지만, 셀프 코칭은 이런 수업 성찰을 통해 스스로 자기의 장점을 극대화하고 단점을 보완하기 위해 스스로 노력하는 일입니다. 즉, 셀프 코칭 안에 수업 성찰이 포함되어 있다고 볼 수 있습니다.

참여 인원에 따라 일대일로 만나는 개별 코칭과 일대 다수로 이루어지는 집단 코칭이 있습니다. 개별 코칭은 교사의 고민과 상처를 깊이 있게 다룰 수 있다는 장점이 있습니다. 교사가 내면에 깊은 상처를 갖고 있거나 심각한 콤플렉스에 빠져 있는 경우, 교사가 공개적으로 이야기하지 않으려고 하기 때문에 집단 코칭으로 다루기가 힘듭니다. 개별 코칭이 성공하려면 상호 신뢰가 중요하므로 개별 코칭 과정에서 이야기한 내용을 공개적으로 말하지 않아야 합니다.

개별 코칭 안에서도 멘토와 멘티 방식과 비슷한 수준의 교사 간 동료 코칭으로 나눌 수 있습니다. 멘토 교사가 멘티 교사의 수업을 도우려면 멘토 교사의 전문성과 경험이 전제되어야 합니다. 동료 코칭은 서로 동등한 신뢰 관계를 바탕으로 수업 고민과 경험, 자료를 나눕니다. 수업 코칭에서 교사의 수업 고민이나 문제를 들어주는 것만으로도 해결되는 경우가 많습니다.

집단 코칭은 일대 다수로 진행하는 방식입니다. 수업 동아리의 수업 나눔이나 학교 전체 수업 공개회 등에서 실시하는 것으로, 다수의 교사들이 해당 교사의 수업을 관찰하고 집단 대화를 나누거나 강평회를 하는 방식입니다. 기존 수업 공개회는 대개 한 시간 내외 수업을 관찰한 교사들이 소감이나 강평을 돌아가면서 이야기하고 마치는 경우가 많습니다. 피드백 방식도 수업의 장점을 칭찬하고 단점을 비판하는 수준에 그칩니다. 집단 코칭은 수업 관찰자들이 수업을 한 교사에게 질문을 통해 성찰을 유도하고, 수업 공개 교사가 털어놓는 고민을 중심으로 이야기를 풀어 갑니다. 집단 코칭에서는 수업 관찰자가 자신의 의견을 말할 때 수업자의 단점을 비판하는 '지적'을 하지 않는 것이 중요합니다. 수업의 장점을 칭찬하고, 문제의 원인에 대해 수업 공개 교사에게 질문하고 답변하도록 하면서, 학습 공동체 안에서 대안을 같이 모색합니다. 이를 위해서는 코칭 전, 수업 공개 교사를 비판하거나 수업 관찰자가 자기의 이야기를 5분 이상 장황하게 하지 않도록 미리 규칙을 정하여 진행합니다.

코치의 수준에 따라 전문가 코칭과 동료 코칭으로 나눌 수 있습니다. 앞에서 잠깐 언급했듯 동료 코칭은 비슷한 수준의 동료 교사끼리 실시하는 코칭입니다. 동료 코칭에서 중요한 것은 상호 간의 신뢰이며, 이를 위해 정서적인 공감과 동료애를 바탕으로 한 친밀한 대인 관계가 전제되어야 합니다. 동료 코칭을 하려면 학교 안에서 비슷한 고민을 가지고 있는 동료 교사를 찾아 수업 친구를 만듭니다. 친구끼리 자기 고민을 털어놓고 서로 이야기를 나누는 것처럼, 수업에 대해서도 고민을 털어놓고 피드백이 이루어지도록 하는 것입니다. 수업 친구와 함께 수업 동아리 안에서 수업 대화와 나눔을 할 수 있습니다.

전문가 코칭은 전문가와 교사가 만나 수업 코칭하는 방식입니다. 여기에서도 1인의 전문가를 통해 개별 코칭하는 방식과 각 분야별 전문가 팀을 만들어 진행하는 팀 코칭 방식이 있습니다. 팀 코칭단을 구성할 때에는 상담, 교육 철학, 교육과정 및 교수·학습 방법 등을 담당하는 3~5인의 전문가를 중심으로 진행하면 좋습니다. 수업의 문제 자체가 아니라 근본 원인을 통찰하고 해결 방안을 실질적으로 제시해 줄 수 있는 해당 분야의 전문가를 구성하여 수업 코칭을 하면 좀 더 심화된 내용을 다룰 수 있는 장점이 있습니다.

학교 차원에서 수업 코칭을 도입할 때 초기에는 전문가 코칭 방식을 취하고, 어느 정도 수업 코칭을 이해한 뒤에는 동료 코칭 방식으로 전환하는 것이 좋습니다.

수업 코칭의 단계

수업 코칭을 하기 위해서는 먼저, 수업을 공개해야 합니다. 수업 공개는 자발적으로 이루어져야 합니다. 성공적인 수업 코칭이 이루어지려면 교사의 수업 혁신 의지가 전제되어야 하기 때문입니다. 만약 희망하는 교사가 나오지 않는다면 기본 자질이 어느 정도 갖추어진 교사들이 먼저 시작하도록 유도합니다. 기존 공개수업처럼 구조화된 수업이 아니라 평상시 일상 수업을 공개할 수 있도록 합니다. 수업 지도안은 요구하지 않고 꼭 필요한 경우 한두 장, 최소한으로 정합니다. 공개수업은 동영상으로 촬영하여 이후 기초 자료로 활용합니다.

둘째, 수업을 관찰하고 분석합니다. 수업을 관찰할 때는 어떤 관점으로 바라보느냐가 매우 중요합니다. 특정한 관점에 매몰되면 수업을 한 측면으로만 해석할 수 있으므로 '누가, 왜, 무엇을, 어떻게'의 4가지 기본 관점으로 균형 있게 바라봅니다. 즉, 교사 및 학생에 대한 이해 및 관계성, 교육 철학, 교육과정 재구성 및 교수·학습 방법 등이 어떻게 이루어지고 있는지 꼼꼼하게 관찰합니다. 수업 관찰 관점에 따라 다양하게 바라볼 수도 있습니다.

이때 수업 코치는 수업 장면을 세밀하게 관찰하고 기록합니다. 수업이 끝나면 학생들에게 설문 조사를 하여 학생들의 반응을 확인하고 평상시 교사의 수업 스타일을 분석하는 기초 자료로 삼습니다. 문제를 발견하면 그 자체보다 원인이 무엇인지에 의문을 가지며, 다양한 시각으로 수업을 분석하고 수업 코칭 질문을 만듭니다.

셋째, 수업 대화(일대일) 및 나눔(일대 다수) 단계입니다. 수업 대화란 말 그대로 수업에 대해 이야기를 하는 것입니다. 성공적인 수업 대화가 이루어지려면 교사와 수업 코치 사이에 상호 신뢰 관계 즉, 래포rappot가 형성되어야 합니다. 수업 장학처럼 교사의 신변에 영향을 주는 권위자(장학사, 교장, 교감 등)가 수업 관찰을 하고 피드백을 하면 수업 코칭이 성공적으로 진행되기 힘든 이유가 여기에 있습니다.

수업 대화 방식은 수업 코칭의 대상과 상황에 맞춰 구성할 수 있습니다. 비구조화된 수다 방식도 있고, 전문가 코칭이나 집단 코칭의 경우에는 좀 더 구조화된 방식으로 진행할 수 있습니다. 또 창의적이고 편안한 토크쇼 형태로 나눌 수도 있습니다.

수업 코칭의 핵심 활동은 질문과 경청입니다. 수업 코치가 답을 제시하는 것이 아니라, 교사 스스로 답을 찾아갈 수 있도록 적절한 질문을 던지는 것이 중요합니다. 수업에 대한 소감을 구체적으로 질문하고 학생들의 설문 조사 결과를 말한 뒤, 이에 대한 교사의 입장을 듣습니다. 교사의 수업 장점을 적극 칭찬하여 그것을 더욱 발전시키도록 합니다. 수업의 흐름에 궁금한 점이 있다면 수업을 이해하기 위한 질문을 합니다. 이때 관찰자의 평가를 전제로 한 질문이 아니라 객관적 사실을 관찰한 결과를 토대로 질문해야 합니다. 또한 정답을 제시하는 질문이 아니라 수업 공개 교사가 자신을 객관적으로 성찰할 수 있도록 이끄는 질문을 합니다. 질문은 성찰적 질문, 교육 철학, 교육과정, 교수·학습 방법 관련 순으로 진행합니다. 대개 1차 코칭만 가지고는 한계가 있으므로 여러 차례 코칭을 실시하는 게 좋으며, 1차 코칭에서는 성찰적 질문과 교육 철학 질문에 초점을 맞춥니다.

넷째, 수업을 성찰합니다. 수업 대화 및 나눔을 통해 교사는 자기 수업에 대해 객관적으로 인식할 수 있는 기회를 가지고 자기의 문제에 직면할 수 있게 됩니다. 수업 대화 및 나눔 이후 수업 성찰이 잘 이루어지려면 수업 성찰 일지나 수업 대화 소감문을 작성하는 것이 좋습니다.

다섯째, 도전 과제를 제시합니다. 수업의 장점을 극대화하고 단점을 보완하기 위해 적절한 미션을 설정할 필요가 있는데, 수업 코치나 동료 교사들이 함께 토의하는 과정에서 개인에게 맞는 도전 과제를 부여할 수 있습니다. 도전 과제는 문제의 원인에 따라 제시합니다. 교사의 성찰 문제인지 학생에 대한 이해 문제인지 교사와 학생 사이의 관계 문제인지, 교육 철학이나 교육과정, 교수·학습 방법 문제인지에 따라 영역별로 도전 과제를 달리 부여합니다. 예컨대, 수업 시간에 다른 이야기로 잘 빠지고 농담이나 유머는 잘하지만 수업은 교과서 내용 전달 위주의 강의식 수업을 하는 교사에게는 수업 내용과 상관없는 농담하지 않기, 교과서를 재구성하여 수업 활동 전개하기, 학생용 학습지 만들어 보기 등의 과제를 제시할 수 있습니다.

도전 과제의 사례로 하루 세 명에게 칭찬하기, 차시마다 학습지를 하나 이상 만들기, 학생들과 웃으며 사진 찍기, 전체 학생 이름 외우기, 아침 일찍 교실에 와서 학생들에게 인사하고 가벼운 스킨십 시도하기, 성찰 일지 및 배움 일지 쓰기, 미션 수행 일지 쓰기 등이 있습니다. 이 중에서 수업 성찰 일지, 배움 일지, 미션 수행 일지 등은 꾸준히 기록하면 좋습니다.

수업 코치가 도전 과제를 줄 수도 있지만 교사가 자신의 도전 과제를 스스로 정하는 것이 가장 좋습니다. 도전 과제를 직접 정하는 과정에서 다시 한 번 수업 성찰을 할 수 있고 자기 주도성이 강화되어 적극적으로 실행하게 됩니다.

여섯째, 도전 과제를 수행하는 단계로, 교실에서 직접 실천하는 것입니다. 도전 과제는 교사가 수업 코치, 동료 교사, 학생들에게 공언하는 것이 좋은데, 특히 교실 안에서 도전 과제를 수행할 경우 학생들에게 도움을 요청합니다. 교사가 도전 과제를 학생들에게 공언하면 그것 자체로 내적인 강제력이 생기고, 학생들도 교사가 변하려는 진정성을 인정하는 계기가 됩니다. 중요한 것은 도전 과제의 의도를 잘 이해하고 실천하는 것입니다. 이유를 잘 이해하지 못하고 과제의 결과에만 신경 쓰면 오히려 역효과를 거둘 수 있습니다.

일곱째, 중간 평가와 피드백 단계입니다. 1차 도전 과제를 실천하고 어느 정도 변화가 잘 이루어졌는지 중간 점검이 필요합니다. 1차 과제를 성공적으로 수행했다면 좀 더 난이도 있는 2차 도전 과제를 정하여 실천합니다. 만약 1차에서 실패했다면 그 이유를 반성하고 도전 과제의 강도나 내용을 조절합니다. 도전 과제 수행 과정에서 오히려 문제가 발생할 수 있습니다. 교사의 장점과 단점은 대개 연결되어 있어서 단점을 보완하려고 노력하려다가 오히려 장점을 놓칠 수 있습니다. 한 예를 들자면, 자신감 있게 수업을 잘하는 교사가 문제 학생들을 심하게 야단치거나 공격적인 언어를 사용하는 경우가 있습니다. 이때 교사에게 공격적인 언어 사용하지 않기, 인격적으로 지도하기 등의 도전 과제를 수행하도록 하면 그 단점은 줄더라도 그 과정에서 수업 자신감을 잃고 슬럼프에 빠질 수 있습니다. 슬럼프에 빠진 경우, 교사를 방치하지 않고 격려와 함께 문제 해결 방안을 공동으로 모색해야 합니다.

무엇보다 장점을 극대화하는 전략과 단점을 보완하는 전략을 균형 있게 시도해야 합니다. 에너지가 적게 들고 큰 변화를 기대할 수 있는 것이 장점 극대화 전략입니다. 단점 보완 전략으로 맞춤형 연수 과정을 개설하여 운영하는 것도 좋습니다. 교육 철학 기반이 약하거나 잘못된 경우, 교육 철학에 대한 점검을 하고 교육 철학 강의나 독서 토론 과정 등을 통해 교사 스스로 반성하고 수정할 수 있는 기회를 부여합니다. 발문법이 좋지 않으면 발문법에 대한 연수에 참여하여 피드백을 받도록 합니다. 처음부터 교육과정, 교수·학습 방법에 대해 접근하기보다 성찰, 교육 철학, 학습 동기 유발, 교사와 학생 사이에 관계 맺기 등과 관련된 접근을 먼저 하는 것이 좋습니다.

마지막으로 최종 평가를 합니다. 일련의 수업 코칭 과정을 통해 어느 정도 변화가 있었는지 확인하고 분석하는 것으로, 포트폴리오를 작성하여 수업 코칭 과정을 정리, 평가하도록 합니다. 수업 코칭 과정에서 발생한 다양한 자료나 과제들을 기록으로 남깁니다. 일정 수준 이상 목표에 도달한 교사에게는 칭찬과 격려 세러머니나 이벤트를 실시하면 좋습니다. 만약 목표에 도달하지 못했다면 그 이유를 분석하고 이에 맞는 해결 방안을 모색합니다.

제한된 시간과 장소 안에서 이루어지는 수업 코칭은 해당 교사의 참여 정도와 진정성, 성찰 정도에 따라 목표에 도달하는 정도가 달라집니다. 원인을 분석하여 다음 단계 수업 코칭을 할지 해당 전문가에게 도움을 요청하거나 특별 연수 프로그램에 참여할지 등을 선택합니다.

성공적인 수업 코칭이 이루어지려면

수업 코칭의 기본 전제

코칭은 누구나 성장하기를 원하고 발전 가능성이 내재되어 있다는, 사람에 대한 믿음에서 출발합니다. 수업 코칭도 동일한 맥락에서 다음과 같은 기본 전제를 세울 수 있습니다.[24]

- 교사는 자신의 모습을 객관적으로 성찰할 수 있다.
- 교사 스스로 수업을 성장, 발전시킬 수 있는 능력을 가지고 있다.
- 수업 코치(수업 친구)가 필요하다.

'교사는 누구나 열정적이다. 단, 학교 밖에서'라는 우스갯말이 있습니다. 학교 안에서는 별 의지를 보이지 않는 교사도 처음부터 그러지는 않았을 것입니다. 교원양성과정과 임용고사를 통과하려면 지적으로 뛰어나고 여러 가지 방면에서 우수해야 합니다. 지금 당장은 그렇게 보이지 않아도 모든 교사는 한때 열정을 가졌던 이들로, 지적으로 우수하고 열정이 잠재되어 있습니다.

교사의 기본 역할이 무엇인가 물었을 때 대개는 수업을 떠올리듯, 누군가 교사가 되고 싶다고 한다면 교실에서 수업을 하고 싶다는 것으로 해석할 수 있습니다. 모든 교사들은 수업을 잘하고 싶어 하고 수업을 통해 학생들에게 인정받고자 하는 마음이 있습니다. 하지만 막상 교사가 되어 수업에 들어갔을 때 교사들은 성공과 실패를 동시에 경험합니다. 수업에서 실패 경험이 쌓이면 상처가 되고, 상처가 쌓이면 냉소주의로 흐릅니다.

냉소적으로 변했거나 내면의 상처로 무기력한 교사는 수업 코칭보다 상담과 치료가 필요합니다. 수업 성찰이 핵심인 수업 코칭에서 교사가 수업 성찰 자체를 거부하면 수업 코칭이 제대로 이루어질 수 없기 때문입니다. 전문가 상담과 치료를 통해 자기의 상처를 어느 정도 치유받는 수업 힐링이 필요합니다. 수업 코칭은 긍정적인 생각과 태도를 갖고, 수업 성장을 하려는 교사들에게 의미가 있습니다.

누구나 수업 코칭을 통해 수업이 바뀌는 것은 아닙니다. 어떤 교사는 짧은 시간 동안 큰 변화가 나타나지만, 어떤 교사는 장시간 수업 코칭을 해도 변화가 생기지 않습니다. 수업 혁신 의지가 전혀 없는 교사라면 수업 코칭이 실패로 돌아갈 가능성이 높습니다. 그러므로 수업 코칭에 들어가기 전에, 다음 수업 코칭 가능성 측정표를 참고하여 변화의 가능성이 어느 정도 있는지 확인하고, 이에 맞게 수업 코칭 여부와 방향, 범위, 한계를 정하고 시작합니다.[25]

단계	교사의 상태
코칭 불가능	교사가 내면의 상처가 깊고 코칭의 필요성을 전혀 느끼지 못함.
아주 낮은 코칭 가능성	자기가 수업을 잘한다고 생각함.
조금 낮은 코칭 가능성	수업 피드백에 대해 저항하거나 무시함.
보통 코칭의 가능성	현재 수업에 대하여 어느 정도 만족하지만 변화 동기가 약간 있음.
좋은 코칭의 가능성	수업 성찰이 어느 정도 이루어지고 수업 변화의 의지가 있음.
매우 높은 코칭의 가능성	수업 개선을 위한 진정한 욕구와 의지가 있음.
뛰어난 코칭 가능성	자기 수업에 대한 성찰이 잘 이루어지고 성장하려는 본질적인 필요와 욕구를 가지고 있음.

수업 코칭의 가능성이 낮은 상태에서 무리하게 수업 코칭을 하면 해당 교사의 냉담한 반응 때문에 수업 코칭이 실패할 수 있습니다. 그 과정에서 수업 코치 역시 의욕을 잃을 수 있습니다.

교사의 열린 마음가짐

효과적인 수업 코칭을 위해 먼저, 교사가 코칭과 피드백을 받아들일 수 있는 열린 마음을 가지고 있어야 합니다. 이것은 동시에 수업 코치가 교사에게 신뢰를 얻어야 한다는 뜻이기도 합니다.

둘째, 교사가 코칭의 필요를 인정하고 어느 정도 긴박감을 가지고 있어야 합니다. '선생님이 달라졌어요'에 신청한 교사들은 두 가지 부류가 있었습니다. 기본적인 자질이 있지만 수업을 더 잘하고 싶어서 신청한 경우와 수업 자체가 힘들어서 마지막으로 지푸라기를 잡는 절박한 심정으로 신청한 경우였습니다. 수업 코칭을 해 보니 전자보다 후자가 수업의 변화가 잘 이루어지는 것을 경험했습니다. 수업 코칭을 하는 과정에서 교사가 수업 코칭의 필요를 느끼는 정도에 따라 수업 변화의 정도가 결정되는 것을 발견할 수 있었습니다.

셋째, 수업 코칭의 과정과 성과의 가치를 자각할 수 있어야 합니다. 수업 코칭 과정에서 교사가 성실하게 도전 과제를 수행하고 수업 코칭 이후 변화의 결과에 대해 가치를 인정할 수 있어야 합니다.

넷째, 교사가 수업 혁신을 이끌어 내려는 의지와 힘을 가지고 있어야 합니다. 교사가 번 아웃 상태에 빠져 나아갈 힘조차 없을 때는 무리하게 도전 과제를 수행하게 하는 것보다 칭찬과 격려, 치유의 과정을 통해 수업 혁신 의지와 힘 자체를 어느 정도 회복하도록 합니다.

다음과 같은 상황에서는 수업 코칭을 하지 않습니다.[26]

- 교사가 진정성이 없는 반응을 보임.
- 교사가 변화하려는 의지나 가능성을 전혀 보이지 않음.
- 수업 코칭을 할 시간이 충분히 없음.
- 수업 코치가 감정적으로 흥분되어 있음.
- 수업 코치가 수업 코칭 이외의 목적을 가지고 접근하려는 의도가 있음.

수업 코치의 자격

수업 코치의 자격으로 인격성, 전문성, 관계성을 들 수 있습니다. 이

세 가지 중에서 외부 전문가의 코칭은 전문성이, 동료 코칭은 관계성이 더 중요합니다. 인격성은 수업 코치라면 누구에게나 공통적으로 강조되는 자격입니다.

메시지보다 더 중요한 것은 메신저입니다. 말의 내용이 아니라, 자기가 말한 대로 삶을 살아가는 사람이 진정한 울림을 줍니다. 최고의 코칭은 말이 아니라 삶을 통해 보여 주는 것입니다. 훌륭한 운동선수가 좋은 코치를 할 수 있는 것처럼 수업 코칭도 해당 분야에서 인정받는 전문가나 교실에서 좋은 수업을 하는 유능한 교사가 하는 것이 좋습니다. 동료 코칭도 자기 성찰을 한 경험이 있는 교사들이 하는 것이 좋습니다. 어떤 교사가 공개수업에 대해 날카롭게 분석하고 비판했는데, 알고 보니 그 선생님의 수업이 평소 학생들에게 지루하기로 유명하다면 아무리 좋은 피드백을 했더라도 수업자가 그 피드백을 있는 그대로 받아들이기 쉽지 않을 것입니다.

수업 코치는 유능하지만 동시에 겸손해야 합니다. 수업 코치의 교만한 태도는 수업 코칭에 대해 반발심만 불러일으킬 수 있습니다. 수업 코칭은 교사가 자기 수업에 대해 성찰을 할 수 있도록 돕는 것이 핵심입니다. 물론 수업 코치도 완벽할 수는 없지만, 기본적으로 수업 코치 자신이 자기 수업을 고민하고 수업 연구나 실천을 위해 노력해야 합니다.

수업 코치의 전문성이란 수업을 남들과 다르게 볼 수 있는 능력을 말합니다. 수업의 장단점을 분석하는 것은 쉽게 할 수 있습니다. 한 교사가 수업 시간에 기본 개념을 열심히 설명하는데 학생들이 집중하지 않고 떠들거나 조는 학생들이 많다고 가정해 봅시다. 교사가 열심히 수업 준비를 해서 친절하게 설명하는 것은 장점이나, 학생들이 집중하지 못하는 것은 문제라고 이야기하는 것은 누구나 할 수 있습니다. 중요한 것은 교사가 수업 준비를 열심히 하고 친절하게 설명하는 원동력이 교과에 대한 애정인지, 학생들에 대한 애정인지, 오랜 경험에서 우러나오는 연륜인지를 아는 것입니다. 학생들이 수업에 집중하고 있지 못하다면, 교사가 학생과의 경계선을 잘 세우지 못하고 수업 규칙을 잘 제시하지 못해서인지, 교사와 학생 사이에 관계가 깨져서인지, 교육 내용이 너무 어려워서인지, 아니면 강의식 수업 방식 때문인지 파악해야 합니다.

전문가로서 수업 코치는 성찰 및 상담, 교육 철학, 교육과정, 교수·학습 방법 등 영역별로 접근할 때 적어도 한 분야 이상 전문성을 가지고 있어야 합니다. 아무리 유능한 수업 전문가도 한 사람이 모든 영역을 전문가 수준으로 접근할 수는 없으므로 전문성이 있는 사람들이 팀을 구성하여 접근하는 것도 좋습니다. 문제의 발견이 아니라, 현상 속에 감춰진 이유를 찾아 내야 합니다. 또 원인을 알았다면 그것을 극복하고 발전시킬 수 있는 대안을 제시할 수 있어야 합니다.

수업 코칭은 수업 성찰을 통해 스스로 답을 찾아가기를 강조하기 때문에 교사에게 매번 해결책을 제시할 필요는 없습니다. 하지만 수업 코치가 해법을 알고 있으면서, 교사 스스로 문제를 극복할 수 있도록 의도적으로 직접 제시하지 않는 것과 수업 코치가 해법을 모르면서, 알아서 극복하라고 이야기하는 것은 전혀 다릅니다. 수업 분석 및 피드백 과정에서 교사가 수업 코치의 전문성을 인정할 때 코칭의 성공 여부가 결정됩니다. 훌륭한 운동선수가 바로 좋은 코치가 되는 것은 아니며, 별도로 코칭을 체계적으로 배우고 실천하는 과정이 꼭 필요합니다. 마찬가지로 훌륭한 수업 코치가 되려면 그에 맞는 수업 코칭 전문성과 기술을 키워야 합니다.

교사와 수업 코치 사이의 신뢰 관계도 중요합니다. 상담을 할 때 상담자와 내담자 사이에 래포가 형성되어야 상담이 잘 이루어질 수 있는 것처럼, 수업 코칭도 수업 코치와 교사 사이에 신뢰 관계가 필수입니다. 래포란 '마음의 유대'라는 의미로 서로 마음이 연결된 상태를 말합니다. 래포가 형성되면 호감과 신뢰가 생기고, 비로소 깊은 마음속 고민까지 표현할 수 있습니다.

관계성을 살리려면 수업 코치가 수업자를 가르침의 대상이나 교정의 대상으로 인식해서는 안 됩니다. 기존 수업 장학에서 수업 관찰자와 수업자의 관계가 수직적이라면, 수업 코치와 수업자는 수평 관계를 유지하며 교사의 자발성을 이끌어 내야 합니다. 수업 코칭을 할 때 교사가 먼저 도움을 요청하지 않은 상태에서 섣부르게 해법을 제시하거나 해결 방안을 설명하려고 하면 실패로 돌아가기 쉽습니다. 교사가 '상대방이 나를 가르치려고 하는구나', '내 능력을 무시하는구나' 생각이 들면 더 이상 수업 코치의 이야기를 들으려고 하지 않을 것입니다. 교사가 마음의 문을 닫아 버리면 아무리 좋은 대안을 제시해도 별 효과가 없습니다. 수업 코치도 수업 코칭 과정을 통해 배우고 성장한다는 마음이 필요합니다.

또한 사람에 대한 애정과 관심, 신뢰를 갖고 사람의 변화 가능성을 믿어야 합니다. 상대방의 이야기를 진심으로 경청하고 진정성 있는 반응을 보일 때 상대방에게 신뢰를 얻고 서로 좋은 관계를 맺을 수 있습니다. 수업 코치는 수업자를 진심으로 사랑해야만 합니다. 그래야 비로소 수업자가 자신의 마음의 문을 열고 수업 코치에게 다가섭니다.

질문과 경청의 원칙

좋은 질문의 힘

질문은 다음과 같은 힘을 갖고 있습니다.[27)]

- 질문은 참여를 유발한다.
- 질문을 능력을 강화시킨다.
- 질문은 통솔력을 함양한다.
- 질문은 진정성을 창출한다.

수업 코칭 기술의 핵심은 질문입니다. 수업 코칭에서 질문은 교사가 인식하지 못했던 사실을 스스로 깨닫게 합니다. 질문을 통해 교사가 자신 안에 있는 해결책을 스스로 찾아갈 수 있도록 동기를 부여하고 교사의 참여를 최대한 이끌어 냅니다.

질문만 잘해도 수업 코칭이 잘 이루어집니다. 하지만 성찰을 이끌어 내는 질문은 그리 쉽지 않습니다. 질문의 원칙을 알고 연습을 통해 습득해야 합니다. 저 역시 수업 코칭 초기에 질문을 잘하지 못했습니다. 맨 처음 수업 코칭을 할 때, 저는 해당 선생님에게 좋은 질문 대신 수업 개선 해법들을 제시하는 실수를 했습니다. 그때의 실수를 거울 삼아 수업 코칭 질문지를 만들어 사용하고 있는데, 수업 코칭을 할 때 잘못된 질문을 하는 실수를 줄이는 역할을 톡톡히 하고 있습니다.

그렇다면 수업 코칭이 효과적으로 이루어지는 좋은 질문은 무엇일까요? 토니 스톨츠푸스가 〈코칭 퀘스천〉에서 제시한 코칭 질문법을 토대로 수업 코칭 질문 방법을 정리하면 다음과 같습니다.[28]

먼저 '예, 아니오.'밖에 대답할 수 없는 폐쇄형 질문 대신 답변하는 사람이 길게 얘기할 수 있는 개방형 질문이 좋습니다. "선생님은 수업 시간에 주로 강의식으로 진행합니까?" 하는 질문은 폐쇄형 질문입니다. 반면, "오늘의 학습 주제를 강의식이 아닌 다른 방법으로 가르친다면 어떻게 접근할 수 있습니까?" 하는 질문은 개방형 질문입니다.

둘째, 해결을 지향하는 질문보다 수업 코치의 호기심이나 관찰에 따른 질문을 합니다. "수업 시간에 딴짓하는 아이들을 어떻게 지도해야 합니까?" 하고 해결 방법을 직접 묻기보다 "일부 아이들이 선생님의 야단에도 아랑곳하지 않고 수업 시간에 계속 딴짓하는 이유는 무엇일까요?" 하고 궁금증을 묻는 형식으로 질문하여 상대방이 스스로 의문을 갖게 합니다. "학생들이 수업 시간에 집중하지 않을 때 어떻게 해결하는 것이 바람직할까요?"보다 "선생님께서 그 학생을 야단친 이유가 건방져 보였기 때문이라고 하셨는데, 선생님이 생각하는 건방져 보이는 경우는 구체적으로 어떤 것입니까? 그리고 선생님이 수업 시간에 운영하는 수업 규칙이 있다면 그것은 무엇입니까?" 하고 보완 방법을 생각하도록 유도하거나, "선생님이 수업하실 때 교과서에만 시선이 고정되어 있는데 그 이유는 무엇입니까?"처럼 관찰에 따른 질문이 좋습니다.

셋째, 두서없이 질문하지 않고 전략적으로 생각하고 질문을 던집니다. '누가(교사 성찰) → 왜(교육 철학) → 무엇을(교육과정) → 어떻게(교수·학습 방법)' 순으로 질문하는 것이 좋습니다. 그리고 수업 코칭의 포인트를 정하고 이에 맞는 질문을 집중적으로 합니다.

넷째, 평가형 질문보다 사실 관찰형 질문을 사용합니다. "선생님의 수업을 보니까 일부 학생들이 잠을 자고 있는데도 별다른 조치를 취하지 않고 방치하던데, 이런 자세는 교사로서 기본 자질에 문제가 있는 것 아닙니까?" 하는 질문이 평가형 질문입니다. 즉, 수업 관찰자의 도덕적인 판단이 전제된 질문입니다. 이에 비해 사실 관찰형 질문은 관찰한 사실에 기초하여 질문을 던지는 것입니다. 예를 들어 "선생님의 수업을 보니까 수업 후반부에 민석이가 잠을 자고 있는 것을 발견했습니다. 혹시 선생님은 민석이가 자고 있는 것을 알고 계셨나요? 만약 민석이가 자고 있는 것을 알고 계셨다면 민석이의 잠을 깨우지 않은 특별한 이유가 있었나요?" 질문하는 것입니다.

다섯째, 해석형 질문보다 코칭 받는 사람이 사용한 언어를 활용한 질문을 합니다. "선생님이 수업 시간에 학생들에게 짜증을 많이 내는 이유는 수업 준비가 부실했기 때문에 자기도 모르게 짜증을 내는 것은 아닌가요?" 하는 식의 질문이 해석형 질문입니다. 수업 관찰자 입장에서 해석한 것을 묻기보다 "선생님이 아까 수업 전문성을 위해서 많은 노력을 기울인다고 했는데, 선생님이 말하시는 수업 전문성이란 구체적으로 무엇을 말합니까? 또 그것이 이번 수업에서 구체적으로 어떻게 드러났습니까?" 하고 코칭 받는 사람이 사용한 언어를 활용하여 질문합니다.

여섯째, 수사를 하는 듯한 질문이나 유도 질문은 버립니다. "선생님이 수업 시간 내내 얼굴 표정이 굳어져 있는 것은 아이들을 싫어하기 때문이죠?" 하는 감정적이고 주관적인 질문은 버려야 합니다. "학생들이 떠드는 행동에 별다른 제지를 하지 않는 이유는 무엇인가요? 혹시 선생님이 그 학생들의 학습 활동에 관심이 없고 학생에게 애정이 없기 때문 아닌가요? 제가 생각하기에는 그렇게 보이는데요." 같은 유도 질문도 금물입니다. 질문을 하는 수업 코치는 스스로 접근 자세와 관점을 성찰하고 과연 내가 하는 판단이 바람직한가 수시로 의심해야 합니다. "선생님이 학생들에게 주의를 주었는데도 학생들이 수업 시간에 떠들고 선생님의 지시에 잘 따르지 않았을 때 선생님의 감정은 어떠했나요?" 하고 감정에 대해 질문을 하거나 "선생님이 수업할 때 떠드는 학생들을 제지하지 않고 수업을 진행하신 이유가 수업 진도에 대한 부담감이라고 하셨어요. 그런데 선생님이 스스로 정한 수업 진도 계획대로 꼭 수업을 진행해야 하나요?" 하고 반대의 경우를 생각할 수 있도록 질문합니다.

일곱째, '왜' 대신 '어떻게'를 질문합니다. 예컨대 "선생님은 그 상황에서 왜 그 학생을 내버려 두었어요?"가 아니라 "선생님은 그 상황에서 어떻게 그 학생을 지도하는 것이 좋았을까요?" 하고 묻습니다.

여덟째, 소극적이거나 논점을 흐리는 답변은 끊고, 대화의 흐름은 끊지 않습니다. "그냥 그랬어요." "잘 모르겠어요."같이 단답형으로 짧게 대답하거나 대답이 논점과 상관없이 흐르는 경우에는 "네, 그렇군요. 죄송하지만 제 질문의 요지에 대하여 다시 말씀을 드리도록 하겠습니다. 선생님이 수업 준비에 많은 시간을 사용하지 못하는 이유는 무엇인가요? 간략하게 정리해서 다시 말씀해 주세요." 하고 논점을 되돌립니다. 하지만 이야기의 흐름을 끊지는 말아야 합니다. "선생님, 잠깐만요, 제가 생각하기에는 선생님의 행동이……." 하고 끼어들거나 "저도 비슷한 경험이 있는데요, 저는 그런 상황에서……." 하면서 5분 이상 자기 이야기를 과도하게 말하지 않습니다.

이밖에도 가급적 긍정적인 질문을 하고, 되도록 중립적인 언어를 씁니다.[29]

듣는 비중을 80% 이상

수업 코치는 20% 말하고 80%를 경청해야 합니다. 경청이란 주의를 기울여 열심히 듣는 것을 말합니다. 수업 코칭은 교사의 수업 이야기를 적극 듣는 과정이라고도 말할 수 있습니다. 그만큼 경청이 중요하며, 수업 코치가 경청하는 태도에 따라 교사의 마음이 열리기도 닫히기도 합니다. 상대방이 내 말에 집중해 주면 속 이야기도 쉽게 나올 수 있습니다. 하지만 상대방이 내 말을 귓등으로 들으면 형식적인 수준에서 이야기하거나 오히려 방어 기제가 발동하여 반발하기도 합니다.

경청에도 단계와 기술이 존재합니다.[30]

- 경청의 단계
  - 1단계 : 말없이 가만히 듣기.
  - 2단계 : "네, 그렇군요." 하고 소극적으로 대답하기.
  - 3단계 : "아 그래요, 그래서 그다음 어떻게 되었는데요?" 하며 적극 반응하며 말문 열기. 상대방의 눈을 바라보며 대화 내용에 따라 표정에 변화 주기.
  - 4단계 : "학생들이 선생님의 수업에 집중하지 않아서 선생님도 마음이 힘들었군요." 하고 공감하며 듣기.

- 경청의 태도와 기술
  - 상대방의 눈을 보며 듣는다.
  - 추임새를 넣는다.
  - 이해한 만큼 상대방에게 되물어본다.
  - 상대방의 이야기를 축약해서 말한다.
  - 다음 이야기가 나올 수 있도록 적절한 질문을 던진다.
  - 꼭 필요한 내용은 간단히 메모한다.

실제 수업에서 경청을 하려면 많은 에너지가 필요합니다. 체력이 부칠 만큼 힘든 경우도 있기 때문에 수업 코치는 평소 공감하며 듣는 훈련을 해야 합니다.

적극적인 듣기 단계인 공감적 경청이란 대화 내용 자체가 아니라 대화 속에 숨겨진 상대방의 감정이나 욕구를 찾아내어 반응하는 것입니다. 논리적 대응을 넘어 감정의 교류가 일어나는 것이 공감적 경청입니다. "…… 때문에 선생님이 힘드셨군요." 하고 말 속에 숨겨진 교사의 감정을 읽고 그것에 공감하는 것입니다.

수업 코치는 경청을 통해 수업자의 마음을 얻을 수 있습니다. 교사의 이야기를 제대로 듣기만 해도 문제의 절반은 해결됩니다. 수업 코치가 자기가 듣고 싶은 정보만 선택하여 듣고 피드백하는 것은 좋지 못한 태도입니다. 에너지를 집중하여 교사의 이야기를 듣고, 이야기 속에 담긴 숨은 의도를 분석할 수 있어야 합니다. 공감적 경청을 통해 교사의 내면 상태를 파악하고 이에 맞게 반응해야 합니다.

■ 4가지 차원에서 질문하기

– 누가 : 교사와 학생, 그들의 관계에 대한 질문
• 선생님은 아이들의 특성을 어떻게 생각하나요?
• 선생님이 가르치고 있는 학생들의 학습 수준이나 가정의 사회 경제적 배경은 어떠한가요?
• 일주일에 평균 몇 시간 정도 수업 준비를 하십니까?
• 수업 시간에 거의 웃지 않고 무표정하게 수업하는 것을 발견했는데, 그 이유가 무엇입니까?
• 평상시 학생과 신뢰 관계가 어느 정도 이루어졌다고 생각하십니까?

- 설문 조사 결과를 살펴보니까 학생들이 평상시 선생님 수업에 대해 다음과 같이 이야기를 하네요.

– 왜 : 교육 철학적 질문

- 선생님이 생각하는 가장 이상적인 교사상은 무엇입니까?
- 이번 수업에서 제일 고민한 부분은 무엇이었습니까?
- 평소 선생님은 대학 입시 문제를 염두에 둔다고 하셨는데, 오늘 수업에서 사용한 설명식 수업과 문제 풀이식 수업이 입시 준비에 가장 좋은 수업 방식이라고 생각하십니까?
- 많은 선생님들이 오늘 수업 주제를 사례 제시나 동영상 보여 주기로 진행하는데, 선생님은 그에 비해 토론 방식으로 풀어가셨어요. 그 이유는 무엇입니까?

– 무엇을 : 교육과정 질문

- 오늘 수업에서 선생님의 수업 목표가 어느 정도 이루어졌다고 생각하십니까?
- 만약 학생들이 선생님의 기대 수준에 도달하지 못했다면 그 이유는 무엇일까요?
- 오늘 수업 내용에서 빼거나 더하면 좋았을 것이 있다면 무엇입니까?
- 교과서를 사용하지 않고 주로 선생님이 만든 워크북으로 수업을 하셨는데, 그 이유는 무엇입니까? 워크북은 주로 어떤 점을 고민하면서 만드십니까?

– 어떻게 : 교수·학습 방법 질문

- 학생들이 교사의 통제를 잘 따르게 하려면 어떤 방법을 활용하는 것이 좋다고 생각하십니까?

- 협동학습을 성공적으로 운영하려면 교사가 사전에 어떠한 준비를 해야 합니까?
- 어떤 기준으로 모둠을 구성했습니까?
- 모든 학생들이 토론 활동에 참여하고 학습 동기를 갖도록 하기 위해 어떤 방법을 활용하십니까?

■ 전문가 수업 코칭 질문지 예

– 공감과 격려
- 선생님, 수업 공개하느라 수고가 많으셨어요. 제가 선생님 입장이라도 이번 수업이 그리 쉽지 않았을 것 같네요. 선생님이 오늘 수업하시면서 힘들었던 점은 무엇이었나요?

– 칭찬
- 오늘 선생님 수업에서 선생님만의 장점을 많이 발견할 수 있었어요. 우선 선생님 표정이 밝고 학생들을 친절하게 대하는 태도가 보기 좋았어요. 수업 도입 단계에서 발문으로 자연스럽게 학습 목표를 제시하는 방식이 좋았어요.

– 학생용 설문 조사 결과 이야기하기
- 학생들이 바라보는 오늘 수업과 평상시 선생님의 모습은 이러하네요.
- 학생들의 수업 평가에 대해 선생님의 생각은 어떠세요?

– 성찰적 질문
- 오늘 수업의 주안점은 무엇입니까?

- 오늘 수업을 선생님 스스로 점수를 매긴다면 몇 점을 주시겠어요? 그 이유는요?
- 오늘 수업에서 ……한 부분이 있었는데, 그 이유는 무엇인가요?
- 오늘 수업에서 어떤 학생이 ……했는데, 그 이유는 무엇이라고 생각하세요?
- 오늘 선생님의 ……한 행동을 통해 학생은 어떠한 감정을 느꼈을까요?
- A학생의 행동을 통해 선생님은 어떤 감정을 느끼셨나요?
- 학생과 관계가 깨져서 받은 상처가 있다면 그 이유는 무엇인가요?

– 교육 철학적 질문
- 어떤 관점에서 수업을 진행하셨습니까?
- 단원 내용을 어떤 관점으로 재구성하셨나요? 이번 수업에서 제일 고민한 부분은 무엇입니까?
- 이번 학습 단원 내용이 중간고사에 많이 출제되었다고 이야기했는데, 그 이유는 무엇인가요?

– 교육과정 질문
- 이번 차시 교육과정 내용을 어떤 관점으로 재구성하여 접근하셨습니까?
- 오늘 수업 내용에서 빼거나 더하면 좋았을 것이 있었다면 무엇인가요?
- 오늘 수업에서 교과서를 사용하지 않고 주로 선생님이 만든 워크북으로 수업을 하셨는데, 그 이유는 무엇인가요? 워크북을 만드실 때 어떠한 점을 주로 고민하면서 만드시나요?

- 이번 수업에서 협동학습을 시도하셔서 그런지 전반적으로 학생들의 반응이 좋았지만 수업 중반부 이후에 학습 분위기가 약간 무너진 측면이 있었는데, 의도한 대로 잘 이루어지지 않은 이유는 무엇이었을까요?
- 학생들이 교사의 통제에 잘 따르게 하기 위해 어떤 방법을 활용하는 것이 좋다고 생각하세요?

– 함께 고민 풀어 가기

- 선생님이 이번 수업을 하면서 가졌던 고민이나 두려움은 무엇입니까?
- 평상시 선생님이 수업을 하면서 갖고 있는 고민은 무엇입니까?
- 이번 수업 코칭 과정을 통해 함께 해결 방안을 모색하려는 주제는 무엇입니까?
- 지금까지 논의한 내용을 토대로 선생님이 스스로 도전 과제를 정한다면 무엇을 정할 수 있을까요?

실전, 수업 코칭

수업 코칭의 초점 정하기

수업 코칭을 하려면 수업 분석 과정을 거쳐 무엇을 중점적으로 코칭할 것인지 코칭의 초점을 정해야 합니다.

만약 교사의 내면이 무너져 있다면 대개 수업에서 여러 가지 문제가 한꺼번에 드러납니다. 학생들이 교사의 통제에 따르지 않거나, 교사가 교육과정을 제대로 재구성하지 않아 학생들이 학습 내용을 이해하기 못하기도 합니다. 수업 방식도 진부한 전통적 수업 방법에 의존할 수 있습니다. 이렇게 총체적으로 문제가 나타나는 경우, 동시에 모두 해결하려고 들면 수업 코칭에 실패합니다. 이럴 때는 문제의 근본 원인을 분석하고, 수업 코칭 시 어디에 초점을 맞출 것인지 찾는 것이 우선입니다.

그러기 위해서는 수업 코치나 수업 관찰자가 참고할 만한 다양한 기초 자료를 수집하여 수업을 분석하는 과정이 필요합니다. 수업 동영상 분석, 실제 수업 관찰, 학생 수업 평가 설문 조사, 학생 인터뷰, 수업 성찰 일지나 수업 지도안, 학습지 등을 잘 검토하고 이런 기초 자료를 토대로 수업을 분석하고 수업 코칭의 초점을 정합니다.

수업의 단점을 중심으로 보았을 때 교사와 학생 사이에 경계가 불분명하거나 자기 방식으로만 학생을 이끌려는 교사, 학생들을 어린아이나 반대로 성인처럼 여기는 교사, 강의식 수업에 익숙하고 입시 성적에만 관심 있는 교사, 두려움으로 수업을 지배하는 교사 등이 있을 수 있습니다. 이런 주된 문제에 근거해 수업 코칭의 초점을 맞추어 갑니다. 만약 교사의 자아 정체성이 불분명하고 학생과 관계가 깨져 있다면 교사의 내면을 성찰하고 학생과 관계를 회복하는 데 초점을 맞추어 수업을 코칭합니다.

교사의 학습 유형에 따라 접근 방식 정하기

교사의 학습 유형에 따라 코칭 접근 방식을 취하면 좋습니다. 학습 유형론은 다양한 이론이 있으나 여기에서는 학습치료협회(learning therapy.co.kr)에서 제시하는 네 가지 유형에 따라 학습 유형을 살펴보도록 하겠습니다.

추상성/구체성, 순차성/동시다발성을 기준으로 네 가지 유형으로 나누는데, 추상성은 MBTI 성격 유형 검사의 직관형(N), 구체성은 감각형(S), 순차성은 판단형(J), 동시다발성은 인식형(P)과 유사합니다. 네 가지 학습 유형을 도형으로 비유하여 정리하면 ☆형, □형, △형, ○형입니다. ☆형은 스파크처럼 창의적이고 직관적입니다. □형은 매뉴얼을 강조하고 근면 성실하며 완벽주의를 추구합니다. △형는 리더십이 강하고 목표를 추진하는 과업 중심 스타일이며, ○형은 대인 관계를 중시하고 원만한 문제 해결을 추구합니다.

추상적

△형 – 리더십, 행동 결정 신속. – 목표, 경력 중심. – 전력 행사, 지시형, 논리적, 분노 조절이 안 됨. – 일 자체보다 경력에 관심이 많다. – 팀 리더. – 생각이 넓은 편, 원칙 중시. – 이타심이 낮음. – 다른 사람과 공감 능력이 낮은 편. – 혼자 일함. – 핵심 파악 능력에 자신의 생각을 추가함.	**☆형** – 창의적, 직관적. – 세부적인 정보 잘 처리 못함. – 새로운 개념과 미래에 관심이 많음. – 표현적이고 다른 사람에게 동기 부여 잘함. – 주의가 산만함. – 구조화된 환경에서 적응이 어려움.
□형 – 헌신적, 근면함. – 세부 지향적, 꼼꼼함. – 사실적 데이터 좋아함. – 이성적(정서적 사고 못함). – 통제와 예측 가능에 대해 가장 좋아함. – 지시에 잘 따르고 과제 완성도 높음. – 자신의 계획 능력이 없고, 그들의 말로 지시해야 함. – 정리 정돈을 잘함. – 완벽을 추구. – 메모와 기록을 잘하고 현실을 중시함.	**○형** – 사회형, 팀 플레이어. – 대인 간 기술 강함. – 의사소통 기술 좋음. – 남에 대해선 관대하지만 자신에 대해 게으르고 소홀함. – 일이 잘못된 경우, 자신 탓을 함. – 결과보다 과정을 중시함. – 주변 정리, 시간 관리 못함. – 자신만의 소신이 뚜렷하고 자극이 없으면 흥미를 갖지 않음. – 일을 잘 마무리하지 못함. – 감정 기복이 비교적 높음. – 정서적 지지자.

순차적

동시다발적

구체적

개인적으로 저는 학습 유형이 ☆형인데, □형 선생님의 수업을 코칭한 적이 있습니다. 정반대 유형이어서 제가 접근한 수업 코칭 방식과 해당 선생님의 방식이 잘 맞지 않았습니다. 저는 기본 방향을 제시하고 교사 스스로 문제를 해결하기를 바랐지만, 그 선생님은 구체적인 행동을 요구해 주기를 원했습니다. 나중에 학습 유형론을 공부하면서 당시 수업 코칭 방식이 왜 잘 맞지 않았는지 그 원인을 알게 되었습니다.

학습 유형에 따라 수업 코칭 방식도 달라지는데, ☆형 교사는 수업 성장을 위한 기본 방향을 제시하고 스스로 문제를 해결할 수 있도록 기회를 주고 칭찬하는 것이 좋습니다. ☆형 교사는 구조화된 접근이 약할 수 있으므로 어느 정도 체계적인 접근을 할 수 있도록 보완해 줍니다. 그에 비해 □형 교사는 구체적인 행동을 매뉴얼 방식으로 제시해 주어야 피드백 내용을 잘 받아들이고 실천합니다. 대신 구체적인 행동 자체에만 몰입해서 행동의 이유를 간과하거나 창의적인 문제 해결 방식을 힘들게 여길 수 있습니다. △형 교사는 목표 지향적이고 리더십이 강하므로 구체적인 목표를 제시하고 동기 부여를 하는 것이 좋습니다. 다른 사람에 대한 배려가 부족할 수 있으므로 수업 코칭 과정에서 동료 교사나 학생들 사이에 관계를 맺고 사회적 기술을 실천하도록 접근합니다. ○형 교사는 대인 관계를 잘 맺고 다른 사람에게 인정받는 것을 좋아하므로 수업 코칭도 관계의 측면으로 접근하는 것이 좋습니다. 하지만 목표 추진력이 떨어지고 자기에 대해 관대하게 넘어가는 경향이 있으므로 수업 코칭 과정에서 목표를 다시 확인하고 좀 더 구조적인 부분을 보강하도록 합니다.

전략적 단계에 따라 접근하기

수업 코칭의 초점을 정했다면 다음의 단계대로 접근합니다.

- 1단계 : 존재와 관계 성찰 문제(교사의 내면 이해 및 성찰, 학생에 대한 이해, 교사와 학생 사이의 관계)
- 2단계 : 교육 철학적 문제
- 3단계 : 교육과정적 문제
- 4단계 : 교수·학습 방법적 문제

가장 먼저 교사를 인격적으로 이해하고 내면 문제까지 살펴봅니다. 교사가 학생들을 어떻게 이해하고 있고, 수업 시간에 어떻게 대하는지, 교사와 학생 사이의 관계성이 잘 이루어져 있는지 봅니다. 그리고 교사가 자기의 내면까지 성찰할 수 있도록 코칭합니다.

개인적인 수업 코칭 경험에 비추었을 때 1단계가 가장 힘이 듭니다. 한두 번 수업 성찰이 이루어졌다고 해서 바로 교실 수업이 바뀌는 것이 아니며, 문제는 그대로인 경우가 많습니다. 머릿속으로 깨달았다고 행동이 바로 변하지 않는 것과 같습니다. 그렇다고 이 단계를 건너뛰고 그 다음 단계로 넘어가면 외형의 변화는 있더라도 본질적인 변화를 이끌어 낼 수 없습니다.

수업 성찰이 잘 이루어지려면 다양한 수업 분석 기초 자료를 토대로 해당 교사의 문제와 그 근본 원인을 찾아야 합니다. 수업 코칭의 전문성은 눈에 보이지 않는 원인을 알아 내는 능력에 있습니다.

어떤 교사가 수업 시간에 학생들이 떠들거나 잠을 자는데도 별 다른 제재 없이 그냥 수업 진도를 나간다고 가정해 보겠습니다. 이 경우, 선생님이 착하니까 그런 것이라며 학생들을 엄하게 야단쳐서라도 통제하라고 한다고 해서 문제가 해결되는 것이 아닙니다. 선생님이 이전 시간에 문제 행동을 보이는 학생들을 야단쳤는지 확인하고 학생들을 방치한다면 그 이유가 무엇인지 근본 원인을 진단합니다. 교사가 학생을 통제하는 않는 이유가 착한 교사 콤플렉스에서 기인하는지, 교사의 자유주의적 교육 철학관 때문인지, 학생들에게 받은 상처에서 나왔는지 등을 구분합니다.

어느 정도 존재와 관계 성찰이 이루어졌다면 2단계인 교육 철학을 점검합니다. 교육 철학은 교사 개인의 가치관과 연관되어 있고, 오랜 시간 동안 개인의 삶 속에서 서서히 형성되었기 때문에 교육 철학과 가치관이 잘못 형성되었다고 해도 쉽게 바꿀 수는 없습니다. 잘못된 가치관을 가지고 있다는 것 역시 교사가 수업 성찰 과정에서 스스로 깨달아야 하는 것으로, 성찰 없이 외부의 압력으로 이 문제를 해결할 수는 없습니다.

3, 4단계 즉, 교육과정과 교수·학습 방법에서는 교육과정이 우선이고 교수·학습 방법이 다음입니다. 교사가 교육과정을 잘 이해하고 학생 수준에 맞게 재구성하고 있는지를 확인하고 해결 방안을 모색합니다. 교육과정 재구성이 잘 이루어졌다면 교육과정의 특성에 맞게 교수·학습 방법 문제를 다룹니다. 1, 2단계에 비해 3, 4단계는 상대적으로 짧은 시간 안에 가시적인 변화를 이끌어 낼 수 있습니다.

일반적으로 수업 코칭에서는 1, 2단계를 중심으로 풀고, 어느 정도 이 문제가 해결되었을 때 3, 4단계로 접근합니다. 수업 코칭은 최소 3~4차례 지속적으로 해야 효과가 있는데, 처음에는 주로 1, 2단계 문제를 다루고 그 다음 코칭에서 교사의 상태에 따라 다음 단계로 접근하는 것이 좋습니다.

실마리 풀기

코칭 과정에서 수업자가 말하는 핵심적인 키워드를 찾아서 이를 실마리로 삼아 문제의 원인을 풀어 갑니다. 수업 코칭을 해 보면 수업 관찰만 가지고 수업을 온전히 이해하기는 힘들어서 종종 진행이 안 되고 막히는 경우가 있습니다. 이럴 때는 해결의 실마리를 찾아야 합니다. 대개 실마리는 수업 코칭을 받는 교사에게 있습니다. 수업자가 말할 때 유심히 듣고 실마리가 될 수 있는 핵심 키워드를 잡아내어 질문을 하면서 문제점을 풀어 나갑니다.

한 초등학교 선생님의 수업을 코칭한 적이 있습니다. 2학년 담임교사로서 매우 유능한 선생님이었습니다. 수업은 전반적으로 매우 훌륭했으나 2학년 학생들이 풀기에는 학습 과제 난이도가 다소 높았고 학습 분량과 학습 활동도 많은 편이었습니다. 수업 대화 과정에서 찾아낸 실마리는 수업자가 자주 사용한 '5학년'이라는 단어였습니다. 5~6학년을 주로 담당했던 그 선생님이 오랜만에 저학년을 담당하면서 생긴 문제였습니다.

실마리를 발견하기 위해서는 교사의 감정 변화를 잘 읽어야 합니다.

수업 코칭 과정에서 교사가 대화 중에 감정이 흔들리는 지점이 생기는데, 그 지점을 잘 인식하고 실마리를 잡아내야 합니다. 때로는 수업 코칭을 받는 교사들이 눈물을 흘리거나 당혹해하는 모습을 보이는데, 그 부분에 공감하고 이유를 물으면 비교적 쉽게 실마리를 찾을 수 있습니다.

도전 과제 실행하기

수업 개선을 위한 구체적인 도전 과제는 교사의 특성과 장단점에 따라 다양하게 도출할 수 있습니다. 교사가 자기 수업 성찰의 결과를 토대로 직접 정하도록 하면 좋습니다. 기본적인 도전 과제로 수업 성찰 일지, 배움 일지, 도전 과제 수행 일지 쓰기 등이 있습니다. 4가지 차원에서 영역별로 다음과 같은 도전 과제를 만들 수 있습니다.

– 누가

1. 교사 이해
• 자기에게 영향을 미친 사람과 이유 기록하기.
• 성격 유형 검사와 다중지능검사를 받고 자신의 교수 유형의 특징 분석하기.
2. 학생 이해
• 학생들의 학습 행동을 관찰하고 기록하기.
• 학생들의 개별적인 특징 기록하기.
3. 교사와 학생 사이의 관계

- 수업 시간에 만나는 모든 학생 이름 외우기.
- 학생들과 웃으며 사진 찍기.
- 아침 일찍 교실 입구에서 학생들과 인사하며 가벼운 스킨십 시도하기.
- 학생들과 소그룹으로 MT 다녀오기.
- 수업 규칙 세우기.
- 학급 행사를 통해 학생들과 친해지기.
- 방과 후 개별 상담과 집단 상담을 통해 학생들의 이야기 듣기.
- 가정 방문으로 학생들의 삶 이해하기.
- 학습 내용을 통해 수업 시간에 학생들과 소통하기.

– 왜
- 내가 바라는 교사상 기록하기.
- 교육과정 재구성의 관점과 원칙 기록하기.
- 교수·학습 방법의 선택 기준 기록하기.
- 나에게 영향을 준 교육 사상가와 그 이유 기록하기.
- 교육 철학 관련 서적을 읽고 독후감 쓰기.

– 무엇을
- 구조화된 학습지 활용하기.
- 교과 워크북을 제작하여 수업 시간에 활용하기.
- 교육 활동 계획서(실러버스)를 작성하여 학생들에게 공지하기.

- 교과서 이외의 학습 자료를 적극 활용하기.
- 수업 시간에 활용할 PPT 자료를 수업 전에 직접 만들어 활용하기.

- 어떻게
- 강의식 수업으로만 진행하지 않기.
- 수업 내용과 상관없는 딴 이야기 하지 않기.
- 협동학습 실천해 보기.
- 프로젝트 수업 실천하기.
- 너무 많은 학습 활동 도입하지 않기.
- 문제 행동을 보이는 학생들에게 주의를 주고 적절하게 통제하기.
- 차시마다 학습지를 제작하여 활용하기.

다음와 같이 장점을 극대화하고 단점을 보완하는 도전 과제를 동시에 제시하는 것도 좋습니다. 장점을 극대화하면 적은 노력으로 큰 효과를 거둘 수 있습니다. 단점 보완은 노력과 에너지에 비해 수업 개선 효과가 상대적으로 낮아, 단점만 보완하려고 들면 가시적인 변화가 없어 교사가 슬럼프에 빠질 수 있습니다. 수업의 장점을 극대화하여 단점을 채울 수 있도록 접근하는 것이 더 좋습니다.

- 단점 보안 전략
  (단점 : 시간 관리 미숙, 빠른 말, 두루뭉실한 설명)
- 수업 종이 울리면 수업 마치기.

- 가급적 말을 천천히 그리고 명료하게 말하기.
- 전체 학생 이름 외우기.
- 구조화된 학습지 활용하기.
- 차시마다 협동학습을 활용하여 형성평가 실천하기.

- 장점 극대화 전략

  (장점 : 언어지능, 공간지능, 대인지능 뛰어남)

- 예화를 활용하여 재미있게 설명하기(언어지능 활용 극대화).
- 직관적 접근이나 이미지 활용 등 스티브 잡스 방식으로 디지털 프레젠테이션하기(공간지능 활용 극대화).
- 협동학습과 프로젝트 수업 적극 실천하기(대인지능 활용 극대화).

도전 과제를 부여할 때 도전 과제 자체보다 그 이유를 교사 스스로 충분히 인식하는 것이 중요합니다. 또 도전 과제를 정했다면, 학생들에게 교사가 과제를 수행하는 이유를 충분히 이야기하여 학생들의 협조를 이끌어 냅니다. 도전 과제를 꾸준히 실행하고 그 결과를 일지로 기록하면 지속적인 발전을 이끌 수 있습니다.

도전 과제 수행 일지

년 월 일 요일

내가 생각한 과제 수행 만족도 점수 :   점

1. 도전 과제 점검

　(1) 과제(1) :

　　실행 내용 및 소감 :

　(2) 과제(2) :

　　실행 내용 및 소감 :

　(3) 과제(3) :

　　실행 내용 및 소감 :

　(4) 과제(4) :

　　실행 및 소감 :

2. 도전 과제 실행에 대한 전체적인 소감

적절하게 피드백하기

칭찬하기와 격려는 교사의 장점을 극대화하는 가장 좋은 피드백 방식입니다. 먼저, 고래도 춤추게 한다는 칭찬은 수업 공개 분위기를 긍정적이고 따뜻한 분위기로 만들고, 교사의 신뢰를 이끌어 냅니다. 또한 긍정적인 변화의 지점을 찾아 칭찬하면 그 변화가 지속됩니다. 하지만 칭찬에도 여러 단계가 있습니다.[31]

"대단하십니다.""한마디로 멋있어요." 하는 단순 칭찬이 있고, "미소를 띤 표정으로 학생의 눈을 바라보고 발문하는 자세가 보기 좋았어요. 발문에 학생이 머뭇거리면서 대답을 잘하지 못했는데도 야단치지 않고 잘 이끌어 가신 점이 좋았습니다." 하고 구체적인 사실에 근거한 칭찬이 있습니다. 존재 자체에 대한 칭찬도 있습니다. "이번 수업 코칭을 통해 선생님을 만난 것을 큰 행운이라고 생각합니다.""이번 수업 미션은 실패했지만 새로운 시도를 한 것 자체가 놀라운 일이라고 생각해요." 같은 칭찬입니다.

수업 코칭을 할 때는 가급적 단순 칭찬보다 구체적인 사실에 근거하거나 존재 자체를 칭찬하는 것이 좋습니다. 칭찬을 할 때 다음과 같은 기술을 활용하면 좋습니다.

- 내 기대 수준에 머무르지 말고 상대방 입장에서 바라보고 칭찬한다.
- 결과를 기다리지 말고 과정을 칭찬한다.
- 작은 일이나 변화를 포착하고 칭찬을 시작한다.

- 상대방이 가진 아름다움을 발견해서 칭찬한다.
- 행동, 사람 존재 자체 방식으로 칭찬한다.

성공할 때 칭찬이 필요하다면, 실패할 때는 격려가 필요합니다. 격려는 상대방의 감정이나 행동에 공감하고, 있는 그대로의 모습을 인정하고 용기를 북돋아 주는 말과 행위입니다. 격려는 공감하고, 상대방의 행동과 감정을 그대로 인정하며, '나-전달법I-Message'으로 표현하는 것이 좋습니다. 격려는 '사실 인정, 상대방 마음 알아주기, 내 마음 전하기'의 3단계로 표현할 수 있습니다.

"선생님께서 열심히 미션 과제를 수행하는 과정에서 단점은 어느 정도 보완되었는데 선생님의 장점도 사라진 것 같아요." 하며 사실을 인정하고, "선생님도 생각대로 잘 되지 않아 마음이 답답하시죠?" 하고 상대방의 마음 알아주기를 합니다. 다음으로, "이번 수업 코칭 과정을 통해 선생님이 한 단계 성장할 수 있는 기회가 되었으면 좋겠어요. 조금만 힘내세요." 하고 내 마음을 전합니다.

평가하기

교사가 실천한 도전 과제 수행 과정과 결과에 대해 수업 코치가 모니터하고 평가하는 과정이 필요합니다. 과제 수행이 성공적으로 이루어지면 칭찬하고 한 단계 높은 수준의 다음 과제를 제시합니다. 만약 실패했으면 격려와 함께 과제를 수정 보완하여 2차 도전 과제를 제시합니다.

일정 기간 동안의 수업 코칭 과정이 마무리되면 최종 평가를 합니다. 수업 코칭의 성공 여부는 도전 과제 수행 과정과 진정성 있는 수업 변화가 있었는지 확인하여 판단합니다. 수업자가 만족한다고 성공으로 볼 것이 아니라, 수업 코치와 학생의 수업 만족도가 어느 정도 올라갔는지를 포함하여 평가합니다. 수업 코치의 수업 관찰 결과, 학생 설문조사나 인터뷰를 통해 일상 수업의 변화를 확인합니다. 이런 평가 자료를 가지고 종합적으로 판단하여 성공 여부를 확인합니다.

수업 코칭의 결과가 긍정적으로 나오면 이를 축하하고 격려하는 의식을 실시합니다. 수업 코치가 교사에게 공개적인 격려 편지를 써서 읽어 주거나 간단한 선물을 주는 것도 좋습니다. 축하 분위기에서 수업 코칭 졸업식을 합니다.

여러 차례의 수업 코칭에도 불구하고 수업에 좋은 변화가 없으면 실패로 인정해야 합니다. 수업 코칭에 실패하면 그 결과를 인정하고 과감하게 수업 코칭을 포기할 수도 있습니다. 수업 코치가 적극적으로 코칭을 한다고 해서 꼭 긍정적인 결과로 이어지는 것이 아닙니다. 무엇보다 실패했을 때는 그 이유가 무엇인지 분석하여 다음 수업 코칭이 성공적으로 이루어지도록 합니다.

수업 코칭 유형에 따라 다르게 접근하기

수업 코칭 유형에 따라 접근 방식이 다릅니다. 일반적으로 개별코칭, 전문가 코칭은 집단 코칭, 동료 코칭에 비해 좀 더 깊이 있는 문제점을 다룰 수 있는 장점이 있습니다. 개별 코칭이나 전문가 코칭의 경우, 수업자가 자기 성찰을 잘 이루어지지 않을 때 때로는 자기 문제점을 직면하도록 하기 위해서 수업 코치가 수업자에게 좀 더 강하게 접근할 수 있습니다. 이 경우라도 그 문제점에 대한 해결 방안까지 수업 코치가 풀어낼 수 있는 상황이 아니라면 강하게 다가가는 것을 피하는 것이 좋습니다. 집단 코칭이나 동료 코칭에서는 수업 관찰자(동료 교사)가 수업자에게 강하게 접근하는 경우, 수업자가 오히려 반발감을 일으킬 수 있기 때문에 결과적으로 수업 코칭이 실패할 가능성이 높습니다. 그러므로 수업 코칭 유형에 따라 수업 코칭 접근 방식이 다르다는 것을 인지하고 수업 코칭 활동에 임해야 합니다.

■ **집단 코칭 진행 단계**

수업 코칭 중에서도 집단 코칭은 수업 동아리 안에서 수업 대화나 나눔으로 시작하여, 점차 전체 학교 차원의 수업 강평회를 대신하면 좋습니다. 신을진과 김태현이 개발한 수업 나눔 방식(《교사, 수업에서 나를 만나다》)을 일부 보완하여 만든 다음의 6단계를 제시합니다.

– 1단계 : 수업의 장점을 구체적으로 이야기하기
수업 코칭이 따뜻하고 포용하는 분위기에서 진행되도록 일종의 아이스브레이크 과정이 필요한데, 이를 위해 칭찬과 격려가 중요합니다. 칭찬은 장점을 극대화하는 피드백 방식으로, 수업자와 수업 코치(혹은 수업 관찰자) 사이에 신뢰 관계를 형성하는 기본입니다. 칭찬은 수업의 맥락에 맞게 구체적으로 합니다.

– 2단계 : 교사 입장에서 수업의 맥락 이해하기

수업을 제대로 이해하려면 교사가 수업을 준비하면서 무엇을 고민하고 어디에 주안점을 두었는지, 수업을 진행하면서 느낀 점은 무엇인지 등을 질문하고 교사의 이야기를 집중하여 듣습니다. 수업 코치들이 수업에 대해 궁금한 점을 질문합니다. 경청이 부족한 기존 수업 강평회와 차별화되는 부분입니다.

– 3단계 : 학생 입장에서 수업 바라보기

학생의 배움이 어디에서 일어나고 멈추는지 이야기합니다. 특히 학생 설문 조사 결과를 가지고 이야기하면 평소 교사의 수업 스타일을 이해하고 장단점을 분석하는 데 큰 도움이 됩니다. 이때 단점을 비판하기보다 함께 고민하는 자세가 중요합니다. 문제의 원인을 같이 찾고, 교사의 문제를 지적하기보다 학생의 배움 관점에서 교사가 자신의 행동을 스스로 바라볼 수 있도록 돕습니다.

– 4단계 : 교사의 내면적인 고민을 이야기하기

위에서 제시한 1, 2, 3단계 과정이 잘 이루어지면 자연스럽게 교사의 수업 고민이 나오게 됩니다. 이때 고민을 충분히 이야기할 수 있도록 기회를 줍니다. 이 과정에서 교사가 가지고 있는 수업에 대한 두려움을 찾을 수 있습니다. 그 원인을 찾아 공감하고 두려움을 극복할 수 있도록 격려합니다.

– 5단계 : 토의 주제를 찾아 집중적으로 이야기하기

수업 대화 및 나눔 과정에서 다 함께 고민할 만한 토의 주제가 자연스럽게 도출됩니다. 제한된 시간 안에 여러 가지 주제를 한꺼번에 이야기하면 초점이 흐려져 중요한 부분을 놓칠 수 있으므로, 교사에게 한 가지 주제를 직접 정하도록 하여 이것을 집중적으로 이야기합니다.

이때 '교사 이해, 학생 이해, 교사와 학생과의 관계 → 교육 철학 → 교육과정 → 교수·학습 방법' 순서로 우선순위를 두고 이야기를 하는 것이 좋습니다. 토의 주제가 '수업 질서 세우기'라면 학생에 대한 관점, 교사와 학생의 경계선 수위, 수업 규칙 등을 중심으로 이야기를 풀면 좋을 것입니다. 수업 코치들은 집단 지성을 활용하여 교사의 고민을 풀 수 있는 다양한 대안과 해결책들을 제안합니다.

– 6단계 : 도전 과제 실천하기

마지막으로 수업자가 도전 과제를 찾고 실천하도록 격려합니다. 학생과 인격적 관계 세우기가 초점이라면 학생 이름 외우기, 눈을 바라보고 가벼운 스킨십을 하며 인사하기, 하루에 세 번 이상 칭찬하기 등을 정합니다. 수업 코치들이 도전 과제를 제시하는 것보다 교사가 직접 과제를 설정하여 다른 사람들 앞에서 공언하는 것이 좋으며, 학생에게 실천하는 도전 과제라면 학생들에게 공개적으로 협조를 구합니다.

■ 수업 나눔 진행 시나리오 예

– 인사말

"안녕하세요. 저는 이번 수업 나눔의 진행을 담당한 ○○○입니다. 이번 수업 공개 및 나눔이 수업에 대한 고민을 함께 풀어 가는 의미 있는 자리가 되길 바랍니다."

– 수업 나눔의 흐름과 규칙 소개하기

"지난번에 말씀드린 대로 수업 나눔은 6단계로 진행하겠습니다. 첫째,

수업의 장점 찾아 칭찬하기, 둘째, 수업자의 맥락에서 수업 바라보기, 셋째, 학생 입장에서 수업 바라보기, 넷째, 수업 고민 집중적으로 이야기하기, 다섯째, 수업 고민에 대한 해결 방안 공동으로 모색하기, 여섯째, 도전 과제 설정하기 순입니다. 본격적으로 수업 나눔을 진행하기에 앞서 두 가지 규칙을 말씀드립니다. 첫째, 수업자를 비판하지 않기, 둘째, 수업 관찰자가 5분 이상 이야기하지 않기입니다."

– 모둠별 수업 소감 나누기

"수업 관찰 일지를 각자 정리해 보는 시간을 갖도록 하겠습니다. 4분 동안 관찰하신 내용을 중심으로 기록해 주세요."

"주변의 선생님들과 서너 명씩 소그룹을 만들어 수업 관찰 소감을 나누는 시간을 갖겠습니다. 시간은 5분 정도 드리겠습니다."

– 수업에서 장점을 찾아 칭찬하기

"오늘 수업에서 선생님의 장점을 찾아 구체적으로 이야기하는 시간을 갖겠습니다. 자유롭게 이야기를 해 주시죠." (여러 선생님들이 자유롭게 이야기할 수 있는 기회를 부여한다.)

"제가 수업을 보면서 느꼈던 좋은 장점은 이러합니다." (수업 관찰하면서 느꼈던 수업자의 장점을 구체적으로 칭찬한다.)

– 수업자의 입장과 수업 맥락에서 수업 바라보기

"선생님, 이번 수업의 주안점은 무엇입니까?"

"선생님의 수업을 스스로 평가한다면 몇 점을 주시겠습니까? 또 그 이유는 무엇입니까?"

"선생님 수업을 보면서 이러한 점을 발견했는데, 어떤 의미가 있나요?" (수업에 대해 궁금한 점을 찾아 질문한다.)

"다른 선생님들도 수업을 바라보면서 궁금한 점이 있으면 질문을 던져

주세요.”(다른 수업 관찰자들의 질문을 유도한다.)

– 학생 입장에서 수업 바라보기

“오늘 수업에 대해 학생들에게 설문 조사한 결과를 소개하겠습니다. 아이들이 선생님 수업에 대해 다음과 같이 이야기했습니다.”(학생 설문 조사 결과를 읽는다.)

“학생 설문 조사 내용에 대해 선생님은 어떻게 생각하세요?”

“수업 중 일부 학생들이 이러한 행동을 했는데, 그에 대해 선생님은 어떻게 생각하십니까?”(수업 관찰 질문을 던진다.)

“학생들에게 의미 있는 배움이 어떻게 이루어졌는지 관찰한 것이 있으면 수업을 참관한 선생님들께서 이야기해 주세요.”(수업 관찰자들에게 학생들의 배움에 대해 관찰한 내용을 이야기하도록 유도한다.)

– 수업 고민 집중적으로 이야기하기

“오늘 수업을 준비하면서 선생님이 가장 핵심적으로 고민한 것은 무엇이었습니까?”

“오늘 수업 나눔에서 주로 이러한 이야기들이 나왔는데, 어떤 문제를 집중적으로 이야기하면 좋을까요?”

– 집단 지성을 이용하여 공동의 해결 방안 모색하기

“오늘 선생님이 이러한 주제로 수업 고민을 이야기하셨는데, 이에 대해 수업을 관찰하신 선생님들이 함께 고민해 주시면 좋겠습니다. 좋은 의견이나 제안이 있으면 말씀해 주세요.”(다양한 해결 방안을 제시할 수 있도록 유도한다.)

– 도전 과제 공언하기

“여러 선생님들이 선생님의 고민에 해결 방안을 제시해 주셨는데, 이

중에서 선생님이 교실에서 도전 과제로 실천할 수 있는 것이 있다면 어떤 것일까요?"

"저는 오늘 수업을 보면서 이러하게 느꼈습니다. 이 부분과 관련하여 저는 이렇게 생각합니다." (수업을 관찰하며 함께 나누고 싶은 주제를 한두 가지 포인트로 정하여 이야기한다. 수업 관찰자가 아직 성찰하지 못하거나 잘 발견하지 못한 것이 있으면 이것에 대해 이야기를 나누어도 좋다.)

"오늘 수업을 공개하신 선생님의 수고에 감사를 드립니다. 또 참여하신 모든 분들께 감사를 드립니다. 박수로 오늘 수업 나눔 모임을 마무리하도록 하겠습니다. 감사합니다."

(참고) 수업 분석 및 수업 나눔 양식지

- 수업자 :
- 수업 관찰 및 기록자 :
- 일시 및 장소 :
- 학습 주제 :

1. 수업 관찰

[누가] 교사 및 학생의 이해, 교사와 학생과의 관계성	[왜] 교육 철학
[무엇] 교육과정	[어떻게] 교수·학습 방법

2. 수업 질문

수업을 통해 내가 배운 것	
수업을 보면서 궁금한 것	
학생의 배움	

3. 수업 나눔

수업 나눔을 통해 내가 배운 것	
내가 도전해 보고 싶은 도전 과제	

CHAPTER 5

수업 혁신 모델 이해하기

배움의 공동체 모델

특징

배움의 공동체는 일본 도쿄대 교수인 사토 마나부가 주창한 것으로, 최근 일어나는 우리나라 혁신학교 운동의 철학적인 기반에 영향을 많이 주었습니다.

배움의 공동체는 공공성, 민주주의, 탁월성을 철학 원리로 삼는데,[32] 여기서 '공공성'이란 학교는 공적인 사명과 책임이 있으므로 민주주의를 실천하고 열린 공간으로서 학교 안과 밖에서 소통해야 함을 말합니다. '민주주의'는 학교 교육이 민주주의를 건설하는 데 목적이 있으며, 학교 자체가 민주적인 사회 조직으로 운영되어야 한다는 뜻입니다. '탁월성'은 경쟁이 아니라 스스로 최선을 다하여 최고를 추구한다는 의미로, 가르침과 배움에서 도약이 있는 배움을 강조합니다.

배움의 공동체는 배움을 지식이나 기능의 습득이 아니라, 학습자가 사물이나 사람을 매개로 한 활동을 통해 의미와 관계를 구성하는 것으로 보는 구성주의 학습론에 바탕을 두고 있습니다.

배움을 활동적인 배움, 협력적인 배움, 표현적인 배움으로 나누어 제시하는데, 활동적인 배움은 수업 시간에 학생들이 주변 사물과 접촉하고 다양한 체험 활동을 하며 학습 의욕을 고취하는 것을 말합니다. 협력적인 배움은 모둠을 중심으로 모둠원 사이의 사회적 상호작용을 통해 학습 효과를 극대화하는 것입니다. 표현적인 배움은 다른 사람의 표현에 집중함으로써 자신의 생각을 비추어보며 서로 배우는 것으로, '모놀로그(독백)'에서 '다이얼로그(대화)'로 전환하는 일입니다.

교사는 말하기보다 경청하기에 초점을 두어 수업을 진행하고, 자리 배치도 기존 배치 방식에서 벗어나 'ㄷ'자 형태를 추천합니다. 교사가 전체 학생들을 돌아보기 쉽고 학생들도 서로 눈길을 마주칠 수 있기 때문입니다. 학생들의 학습 수준보다 한 단계 높은 과제를 부여하여 학생들이 스스로 과제에 도전하고 해결할 수 있는 능력을 기르도록 합니다.

배움의 공동체에서 가장 중요한 실천 전략 중 하나는 수업을 공개하고 피드백하는 일입니다. 수업은 학생 중심, 경험 중심으로, 말하는 것보다 듣는 것에 초점을 맞추어, 교실 뒤쪽보다 옆쪽이나 앞쪽에서 관찰하도록 합니다. 학생 활동 중심으로 동영상을 촬영하여 기초 자료로 활용하고 수업 공개회는 배움을 중심으로 이루어집니다.

'어떻게 가르쳐야 할 것인가.'가 아니라 '아이들이 어디에서 배우고 어디에서 주춤거리는가.'에 관심을 갖고 이야기를 나눕니다. 공개수업에 참관한 사람들은 수업에 대해 조언하는 것이 아니라 수업을 관찰하고 스스로 배운 것을 이야기하며 다양성을 교류하고, 항상 배우려는 자세를 가져야 합니다. 모든 참가자는 최소한 한마디 이상 발언하며 일부가 전체를 지배하지 않는 민주적인 토의 과정을 중시합니다.

수업 공개와 함께 수업 사례를 중심으로 한 교내 연수를 실시하도록 하는데, 모든 교사가 일 년에 최소한 한 번 이상 수업을 공개하고 사례 연구를 축적해야 합니다. 일상의 수업을 공개하되 사전 연구가 아니라 수업 후의 성찰에 충실하도록 합니다. 교육 전문가로서 개성적인 성장을 촉진하는 교내 연구에서 연구 테마는 개개인이 설정하며, 통일된 주제는 설정하지 않거나 최소한에 그치도록 합니다. 학교 운영 구조를 수업 중심으로 재편하고, 수업의 질을 높일 수 있도록 수업 이외의 활동들을 과감하게 줄이고 단순화시킵니다.

이론적 배경

배움의 공동체는 듀이Dewey의 진보주의(프래그머티즘)와 비고츠키Vygotsky의 사회적 구성주의를 일본의 교육 현실에 맞게 적용한 것이라고 할 수 있습니다.

듀이는 한 집단 내에서 구성원들이 서로 다른 관심사를 인정하는 가운데 상호작용함으로써 그들 사이의 사회적 습관이 변하는 것을 민주주의라고 보았습니다. 또한 서로 다른 관심사를 가진 구성원들이 상호작용을 통해 끊임없이 진보하는 사회가 민주주의 사회라고 보았습니다.

사토는 듀이가 말하는 민주주의 사회를 '공동체'로, 서로 다른 관심사를 가진 구성원 사이의 능동적 경험으로서 상호작용을 '배움'으로 표현하였습니다.[33] 듀이[34]의 '민주주의, 시민성, 반성적 사고, 경험주의'는 배움의 공동체에서 '민주주의, 공공성, 성찰적 사고, 활동적 배움과 표현적 배움' 등으로 나타납니다.

배움의 공동체는 사회적 구성주의의 원류인 비고츠키 사상에도 많은 영향을 받았습니다. 먼저 비고츠키의 근접발달영역이라는 개념을 이해할 필요가 있습니다. 비고츠키는 학습과 발달이 서로 상이하게 진행되는 것으로 보면서 동시에, 학습에 의해 발달이 촉진될 수 있다고 보았습니다. 학생들이 다른 사람의 도움 없이 혼자 문제를 해결할 수 있는 영역을 실제적발달수준, 그렇지 않은 영역을 잠재적발달수준으로 불렀는데 이 둘 사이의 거리를 '근접발달영역'이라고 하였습니다. 비고츠키는 학생이 독립적으로 문제를 해결할 수 없으나 도움을 받으면 해결할 수 있는 범위, 즉 근접발달영역 안에서 사회적 상호작용을 통한 협력 학습으로 배움이 일어날 수 있다고 주장하였습니다.[35] 비고츠키의 근접발달영역과 협력 학습은 배움의 공동체에서 '협력적 배움'으로 표현됩니다.

비고츠키의 근접발달영역 개념은 후에 사회적 구성주의자들에 의해 비계설정scaffolding으로 발전됩니다. 비계설정의 사전적 의미는 '건물을 건축하거나 수리할 때 인부들이 건축 재료를 운반하며 오르내릴 수 있도록 건물 주변에 장대와 두꺼운 판자로 된 발판을 세우는 것'입니다. 교육에서는 이것을 근접발달영역 내에서 효과적인 교수·학습을 위해 교사가 학생과 상호작용 중 도움을 적절히 조절하여 제공하는 것을 묘사할 때 은유적으로 사용합니다. 이런 비계설정이론은 배움의 공동체에서 '도약이 있는 배움'과 연결됩니다.

배움의 공동체가 나온 일본은 우리나라와 같은 동아시아권이자 유교 문화권 나라입니다. 학문을 인간 자아실현의 중요한 요소로 이해하는 유교의 영향으로 한국, 일본, 중국은 다른 나라들에 비해 교육열이 높은 편입니다. 배움의 공동체에서 학문적 탁월성을 강조한 것은 이런 배경과 관련이 있습니다. 다른 사람들과 원만하게 지내는 것을 강조하고, 어린 시절부터 다른 사람에게 피해를 주는 행동을 엄격하게 금하고 지도하는 일본의 '화和사상' 역시 배움의 공동체에 영향을 끼쳤습니다. '말하기'보다 '듣기'를, 차분한 교실 분위기를 강조하는 것도 일본의 이런 문화적 특수성과 관련됩니다.

평가

우리나라와 일본은 교육 현실이 비슷한 부분이 많아 배움의 공동체는 서구가 배경인 여타 모델보다 우리에게 적용하기 좋습니다. 배움의 공동체에서 강조하는 학문적 탁월성은 유교 문화권에서 강조하는 중요한 가치이기 때문에 정서적인 거부감이 적습니다. 또 수업, 생활지도, 행정 업무 등이 분리된 서구 학교와 달리, 모든 업무를 교사가 처리하여 수업 준비에 에너지를 제대로 쏟지 못하는 우리 현실에서 수업을 중심으로 학교 구조를 재구조화할 것을 강조하는 배움의 공동체는 그 자체로 큰 의미를 갖습니다.

둘째로 배움의 공동체는 공교육 혁신의 모델로서 방향을 제시합니다. 우리의 대안 학교처럼 교육과정의 자율성을 최대한 존중하는 학교를 북유럽에서는 자유학교, 미국에서는 독립학교라고 부릅니다. 유럽이나 미국에서는 이런 학교들의 독립성을 인정하고 제도권 안으로 끌어들이고 있습니다. 덴마크의 경우 일반 공립학교는 학비의 100%를, 자유학교는 학비의 70%를 지원하며, 미국의 독립 학교 역시 바우처 시스템을 도입하여 학부모가 세금을 낸 만큼 교육비를 학부모에게 지원합니다.

하지만 우리나라는 정부가 많은 부분 학교의 자율성을 규제하는 편입니다. 학교 설립이 자유롭지 못하고 사립학교라 하더라도 준공립학교 수준으로 교육과정이 운영되는 실정입니다. 최근 발도로프, 프레네 모델 등 새로운 수업 혁신 모델을 실천하는 비인가형 대안 학교들도 많이 생겼지만, 정부의 재정 지원이 없어 상대적으로 학비가 비싼 편입니다.

일반 공립학교를 대상으로 접근하는 배움의 공동체 모델은 공립학교와 준공립학교가 많은 한국 교육 현실에 적합합니다. 도전 과제를 통해 학생들이 자기 학습 수준을 점프할 수 있도록 접근하는 방식 역시, 학업 성취를 강조하는 한국 공교육 현실에 적합한 수업 혁신 모델로 자리매김하는 계기가 되었습니다.

셋째로 배움의 공동체는 수업 혁신에 대한 철학적 담론이 풍부합니다. 대표적인 현대 교육 철학자인 듀이와 비고츠키 사상에 바탕을 둔 배움의 공동체는 단순한 교수·학습 방법론을 뛰어넘어 구성주의 관점에서 교실을 어떻게 혁신할 것인가에 대한 철학 기반이 풍부하고 구체적인 수업 사례 연구를 강조합니다.

넷째로 수업을 관찰하고 해석하는 관점을 교사의 가르침에서 학생의 배움으로 전환시키는 데 기여하였습니다. 수업 장학의 패러다임 안에서 이루어지는 기존 수업 공개회는 주로 교사의 가르침에 초점을 맞추었습니다. 배움의 공동체는 교사의 가르침보다 학생의 배움을 더 강조합니다. 수업 관찰자들에게 개별 학생이나 모둠 등 학생에게 초점을 맞추어 수업을 바라보도록 하는데, 학생의 배움을 중심으로 한 수업 관찰 접근은 기존 교사의 가르침 중심의 수업 접근을 극복하는 데 크게 기여했습니다.

다섯째로 배움의 공동체는 학생들의 협력적 배움을 뛰어넘어 교사들의 협동적 배움을 강조합니다. 기존 수업 혁신 모델이 주로 교사 개인의 수업 기술 개선이나 학생들의 사회적 상호작용, 활동에 초점을 맞추었다면, 배움의 공동체는 교사 개인의 노력을 넘어 교사들의 전문적 학습 공동체를 강조하면서 학교 차원의 혁신을 강조하였습니다. 수업 공개회, 협의회 운영 혁신 등 교직 문화 개선을 통해 수업 혁신을 이루어야 한다는 것입니다.

배움의 공동체 모델이 우리나라의 학교와 수업 혁신 운동에 크게 기여하기는 하였으나, 한국 상황에서 그대로 적용하기 어려운 점도 있습니다. 일본과 한국의 문화는 비슷하지만 다른 부분이 있습니다. 일본은 어렸을 때부터 다른 사람에게 피해를 주지 말 것을 철저하게 교육합니다. 배움의 공동체 모델에서 경청을 강조하는 것도 이런 문화에 뿌리를 두고 있습니다. 이에 비해 우리는 에너지가 넘치고 역동적인 학생들이 많습니다. 일제 학습 문화가 지배하고 있는 우리의 학교 문화는 활동적이고 말하기를 좋아하는 학생들을 제대로 아우르지 못하는 측면이 있습니다. 배움의 공동체 모델에서 제시하는 철학에 동의한다 하더라도 한국 학생들은 일본 학생에 비해 동적인 면이 있으므로, 이에 맞는 구체적인 방법과 접근이 필요합니다.

교육 철학적 접근으로 시작한 배움의 공동체 운동은 이론과 철학(거대 담론)이 풍부하나, 상대적으로 교수·학습 방법(미세 담론)이 약합니다. 협력적 배움에 대해 이야기하지만 구체적인 교수·학습 방법이나 기술을 충분히 제시하지는 않습니다. 배움의 공동체 모델에서 강조하는 수업 공개회 및 강평회를 통한 수업 개선 접근은 귀납적인 측면이 강하여, 교사들이 필요로 하는 구체적인 수업 기술 제시를 하는 연역적 접근에는 상대적으로 약합니다.

마지막으로 배움의 공동체는 교실 현장에서 만나는 학습할 의지가 없거나 무기력에 빠진 학생에게 적용하는 데 한계가 있습니다. 배움의 공동체의 기반인 구성주의는 기본적으로 학생이 학습할 의지가 있다고 보고, 교사는 이런 학생들을 돕는 조력자로 봅니다. 지식 또한 사회적 맥락과 상호작용에 따라 창출할 수 있는 것으로 이해합니다. 배움의 공동체는 학습할 의지가 있는 학생들을 기다리고 학생들의 자발적인 참여를 유도하라고 하지만, 실제 교실에서 무기력한 학생들을 마냥 기다리기는 그리 쉽지 않습니다. 무기력한 학생에 대한 기다림과 방치는 분명 다릅니다. 학습 무기력에 빠진 학생이나 학습 의지가 없는 하위권 학생들에게 효과적으로 적용하기에는 어려운 면이 있습니다.

협동학습 모델

특징

슬래빈Slavin에 따르면 협동학습이란 '공동의 학습 목표를 이루기 위해 이질적인 학생들이 학습 집단을 통하여 함께 학습하는 교수 전략'입니다.[36) 학생 간의 활발한 상호작용을 통해 학습 효과를 극대화한 교수 전략으로, 다르게 말하면 '구조화된 또래 가르치기' 수업입니다.

여기에서 '구조화'는 협동이 선택이 아니라 필수라는 뜻입니다. 조별 학습은 모둠원 모두가 구태여 협동을 하지 않아도 과제를 완성할 수 있지만, 협동학습에서는 협동을 해야만 비로소 과제를 완성할 수 있습니다. 조별 토의는 활발하게 운영되는 조도 있고 그렇지 않은 조도 생길 수 있습니다. 그런데 조별 발표 시간에 토의가 활발하게 이루어진 조가 발표도 잘하는 것은 아닙니다. 조별 활동이 원활하게 이루어졌어도 조 대표가 발표를 제대로 못할 수 있기 때문입니다. 이에 비해 협동학습은 모둠 토의가 잘 되어야 비로소 모둠 발표도 잘 이루어집니다.

협동학습 토의 방법 중에서 '생각-짝-나누기' 활동은 1단계에서 개별적으로 주제에 대해 생각하고, 2단계에서 짝과 토의하면서 생각을 공유하며, 3단계에서 모둠 토의 과정을 통해 의견을 정리하면서 시너지 효과를 극대화시킵니다. 협동학습의 기본 원리는 기존 조별 학습의 문제를 보완하며 개발되었습니다.

– 조별 학습의 문제
- 자기 조 활동에 관심이 없을 수 있다.
- 학습 과정에서 조끼리 경쟁이 치열하다.
- '무임 승차자'나 '일벌레', '방해꾼' 학생 등이 나타난다.
- 조별 활동 시간이 많이 소요된다.
- 학습 시간에 비해 학생들의 모둠 과제 수준이 생각보다 높지 않다.
- 조별 학습 편차가 많이 벌어진다.

조별 학습에 비해 협동학습은 절차가 세밀하고 진행 단계마다 개인별 세부 역할을 정교하게 나눕니다. 그러나 협동학습 모형을 그대로 따라한다고 협동학습이 저절로 이루어지는 것은 아닙니다. 협동학습의 기본 원리가 수업 가운데 자연스럽게 나타나야 제대로 된 협동학습이라고 할 수 있습니다.

협동학습의 기본 원리는 긍정적인 상호 의존, 개인적인 책임, 동등한 참여, 동시다발적인 상호작용입니다.[37]

'긍정적인 상호 의존'이란 '다른 사람의 성과가 나에게 도움이 되고 내 성과가 다른 사람에게 도움이 되게 하여 각자 서로 의지하는 관계로 만드는 것'입니다. 협동학습은 공동의 학습 목표를 이루기 위해 함께 학습하고 학습자가 서로 협동하지 않으면 학습 목표나 과제 자체를 이룰 수 없도록 의도적으로 구조화시킵니다. 모둠이 성공하려면 구성원 개인 모두의 노력이 반드시 필요하며, 나와 다른 사람의 관계를 유기적으로 엮어서 내 성공이 다른 사람에게 실질적인 성공으로 이어지도록 합니다.

'개인적인 책임'은 학습 과정에서 개인이 집단 속에 자신을 감추는 일이 없도록 개인마다 구체적인 역할을 제시하고 그에 대한 책임을 묻는 것입니다. 기존 조별 학습은 학습 활동이 주로 모둠 단위로 이루어져 집단 속에 개인이 숨는 경우가 발생합니다. 무임 승차자나 일벌레 내지 방해꾼이 나타납니다. 무임 승차자란 공동 작업을 하지 않았으면서 덩달아 모둠 점수를 받는 학생입니다. 일벌레는 자신의 분량보다 많은 과제를 하는 학생이고, 방해꾼은 자기가 속한 모둠이나 다른 모둠이 과제를 수행하는 데 오히려 문제를 일으키는 학생입니다. 이런 학생들 때문에 학습 활동이 원활하게 이루어지지 못하거나 평가할 때 공정성 문제가 발생합니다.

협동학습에서는 구성원 간의 협동을 중시하면서 동시에 구성원 개인의 책임을 분명히 합니다. 자신의 역할을 제대로 수행하지 않으면 그 다음 단계로 넘어가지 못하게 하거나, 평가할 때 무임 승차자나 방해꾼은 모둠 전체 점수와 상관없이 감점 처리하고 일벌레는 가산점을 주어 개인의 역할 기여도를 충분히 반영도록 합니다.

'동등한 참여'는 학습자 모두가 적극 참여하도록 유도하면서 일부에게 독점되거나 반대로 일부 학생이 참여하지 못하는 일이 없도록 하는 것입니다. 기존 조별 학습은 발표력이 뛰어나거나 외향적인 학생들이 모둠 내에서 발언을 독점하는 경우가 많습니다. 반대로 발표력이 부족하거나 내성적인 학생들은 모둠 활동에서 쉽게 소외됩니다. 이런 문제를 극복하기 위해 누구나 학습 활동에 참여할 수 있는 기회를 동등하게 부여하고 역할과 책임을 나눕니다. 개인의 특성이나 능력이 다른 상황에서 동등한 행동을 요구하는 것이 아니라, 각자의 개성과 능력을 충분히 발휘할 수 있는 공간을 열어 주는 것입니다.

마지막으로 '동시다발적인 상호작용'이란 학습 활동이 동시에 여기저기서 이루어질 수 있도록 하는 것입니다. 모든 학생들이 수업에 적극 참여하도록 하는 것은 교육적 이상일 뿐, 현실에서 제한된 수업 시간 안에 모든 학생들이 적극 참여하여 학습 목표를 이루도록 하기는 거의 불가능합니다. 이런 문제를 해결하기 위해 제시된 원리가 동시다발적인 상호작용입니다.

동시다발적인 구조의 반대는 순차적 구조입니다. 순차적 구조란 순서대로 한 명씩 나와 학습 활동에 참여하도록 하는 것으로, 한 사람이 1분씩만 이야기해도 한 학급에 30명이라면 30분의 시간이 필요합니다. 학생들이 자리를 이동하는 시간까지 합하면 30분을 훌쩍 넘기 마련입니다. 그래서 대개 기존 수업에서는 교사가 몇 명을 선정하여 발표를 시킵니다. 이렇게 순차적인 구조에서는 시간상 제한과 효율성이 떨어져 동등한 참여를 기대할 수 없습니다. 동시다발적인 구조는 순차적인 구조가 갖는 한계를 극복하기 위해 다른 방식을 적용합니다. 한 학생에게 1분씩 발표하도록 했을 때 짝 토의 활동은 2분, 돌아가며 이야기하기 활동은 4분이면 모든 학생들이 발표하고 들을 수 있습니다.

이론적 배경

협동학습의 이론적인 배경은 사회심리학입니다. 사회심리학자 레빈은 집단의 본질이 구성원들 간의 상호 의존성에 있다고 하였습니다. 집단 속에서 개인은 그들의 공동 목표를 통하여 상호 의존적이 되며 협동적, 경쟁적, 개별적 행동을 하게 됩니다.

레빈의 영향을 받은 도이취는 협동과 경쟁을 비교하면서 이 둘의 사회적 상호 의존성을 긍정적인 의존 관계와 부정적인 의존 관계로 설명하였습니다. 존슨 형제는 결과적 상호 의존성과 수단적 상호 의존성으로 나누어 목표, 보상, 자원, 역할, 과제의 상호 의존성에 대해 이야기하였으며, 사회적 상호 의존성 이론을 교육학에 접목하여 교실을 경쟁학습, 협동학습, 개별 학습 교실로 구분하여 설명하였습니다.

사회심리학의 사회응집성이론은 과제의 전문화를 강조하며 긍정적인 상호 의존성을 강조합니다. 하나의 모둠을 만들고 모둠 활동에 대한 반성을 통해 집단의 응집성을 강화하면 집단 응집성 자체가 학습의 효율성을 높인다는 내용입니다.

협동학습은 인지심리학, 발달이론, 행동주의심리학의 영향도 받았습니다. 인지심리학의 인지적정교화이론은 새로운 정보가 기억 속에 남으려면 그 이전의 기억 속에 존재하는 정보들과 유기적으로 관련이 있어야 한다고 봅니다. 인지적 정교화를 이루기 위해서는 자신이 가지고 있는 지식이나 정보를 다른 사람에게 설명해 주는 것이 효과적입니다. 발달이론은 적절한 과제에 대한 학생들의 활발한 상호작용이 학습 효과를 극대화하고 사회적 기술을 증진시킨다고 봅니다. 행동주의 심리학 중에서 강화이론은 집단 보상 체계를 강조하는데, 개별적인 학습 성과들을 바탕으로 집단 보상이 이루어지면 모든 집단 구성원들이 학습하려는 의지가 높아진다고 하였습니다.

협력 학습을 협동학습과 혼동하는 경우가 있습니다. 서구에서도 협력 학습collaborative learning과 협동학습cooperative learning이 혼용되지만, 두 용어의 학술적인 발전 맥락은 조금 다릅니다. 협동학습은 도이취 등의 사회심리학 연구를 교실에 적용한 성과를 바탕으로 미국의 존슨, 슬래빈, 케이건 등이 발전시킨 교수·학습 방법론으로, 미국을 중심으로 발전하였습니다. 반면, 협력 학습은 비고츠키, 피아제, 로티 등 유럽 구성주의자들의 교육 철학적 고민에서 나왔습니다. 이 둘은 출발점은 다르나 결과적으로는 동일한 부분이 많아 같은 의미로 사용되고 있습니다.

우리나라는 초기에 소집단 협력 학습, 협동학습, 협력 학습 등의 용어가 혼용되다가 1990년대 이후 협동학습이라는 단어를 많이 사용합니다. 최근 구성주의가 교육계에 큰 영향을 미치고 혁신학교 운동이 전개되면서 다시 협력 학습이라는 단어가 강조되고 있습니다.

조별 학습, 협동학습, 협력 학습은 또래 가르치기를 강조한다는 점에서 공통적이지만 접근 방식에서 차이가 있습니다. 조별 학습은 '비구조화된 또래 가르치기'입니다. 조별 학습은 기존 일제 수업에 비해 학생들의 참여를 이끌어 내지만, 비구조화된 접근 방식 때문에 여러 가지 문제가 있습니다. 협동적으로 과제를 수행할 수도 있지만, 상대적으로 협동하지 않아도 과제를 완성할 수 있습니다. 협동이 필수가 아니라 선택이 되어, 협동학습에 비해 긍정적인 상호 의존성이 약합니다. 모둠을 동질 집단 방식으로 구성하여 모둠 간 학습 편차가 벌어지기 쉬우며, 모둠 안에서 개인의 책임이 모호하고, 사회적 기술에 대한 관심이 적어 모둠 안에서 갈등이 일어날 수 있습니다.

협동학습은 '구조화된 또래 가르치기'로 조별 학습의 문제점을 보완한 수업 방식입니다. 학생 상호 간의 긍정적인 상호 의존성을 높이고, 개인적인 책임을 분명히 하며, 모든 학생들이 동시다발적으로 참여하게 함으로써 수업에 소외되는 학생들이 없도록 합니다. 이를 위해 협동학습 신호, 세밀한 수업 모형 전개, 긍정적인 행동에 대한 보상 체제, 평가 등 다양한 시스템을 구축하여 운영합니다. 비구조화된 조별 학습에 비해 학습 활동이 원활하게 이루어지도록 돕지만, 자발적인 참여보다 보상을 얻기 위해 학습 활동에 참여할 수 있습니다. 보상과 신호는 많은 장점을 가지고 있으나 기술적인 측면에 치중하거나 협동적 퍼포먼스로 그칠 위험이 있습니다.

협력 학습은 '탈구조화된 또래 가르치기'로, 보상과 신호 등을 사용하지 않고 학생들의 자발적인 참여와 의지를 이끌고 학생 사이에 협력 관계를 형성하여 학습 과제를 수행하도록 합니다. 그런데 협력 학습은 학생들이 어느 정도 학습 의욕과 의지가 있을 때 효과를 거둘 수 있습니다.

협동학습이나 협력 학습은 둘 다 학습 공동체를 지향한다는 점에서 차이점보다 공통점이 더 많으며, 원칙적으로 조별 학습에서 협동학습으로, 협동학습에서 협력 학습 단계로 발전해 나가는 것이 바람직합니다. 학생들의 학습 수준이나 의지에 따라 다르게 접근할 수도 있습니다. 학습할 의지가 적은 학생들이 많은 경우에는 협동학습, 학습 의지가 높은 학생들이 많은 경우에는 협력 학습이 좋습니다.

평가

협동학습이 우리나라에 보급되면서 교실 현장이 크게 바뀌었습니다.[38] 협동학습의 장점은 첫째로 학습 공동체를 지향한다는 점입니다. 내 성공이 곧 네 성공이라는 철학을 바탕으로 하는 협동학습은 개인보다 공동체를 강조하고 유교적 전통이 남아 있는 한국 교육 현실에서 정서적인 공감을 불러일으켰습니다. 경쟁을 비판하고 협력과 소통을 강조하는 혁신학교 운동과도 자연스럽게 철학적으로 연결될 수 있었습니다.

둘째, 다인수 학급이라는 열악한 한국 교육 현실에서 협동학습은 다른 교수·학습 방법보다 적용하기 좋습니다. 여러 교수·학습 모형들이 다인수 학급이라는 한계 때문에 학교 현장에서 적용되지 못한 데 비해, 협동학습은 다인수 학급에서도 가능하다는 장점이 있습니다.

셋째, 수준별 수업과 경쟁 학습의 대안을 구체적으로 제시합니다. 성적이 비슷한 학생들끼리 학습하는 수준별 수업은 소인수 학급, 교실과 강사 확보, 수준별 평가 도입 등을 요구하여 바로 적용하기 어렵습니다. 경쟁 학습은 하위권 학생들에 대한 배려 부족, 경쟁이 과열되었을 때 학생 사이에 문제가 생기는 한계가 있는데, 협동학습은 이런 한계들을 뛰어넘습니다.

넷째, 협동학습은 교수·학습 방법을 구체적으로 제시합니다. 다양한 협동학습 모형과 기법들은 우리의 교실 수업을 더 풍성하게 만들었습니다. 이것은 교과 내용과 상관없이 적용 가능하고, 수업 방법에 머무르지 않고 학급 경영이나 사회적 기술 같은 생활지도까지 다양한 목적으로 활용됩니다. 교실에서 실천하기 좋은 다양한 방법과 기술을 제공하고 미세 담론이 풍부하여 교사들의 구체적인 고민들을 해결해 줍니다.

그러나 협동학습은 다양한 교수·학습 방법을 제공한 것에 비해 교육과정에 대한 대안들을 충분히 제공하지 못합니다. 협동학습은 기본적으로 교수·학습 방법으로 접근하기 때문에 교육과정 문제나 교직 문화 전반을 다루기에는 한계가 있습니다. 구조화된 접근이 가지고 있는 문제도 있습니다. 협동학습에서는 행동주의 심리학에 기반을 둔 방법으로 신호, 토큰 등을 사용합니다. 이런 방법에 의존하여 학생들을 통제하면 여러 가지 부작용이 발생할 수 있는데, 구성주의에서는 이런 행동주의적 요소에 대해 비판을 많이 제기합니다.

활동을 너무 강조하다 보면 자칫 학습 내용을 놓칠 위험도 있습니다. 협동학습 모형이 진행되는 수업을 관찰해 보면 학습 활동이 활발하게 이루어지는 것처럼 보입니다. 하지만 활동이 활발하다고 해서 배움이 잘 이루어지는 것은 아닙니다. 분위기에 휩쓸려 개별 학생의 배움이 제대로 이루어지지 않을 수 있습니다. 이것은 협동학습뿐 아니라 활동 중심 수업 모형이 가지고 있는 공통된 문제이기도 합니다.

프로젝트 수업 모델

특징

캇츠와 챠드_{Katz & Chard}에 따르면, 프로젝트 수업은 교사의 지도하에 개별 학생, 모둠 또는 학급 전체가 책임을 지고 특정 주제에 대해 심도 있게 탐구하는 것을 의미합니다. 교사가 제시한 학습 목표에 따라 단원 내용을 학습하는 형태가 아니라, 문제의식을 가지고 주제를 선정하는 단계부터 조사나 연구, 발표 및 평가에 이르기까지 학습의 전 과정에 걸쳐 학생들이 스스로 참여하는 수업 모형입니다. 교사가 주도하는 수업이 객관적인 인식론에 근거한다면 주관적 인식론에 근거하여 학생의 자율성을 강조하는 자기 주도적 학습 형태입니다. 여기에서 교사는 학생들과 활발한 피드백을 하며 학생들이 의미 있는 학습 결과를 얻을 수 있도록 도와주는 안내자이자 조력자입니다.

프로젝트 수업은 기존 조별 발표식 수업과 비슷하게 보이지만 실제 운영 과정이나 평가 방식 등에서 차이가 있습니다. 조별_{unit} 학습은 교사가 사전에 계획하고 목적을 설정하며, 모든 학생들이 같은 활동을 합니다. 수행 기간이 비교적 짧으며 주로 교사가 중심이 됩니다. 그러나 프로젝트$_{project}$ 수업은 교사와 학생이 협의하여 목적을 설정하고 여러 대안 중에서 학생이 선택하며, 수행 기간이 길고 학생 혹은 교사-학생 중심으로 진행됩니다.

교사가 얼마나 학생들이 가지고 있는 능력을 이끌어 내느냐에 프로젝트 수업의 성공 여부가 달려 있습니다. 학생들 스스로 주제를 선정하고 연구, 실행하도록 이끌어 나가는 과정은 현실적으로 쉽지 않지만, 성공적으로 운영되었을 때 힘든 만큼 보람 있는 성과를 얻을 수 있는 수업 모형이기도 합니다.

프로젝트 수업은 개별 수업과 협력 수업으로 나눌 수 있습니다. 개별 프로젝트 수업은 개인이 관심 있는 주제를 선정하여 연구, 발표하는 수업입니다. 개인이 주도하여 프로젝트를 진행하기 때문에 모둠이나 학급 간 협동 프로젝트 수업에 비해 수행 부담이 크지만, 개인의 책임감이 커져 학습 효과가 상대적으로 높습니다.

개별 프로젝트 수업은 다음과 같은 순서로 진행합니다.

- 학생마다 개별 주제 선정
- 관련 자료 수집
- 계획서 만들기 및 교사의 피드백
- 과제 수행 및 교사의 피드백
- 결과 보고서 작성

- 발표
- 평가

    개별 프로젝트 수업이 성공하려면 학생의 필요나 관심, 욕구에 맞추어 프로젝트 과제를 설정하고, 교사가 개별 학생에게 피드백할 수 있는 시간과 여건이 충분히 보장되어야 합니다. 교사는 학생들에게 좀 더 수준 높은 도전 과제를 제시하여 학습 동기를 유발하고, 프로젝트를 성공적으로 수행할 수 있도록 끊임없이 관심을 갖고 격려해야 합니다.

    협력 프로젝트 수업은 모둠별로 과제를 선정하여 연구하고 그 결과물을 발표하는 집단탐구모형(GI)과 유사해 보입니다. 하지만 과제 선정부터 발표, 평가에 이르기까지 교사의 주도로 이루어지는 집단탐구모형과 달리, 프로젝트 수업은 연구 활동의 주체가 교사가 아니라 학생입니다. 학습의 전 과정에서 학생들이 주도적으로 참여하여 운영합니다. 프로젝트 수업에서 교사는 학습 조력자로, 학생들이 스스로 선택한 학습 과제를 성실하게 수행할 수 있도록 돕고 지원하는 역할을 합니다.

    협력 프로젝트 수업은 다음과 같이 진행합니다.

- 주제 선정
  - 교사가 학생들을 이질적인 모둠으로 구성한다.
  - 모둠 세우기 활동을 통해 학생 상호 간에 신뢰를 쌓도록 한다.
  - 교사가 테마를 제시한다.

- 학생들은 브레인스토밍_{brain storming}과 마인드맵_{mind map}으로 주제에 대한 다양한 생각들을 정리한다.
- 주제에 대한 질문 목록을 만든다.
- 주제에 대한 핵심 질문을 만든다.
- 모둠별로 연구할 토픽을 정한다.

– 모둠 과제 조사

- 모둠원 각자가 영역을 나누어 관련 자료를 찾는다.
- 각자 찾아온 1차 자료를 가지고 토의한다.
- 자료를 토대로 보고서의 기본 골격을 만든다.
- 기본 골격에 따른 세부 자료를 보완하여 가져온다.
- 과제에 따라 단순한 조사 수준에서 벗어나 사회 참여 실천 등 다양한 활동을 포함시켜 실행한다.

– 모둠 과제 발표

- 모둠별로 과제물을 완성하여 보고서로 만든다.
- 모둠별로 과제를 프레젠테이션, 역할극, 토크쇼 등 다양한 형식으로 학급 전체에 발표한다.

– 평가

- 프로젝트 진행 과정에 대한 자료와 결과물을 포트폴리오 형태로 정리하여 제출한다.

- 동료 평가 방식 등 다면적 평가를 통해 종합 평가가 이루어지도록 한다.
- 수행평가시 수행평가 기준표(루브릭)로 평가하고 피드백한다.

이론적 배경

프로젝트 수업은 듀이의 진보주의 사상의 영향을 받은 킬패트릭 Kilpatrick이 고안한 수업 모형으로, 듀이의 실험학교에서 시행한 학생 중심 교육과 통합 교육과정 원리에서 시작되었습니다. 듀이는 실생활과 동떨어진 학교의 교과 중심 학습에서 벗어나 학생의 흥미와 자발적인 탐구, 문제 해결 학습을 중요시하는 교육을 펼쳤는데, 1919년 그의 제자인 킬패트릭이 듀이의 학생 중심 철학을 교육 활동으로 체계화하여 프로젝트 수업으로 발전시켰습니다. 그러나 1950년대 들어, 듀이 철학에 대한 잘못된 이해와 학생 흥미와 자유에 대한 잘못된 해석이라는 비판을 받으며 프로젝트 접근법은 진보주의와 함께 쇠퇴하였습니다.

프로젝트 접근법에 대한 관심이 새롭게 일어나기 시작한 때는 1970년대로, 정형화된 교육과정에 대한 비판과 교육의 비인간화에 대한 우려가 일기 시작하면서입니다. 인성 계발과 지적 교육 및 정의적 교육의 균형을 강조하는 가운데, 영국의 비형식적 학교에서 사용해 온 프로젝트와 주제 중심 학습 방법이 널리 수용되기 시작했습니다.

비고츠키는 학생의 인지 발달과 학습에 대해 '근접발달영역'이라는 개념을 주장하며, 주변의 성인이나 능력 있는 또래 학생이 옆에서 도와줄 때 성취가 가능한 영역이 있다고 제시하였습니다. 1989년에 캇츠와 차드는 프로젝트 활동이 학생의 학문적, 인지적, 정서적 발달을 저해하는 것이 아니라 오히려 바람직한 영향을 미친다고 주장하며 '프로젝트 접근법project approach'라는 용어로 재조직하여 학교 교육 현장에 활발하게 적용하기 시작했습니다.[39] 최근에는 다중지능이론에서 다중지능 프로젝트 수업을 개발하여 접근합니다.

우리나라에서도 혁신학교 운동이 확산되면서 많은 학교들이 기존 수업의 대안으로 프로젝트 수업을 시도하고 있습니다. 또 교육계의 많은 사람들이 구성주의, 통섭, 과학과 기술의 통합 접근STEAM 등에 관심을 가지면서 구체적인 방법론으로 프로젝트 수업이 주목을 받고 있습니다.

평가

프로젝트 수업 모델의 핵심은 이론과 실천의 결합, 지식과 생활의 일치에 있습니다. 프로젝트 수업은 교실과 실생활의 거리를 좁혀 주었습니다. 기존 수업 모델들이 이론이나 지식 전달에 치우치고 상대적으로 실천과 생활 적용 영역이 약한 데 반해 프로젝트 수업은 실생활의 문제를 교실로 본격적으로 끌어왔습니다.

프로젝트 수업은 학생 중심 수업 방식입니다. 프로젝트 수업은 과제 선정 단계부터 발표 및 평가에 이르기까지 학생들이 학습 주도권을 가지고 참여하며 학생들을, 수업을 '받는' 것이 아니라 수업을 '하는' 적극적인 참여자로 만듭니다.

또 프로젝트 수업은 범교과적인 접근을 가능하게 합니다. 학문의 세계는 어떤 사물을 이해하는 데 특정 지식 분야로 인식하려는 경향이 있으나, 실제 사물은 다양한 측면을 통합적으로 가지고 있으며 각 요소가 복합적인 관계로 얽혀 있습니다. 물을 H_2O라는 화학 기호식으로 이해할 수도 있지만, 환경 측면에서 혹은 문학적인 측면에서 접근할 수도 있습니다. 프로젝트 수업은 분과적 지식을 극복하고 범교과적이고 통합적인 접근을 가능하게 합니다.

범교과 프로젝트 수업을 교실에서 제대로 실천하려면 교육과정에서 통합적인 접근이 가능해야 합니다. 최근 진로 수업이나 창의 재량 수업 등 주제 중심의 수업을 하는 데 프로젝트 수업은 유용한 접근 방법입니다. 이를 위해서는 교사들 간에 협력 체제가 구성되어야 하는데, 범교과적인 프로젝트 수업은 교직 문화를 개선하도록 만듭니다. 교사의 전문적 학습 공동체가 전제되었을 때 범교과적인 프로젝트 수업이 가능합니다.

프로젝트 수업 모델의 한계도 있습니다. 첫째, 학생들이 학습할 의지가 있거나 주제에 대한 기초 지식이 어느 정도 있어야만 가능하다는 것입니다. 학습 의지가 부족하거나 기초 지식이 부족한 경우, 프로젝트 수업이 원활하게 진행되기 힘듭니다. 둘째, 교육과정을 재구성할 수 있는 현실적인 여건이 전제되어야 합니다. 기존 교과서는 학습 분량이 많아 진도 위주의 수업으로 흐르기 쉽습니다. 교과서의 학습 분량을 과감하게 줄이고 프로젝트 수업에 맞게 교육과정을 재구성할 수 있어야만 실천할 수 있습니다. 셋째, 교사의 전문성이 뒷받침되어야 합니다. 학창 시절 제대로 프로젝트 수업을 받아 보지 못한 우리나라 교사들은 대체로 교실에서 프로젝트 수업을 힘들어합니다. 교사가 정답 제시형으로 끌어가거나 학생들의 흥미를 유발하지 못하면 실패하기 쉽습니다. 개인적인 경험에 비추어볼 때, 수업 모형 중 가장 힘들고 고도의 전문성이 필요한 수업이 바로 프로젝트 수업라고 봅니다. 넷째, 교사가 수업에만 집중할 수 있는 여건이 마련되어야만 합니다. 프로젝트 수업이 성공하려면 교사와 학생 사이에 활발한 상호작용이 일어나야 합니다. 그런데 교사에게 시간 여유가 없으면 프로젝트 수업은 자칫 기존 조별 학습 형태로 전락하기 쉽습니다.

프레네 교육 모델

특징

프레네는 20세기 초중반에 프랑스 초등학교 개혁을 이끈 교육 실천가이자 사상가입니다. 알프스 고지 농촌에서 태어난 그는 교사가 되기 위해 교육 대학에 진학했으나 세계 1차 대전에 참전하게 되고 그 과정에서 큰 부상을 입습니다. 전쟁을 겪으며 학생들을 시민으로 교육하는 것이 중요하다고 깨달은 그는 루소 사상에 뿌리를 둔 유럽의 신교육 사상 운동에 영향을 받고 신교육 운동을 비판적으로 수용합니다. 또 당시 사회주의 사상에 영향을 받아 사회 참여에도 적극적이었습니다. '현대 학교 운동'이라고도 불리는 프레네 교육은 일 애호 사상, 작업 몰입, 학교 개혁, 실천 지향적 교육, 수업 기술, 학교 협력 등으로 그 특징을 요약할 수 있습니다.[40]

프레네는 인간을 생명 원리의 지배를 받는 총체적 존재로서 이해하며 인간을 일하는 존재로 보았습니다. 프레네에게 일은 동기와 목적이 있고 만족감을 주는 것으로, '일 애호'란 모든 인간 활동을 생성하는 심리적인 특성이자 생명 원리입니다. 일 욕구가 놀이 욕구보다 우선이며, 일과 놀이를 통합적으로 이해합니다. 일 애호 사상을 가진 프레네는 당시 신교육 운동이 일보다 놀이를 중시 여기는 경향에 대해 비판하였습니다.

신교육 운동의 이론가들이 아동은 놀이 욕구가 우선이라고 한 데 반해, 프레네는 아동의 작업 욕구가 놀이 욕구보다 더 크다고 보았습니다. 어린 나무가 제대로 자랄 수 있게 수분과 양분을 공급하듯이 성인은 아동이 작업 욕구travail-jeu를 갖도록 아동 발달에 필요한 자극과 환경을 만들어야 한다고 보았습니다. 작업 욕구로 가득 찬 아동은 주변 환경이 그의 욕구에 일치할 때 가장 바람직한 방향으로 성장한다는 것입니다. 수업 내용 역시 아동의 욕구와 부합할 때 완벽한 교육 효과를 거둔다고 본 프레네는 수작업 중심의 교육을 중시하는 개혁적인 교육관을 보여 줍니다.

프레네는 학교 교육을 획일적 지식의 습득에 국한시키지 않고, 학생이 자발적으로 학교 문화를 수용하도록 교육 환경이나 교과 과정에서 학생 중심의 학교 문화를 주장하였습니다. 학교 문화의 주체는 학생이며, 기존의 학교가 상류 계층의 것이었다면 이제는 시골 농민을 위한 문화여야 한다고 강조하였습니다. 그는 추상적인 지식보다 실용적이고 구체적이며 수작업을 주로 하는 학교 문화를 구성하고자 하였으며, 노동자와 농민을 위한 사회를 건설하기 위해 '학교 혁명'을 주장했습니다. 현재의 학교는 변화되어야 하며, 학교는 모든 사회 변동의 출발점이 되어야 한다고 보았습니다.

작업의 개념이 중요한 만큼 수업 내 규율과 조직이 필요하다고 보았는데, 자유와 즉흥성을 교육의 기반으로 삼는 낭만주의 교육자들과 달리 프레네는 규율과 질서를 중요하게 여겼습니다. 또 학교를 지역 사회의 한 부분으로 간주하면서 학생들에게 다른 지방에 있는 학교의 학생과 편지 왕래correspondance scolaire를 하며 서로 새로운 지역 사회 소식을 전하도록 했습니다.

또한 교사가 교육 상황에 맞게 도구와 수업 기술, 즉 테크닉을 자율적으로 실현해야 한다고 보았습니다. 프레네는 자신의 교육적 특성을 모든 학교와 학급에서 동일하게 적용하는 '교육 방법'이 아니라 각 학교, 학급, 교사, 학생의 선택과 응용에 따라 다르게 변화하는 '수업 기술'로 정의하였습니다. 교재의 새로운 구성, 아동의 흥미를 끌 수 있는 올바른 교재의 활용 그리고 다양한 학습 도구를 통한 학교 내 환경 변화 시도가 특징입니다.

프레네 교육에서 언어는 매우 중요합니다. '자유로운 글쓰기' 시간에 학생들은 풍부한 상상력으로 창의력을 계발하고 감성 교육을 실천합니다. '학교 인쇄'는 아동이 쓴 글, 시, 문구를 직접 손으로 글자를 배열해 잉크를 묻혀 종이에 찍는 것으로, 아동은 이런 수작업을 통해 철자, 자음과 모음의 순서를 배웠는데, 당시에는 매우 독창적인 방법이었습니다. 또한 학교 신문으로 제작하여 여러 학교에 우송하고 학교 내부에서는 다른 반 학생들과 상호 교환하도록 하였습니다.

학생의 성향을 있는 그대로 표현하도록 장려하고 학생 스스로가 깨우치고 배우는 과정을 중요하게 여긴 그는 교재의 무용성보다 '현대 학교'의 교육 이념 아래 개발된 작업 도서 목록을 올바르게 사용하도록 제안하였습니다. 학생 스스로 학습 방법을 계획, 조작, 탐구하며 창조적으로 실험할 수 있는 수업 분위기를 장려하며, 교실 안에는 학교 인쇄, 자가 수정 카드, 작업 도서 목록 같은 수업 도구를 비치하도록 하였습니다. 학생 사이, 교사와 학생 사이에 일어나는 상호작용의 교육적인 효과를 믿었으며, 학교는 교수-학습 과정이 전개되는 장소이므로 꾸준하게 수업 도구를 개발해야 한다고 보았습니다.

학교 협동을 보여 주는 프레네 교육의 실례는 학급 구성원이 모두 참여하는 학급위원회(학급자치회의)입니다. 하루 일과에서 국어, 수학 수업 시간만큼이나 학급위원회의 비중이 매우 큽니다. 학급위원회는 학생들이 학급의 경영, 계획 결정과 토론, 대표자 선출, 투표 등에 참여하면서 민주주의 사회에 입문하고 사회의 한 구성원으로서 성장하도록 돕습니다. 한 달에 한 번 정도 전교 학생들이 모여 학교위원회(전교 학생회의, 다모임)도 개최합니다. 교사는 학생들의 의견을 바탕으로 교사위원회에서 상호 협의하여 학교생활 개선 방안을 결정합니다. 이런 절차를 통해 학교 내 민주적 의사 결정 방식을 경험하도록 합니다.

수업 내 집단 조직이나 하루 일과 중 '아틀리에$_{atelier}$' 중심의 노작 교육도 마찬가지 방식으로 진행합니다. 아틀리에는 모형 제작, 미술, 조형, 전기, 그림, 요리, 서예, 연극, 기계, 컴퓨터 등 다양한 종류가 있는데, 아틀리에는 한 학급에 한정되어 소집단별로 운영되는 것이 아니라 초등학교 5학년과 1학년이 협력하여 그룹을 만들고 연령이 달라도 서로 도와주며 활동을 진행합니다. 아틀리에 시간이 끝나면 교사가 학교 건물 중앙에 참여 학생들을 모아 놓고, 그 시간 동안 완성한 활동이나 결과를 동료 친구들에게 발표, 전시하게 합니다.

이론적 배경

프레네가 활동하던 20세기 초 유럽에서는 전통적인 학교를 개혁해야 한다는 신교육 운동이 일고 있었습니다. 루소의 사상에서 비롯한 신교육 운동은 아동이 성인의 준비 단계라고 생각했던 전통적 생각에 반기를 들며, 아동기는 그 자체로 가치가 있다고 보았습니다.

루소의 교육 사상은 1850년대 이후 러시아의 톨스토이, 스웨덴의 엘렌 케이, 이탈리아의 몬테소리, 독일의 케르쉔슈타이너 등에게 영향을 미쳤으며, 이후 20세기로 전환하는 시기에는 프랑스를 비롯한 유럽 전역과 미국에 새로운 교육 운동으로 펼쳐졌습니다. 프랑스의 '신교육 운동', 독일의 '개혁 교육학', 영미 지역의 '진보주의 교육'이 그것들입니다. 예나 플랜이나 국제신교육연맹 창립 등을 통해 국제적인 교류가 활발했고, 그 시기에 프레네는 몬테소리와 루소, 페스탈로찌의 책을 통해 신교육 운동의 영향을 받았습니다.

프레네는 전통적인 학교 교육을 스콜라주의라고 비판하였으나, 일보다 놀이를 강조하는 신교육 운동에 대해서도 비판적이었습니다. 그는 공동체 생활에서 규율과 질서를 강조했으며, 신교육 운동이 교실과 학교를 개혁할 수 있는 구체적인 방법 면에서 미진하다고 보았습니다. 또 신교육의 정치적인 순진함을 비판하면서 사회 참여적인 정치의식과 민중 학교를 내세웠습니다.

프레네 교육 모델은 프레네 개인의 참전 경험과 협동 조합 활동, 국제 연대 조직의 경험과 밀접하게 관련됩니다. 초등학교 교장이었던 프레네는 많은 저술로 주변에서 지지를 이끌어 냈지만, 보수주의자들의 비판과 압력으로 결국 공교육을 떠나 프레네 학교를 새롭게 열게 됩니다. 프랑스 보수 정부가 등장하면서 노동 수용소에 수감되었으며, 2차 대전 당시에는 레지스탕스에도 가담하였습니다. 전후에는 프랑스 공산당이 프레네를 부르조와적 개인주의 원리를 강화한다는 이유로 비판하면서 프레네는 프랑스 공산당과도 거리를 두게 되지만, 프레네 교육 사상에서 일에 대한 긍정적인 접근과 풍부한 철학적 담론, 민중 학교로서 방향 등은 사회주의 교육 사상에서 영향을 받은 결과입니다.

그는 학교를 민주적 조직체로 이해하고 민주 시민 교육 양성에 초점을 두었습니다. 그는 다른 학교와 교류하는 데 적극적이었고 나중에는 현대학교협동체라는 국제 연대 조직을 구성하는 데 큰 역할을 합니다.

평가

프레네 교육은 프랑스 공교육 혁신 모델로서 우리나라 교육 현실에도 시사하는 바가 큽니다. 무엇보다 민주주의와 협력의 가치 속에서 개인의 자발성과 학습 리듬에 기초를 둔 교육의 가능성을 찾아내고 실천하였습니다. 자본주의와 상업주의, 경쟁 학습을 비판하고 협력의 가치를 강조한 프레네는 학교 역시 민주적 공동체로 인식하고 협동 조직

방식으로 운영하며 민주주의를 교육 현장에서 구체적으로 실현할 수 있는 방식을 제시하였습니다.

일의 가치를 중시하고 학습 몰입을 이야기하는 것도 프레네 교육의 큰 가치입니다. 최근 기존 교육을 비판하고 교육 혁신을 주장하는 일부에서 학생 중심, 경험 중심 교육과정을 강조하며 자칫 반지성주의, 흥미주의에 빠질 위험이 있습니다. 프레네 교육은 학생의 흥미를 강조하면서도 동시에 놀이를 통한 흥미 유발보다 일에 대한 집중과 몰입을 통한 흥미 유발을 강조합니다. 프레네 교육에서 강조하는 노작 교육과 다양한 아틀리에(작업장) 활동은 우리나라 교육에서 실천할 수 있는 좋은 접근법입니다.

또한 프레네 교육은 삶과 소통하는 교육의 중요성을 강조합니다. 프레네 교육은 아침 담화, 자유 글쓰기, 신체적 예술적 표현 등의 자유 표현과 통신 교류, 학급 문집, 학교 및 학교 간 여행 등의 소통, 나들이, 앙케트, 동식물 기르기 등의 주변 환경 분석을 진행합니다. 지식과 삶이 분리되고 입시 위주로 돌아가는 우리 교육 현실에서 프레네 교육은 좋은 대안들을 제시합니다.

프레네 수업 기술은 현재에도 유용하게 활용할 수 있는 구체적인 방법을 제시하는데, 자유 글쓰기, 학교 신문(학급 문집) 만들기, 학교 간 통신 교류, 학급 위원회 모임, 나들이, 주간 학습 계획표, 자가 수정 카드, 학습 총서 만들기 등은 이미 우리나라에서 실천하고 있거나 실천하면 좋은 방법들입니다. 프레네 교육은 거대 담론에 머무르지 않고 구체적으로 실천할 수 있는 미세 담론과 각론을 구체적으로 제시하여 교실에서 실천하기 좋습니다.

하지만 프레네 교육 모델을 우리 교육 현실에 그대로 적용하는 데 어려움도 있습니다. 민주주의가 발달한 프랑스를 배경으로 발전한 프레네 교육은 우리와 사회 문화적 배경에서 차이가 납니다. 오랜 세월 민주주의 전통이 삶의 바탕이 된 프랑스와 달리 우리나라는 민주주의 역사가 짧아 생활 문화로서 민주주의가 아직 정착되지 않아, 프레네 교육 실천이 자칫 잘못하면 형식주의로 흐를 수 있습니다.

또 프레네 교육에서 제시하는 실천 전략, 예를 들어 자유 글쓰기, 학교 신문 만들기, 나들이 등 상당수의 방법들은 이미 우리 교실에서 실천하고 있어 오늘날 관점에서는 그리 새로운 것이 없습니다. 물론 프레네 수업 기술이 기존 수업 방법을 좀 더 풍부하게 만들고 생명력을 불러일으키기는 하지만, 수업 기술의 신선함은 상대적으로 떨어집니다.

프레네가 주장하는 학생 중심 관점과 사회주의적 관점은 자율과 경쟁을 강조하는 우리나라 교육 풍토에서 철학적으로 받아들이기 힘든 부분이 있습니다. 프레네 수업 기술들은 교실에서 쉽게 적용할 수 있지만, 정작 프레네 철학까지 보편적으로 받아들이기는 한계가 있습니다. 프레네 교육을 우리 교육에서 성공적으로 적용한 사례도 부족합니다. 최근 우리나라에서 프레네 클럽이 조직되고 프레네 관련 연수가 실시되고 있지만, 공교육 학교에서 성공한 모델이 아직 존재하지 않습니다.[41] 우리나라에서 프레네 운동은 이제 소개되고 있는 초기 단계라고 볼 수 있습니다.

각 수업 혁신 모델 비교

각 수업 혁신 모델은 강조하는 지점이 다릅니다. 하지만 차이보다 공통점이 더 많습니다.

첫째, 협동(협력)의 가치를 중시하고 학생 간의 사회적 상호작용을 강조합니다. 배움의 공동체에서는 학생 상호 간의 협력적인 배움을, 협동학습에서는 긍정적인 상호 의존과 사회적 상호작용의 극대화를 강조합니다. 프로젝트 수업에서는 개별 프로젝트 수업보다 협력 프로젝트 수업을 더 강조하고, 프레네 교육은 협력의 가치를 가장 우선으로 여깁니다.

둘째, 교사의 가르침보다 학생의 배움을 강조합니다. 배움의 공동체와 프로젝트 수업은 학생의 배움과 자기 주도성을 강조하는 구성주의에 토대를 두고 있습니다. 협동학습은 학생 간의 상호작용을 통한 배움을 강조하며, 신교육운동(진보주의)에 영향을 받은 프레네 교육도 학생의 배움을 매우 중시합니다.

셋째, 학교와 교실을 학습 공동체로 접근하고 민주적인 의사 결정과 참여를 강조합니다. 배움의 공동체, 협동학습, 프로젝트 수업, 프레네 교육은 기본적으로 교실을 학습 공동체 관점에서 이해하고, 주요 의사 결정 과정에 구성원들이 자발적으로 참여하여 결정하도록 합니다.

■ 수업 혁신 모델 비교

모델	이론적 배경	장점	단점
배움의 공동체	듀이의 진보주의 비고츠키의 사회적 구성주의 일본의 현실	− 동아시아적 교육 문화의 공통성 − 철학적 거대 담론 풍부 − 학생의 배움 강조 − 교사 간 협동 강조 − 케이스 스터디 강조	− 한국과 일본은 유사하나 다른 측면이 존재 − 풍부한 거대 담론에 비해 빈약한 미세 담론 − 학습 의지가 낮은 학생에게 적용하기 어려움
협동 학습	사회심리학 발달이론 인지이론 행동주의	− 학습 공동체 강조 − 다인수 학급 적용 가능 − 수준별 수업과 경쟁 학습의 대안 − 다양한 교수·학습 방법	− 교수·학습 방법으로서의 한계 − 구조화된 접근에 대한 비판 − 활동은 있으나 배움이 일어나지 않을 가능성
프로젝트 수업	진보주의 구성주의	− 이론과 실천의 결합 − 범교과적인 통합 접근 − 학생의 자기 주도성	− 학습 의지가 없거나 기초 지식이 부족한 학생들에게 적용이 쉽지 않음 − 교육과정 재구성, 교사의 전문성이 뒷받침되어야만 함
프레네 교육	신교육(진보주의) 사회주의	− 학습 몰입 및 일 강조 − 학교를 민주적 협동체로 인식하고 구현 − 학생 참여형 수업 기술 제시(자유 글쓰기 등)	− 한국과 문화적 배경 차이 − 한국에서 실천하기에는 한계가 있음 − 현재는 그리 새로운 수업 기술이 아님

■ 수업 혁신 모델의 특징과 공통점

모델	특징	공통점
배움의 공동체	교사 간 협동 철학적 담론 풍부	협동의 가치 중시 학생의 배움 강조 학생 간의 사회적 상호작용 학교 공동체, 학습 공동체 민주적인 의사 결정 및 참여
협동학습	학생 간 협동 다양한 교수·학습 방법 제시	
프로젝트 수업	학생의 자기 주도적 참여, 문제 탐구 및 해결 강조	
프레네 교육	학습의 몰입 및 일 강조, 자유 글쓰기, 자가 수정 카드 등 수업 기술	

CHAPTER 6

수업을
디자인하라

표준화된 수업 혁신 모델 따르기

무조건 따르는 것은 위험

현재 논의되는 수업 혁신 모델들은 주로 외국에서 개발되어 우리나라에 소개되고 보급되는 과정에서, 기계적이고 교조적으로 적용되거나 시대적 사조에 따라 부침을 하는 경우가 많습니다. 무엇보다 우리 현실에 맞는 수업 혁신 모델이 무엇인지 고민하면서 교실에서 실천해 나가야 합니다.

표준화된 수업 혁신 모델은 학교 차원에서 혁신을 실천할 때, 공동의 담론을 형성할 수 있어 수업 혁신에 대한 동기 부여를 하기 좋습니다. 제시하는 기준이 명확하여 특히 새내기 교사들에게 도움이 되고, 교사들을 일정 수준까지 끌어올리는 데 도움이 됩니다. 기준에 도달하지 못한 경우에도 교사들끼리 상호 피드백하기가 쉽습니다. 수업 평가 기준과 틀이 있어 수업을 분석하거나 평가하기에 좋습니다.

하지만 표준화된 모델을 적용할 때 그 모델만 강조하면 수업 혁신이 특정 모델 안에 갇혀서 그 모델이 갖는 한계를 뛰어넘기 힘들어지는 경우가 생깁니다. 기존 수업 방식에 익숙한 중견 교사들에게 정서적인 반발을 일으킬 가능성이 있고, 실천 과정에서 교조주의나 기계주의로 흐를 수도 있습니다.

배움의 공동체에서 교실 자리를 'ㄷ'자로 배치하는 이유는 교사와 학생 사이에 사회적 상호작용이 원활하게 이루어지고 교사가 학생과 눈맞춤을 하기 쉽기 때문입니다. 하지만 이런 배치는 학생 수가 많고 교실 공간이 비좁을 때는 문제가 발생합니다. 학생들의 학습 공간 확보가 어렵고 옆쪽에 앉은 학생들은 교사를 바라볼 때 자세를 틀어 신체에 무리를 줄 수 있습니다. 특정 수업 모델의 관점으로만 수업을 바라보고 다른 모델에 배타적인 입장을 취하는 것은 또 다른 오류에 빠질 수 있으며, 창의적인 수업 혁신으로 나아가는 데 오히려 방해가 될 수 있습니다.

적용 과정의 어려움

일부 혁신학교에서는 학교 차원에서 특정 모델을 정하여 추구하는 경우가 있는데, 이때 적용 과정에서 시행착오와 갈등이 발생하기도 합니다.

혁신학교로 지정된 한 중학교는 학교 차원에서 전체 논의 과정을 통해 A모델을 적용하기로 하였습니다. 그런데 B모델을 주장하는 일부 교사들이 반발하여, 수업 혁신 모델 적용하는 데 갈등이 지속적으로 이어졌습니다. 두 모델을 제대로 공부했다면 사실 이 둘은 모두 학습 공동체를 지향하고 민주적 협동체로서 학교를 파악하고 있다는 점에서 공통점이 더 많았습니다. 어느 모델이 더 우수하다고 주장하는 것은 수업 혁신에 좋은 방향이 아닙니다.

수업 혁신 모델에 따라 수업을 관찰하고 평가하는 기준이 달라 수업을 하는 교사가 어느 장단에 맞추어 춤을 춰야 할지 난감해지는 일도 생깁니다. 동일한 수업에 대해 모델마다 상이한 평가를 내릴 수 있기 때문입니다. 그래서 일선에서는 수업 관찰자가 추구하는 모델에 맞는 수업을 흉내 내려고 노력하는 일조차 생깁니다.

특정 모델을 따라하면서 다른 모델을 무조건 비판하는 것은 문제가 됩니다. 협동학습에서 강조하는 세부적인 역할 분담과 정교한 수업 절차, 외적 보상, 신호 등 구조적인 접근 방식은 학생을 바라보는 교육 철학 관점에 따라 평가가 다릅니다. 하지만 깊게 고민해 보면 이 문제도 상이한 입장이 아니라 상호 보완적으로 이해할 수 있습니다. 학생의 학습 의지가 부족할 때는 구조적인 접근으로, 의지가 어느 정도 고양되었을 때는 탈구조적인 접근으로 할 수 있습니다. 접근 방식을 단계적으로 이해하지 않고 단선적으로 보면 문제가 발생합니다.

수업 혁신은 '과정' 그 자체

다양한 수업 혁신 모델을 학교와 교실에서 동시에 실천할 수는 없을까요? 예를 들어 국어 시간에 협동학습과 프로젝트 수업, 자유 글쓰기를 동시에 적용할 수 없을까요? 한 학교에서 사회 시간에는 사회 참여 프로젝트 수업을 시도하고, 수학 시간에는 수준별 수업을 하고, 영어 시간에는 협동학습을 실천한다고 해서 문제가 발생할까요?

수업 혁신에 유일한 해답이 존재하는 것은 아니며, 다양한 해답이 있을 수 있습니다. 일부에서는 특정 모델을 강조하면서 기계적이고 교조적으로 적용하는 경우가 있는데, 이것은 교육 철학의 부재, 원조 의식, 강조의 오류 등으로 인해 발생하는 문제라고 생각합니다.

수업 혁신 모델이 추구하는 정신과 철학을 충분히 고민하지 못하고 시대의 유행에 쫓아가는 교육 철학의 부재에서 이런 문제가 생깁니다. 어떤 교육 사조를 우르르 따르다가 그것이 식상해지거나 운영상 문제가 생기면 이를 수정 보완하기보다 전체를 포기하고 또 다른 수업 혁신 모델을 찾아 몰려가는 일이 벌어집니다. 그 과정에서 일부 교사들은 냉소적으로 변하고 무사안일주의를 택하기도 합니다. 심지어 어떤 혁신 노력도 의미 없다고 보고 형식주의와 실적주의로 빠지는 일도 생깁니다.

우리 문화 정서상 정통에 집착하는 면이 있습니다. 정통에 대한 집착은 원조元祖 의식, 즉 특정 교육 사상과 방법론을 철저하게 그대로 지키는 것으로 나타납니다. 대중에게 정통으로 인정받고자 비슷한 주장을 펼치는 다른 사람들을 정통에서 벗어났다고 배척하는 경우도 있습니다. 이런 원조 의식은 배타적인 자세를 낳아 수업 혁신 모델을 교실에서 유연하게 적용하지 못하게 합니다.

한 부분을 강조하며 나머지 요소를 상대적으로 소홀히 여기는 경우가 강조의 오류입니다. 교사의 가르침을 강조하던 기존 수업 관찰 방식을 비판하면서 학생의 배움을 강조하는 것은 매우 의미 있는 접근입니다. 그런데 학생의 배움만 강조하고 교사의 가르침 요소를 소홀히 여긴다면 수업을 온전히 이해하기 힘들 것입니다. 수업에서 교사의 가르침과 학생의 배움은 씨줄과 날줄처럼 상호 보완적인 요소이기 때문입니다.

수업에 특정한 수업 혁신 모델을 기계적으로 도입한다고 수업 혁신이 자동으로 이루어지는 것이 아닙니다. 수업 혁신은 교사가 끊임없이 고민하고 실천하는 과정, 그 자체입니다. 수업 혁신은 도달된 형태의 '결과'가 아니라, 도달하고자 하는 '과정'을 통해 이루어집니다. 혁신 모델을 완벽히 숙달했다고 수업 혁신이 저절로 이루어지는 것이 아닙니다.

한때 저 역시 잘못된 생각을 한 적이 있습니다. 협동학습 운동을 주도하면서 주변에서 나름 협동학습 전문가라는 평가를 받게 되고, 다양한 수업 방법들을 교실에 적용할 수 있게 되면서 자신감이 자만으로 흐른 적이 있습니다. 그때쯤 학생과 관계가 깨져서 교실에서 큰 문제가 일어났고 그 일로 인해 교직을 그만두게 될 수도 있는 위기에 빠진 적이 있습니다. 가까스로 문제를 해결하는 과정에서 많은 것을 배웠습니다.

다양한 수업 모형을 정교하게 잘 적용한다고 해서 좋은 수업이 되는 것이 아니며, 생활의 달인은 존재해도 수업의 달인은 존재할 수 없다는 겸손한 교훈을 얻었습니다. 기술은 오랜 시간 동안 피나는 훈련으로 단련될 수 있지만, 수업은 지식뿐 아니라 사람을 대하는 일이기 때문에 지식을 통달하거나 수업 기술을 잘 익혔다고 잘하는 것이 아닙니다. 수업은 살아 있는 생명을 대하는 일입니다. 아이들은 고정 불변의 존재가 아니라 늘 새롭게 변하기 때문에 학생마다 접근하는 방법과 자세가 다를 수밖에 없습니다.

한국 상황에 맞는 수업 혁신

방향은 하나만이 아니다

수업 혁신의 방향을 어떻게 잡아야 할 것인가 하는 질문에 대한 답은 '백과백색, 백인백색, 백교백색'으로 정리할 수 있습니다.

백과백색百科百色이란 과목의 특성에 따라 다양한 접근을 하라는 것입니다. 같은 학생들에게 프로젝트 수업을 실천하더라도 국어과 프로젝트 수업과 미술과 프로젝트 수업은 다르게 적용될 수 있습니다. 교육과정의 특성에 따라 접근하는 수업 방식이 달라집니다.

백인백색百人百色은 교사의 교수 유형과 개별 특성에 따라 다양한 접근이 가능하다는 것입니다. 언어지능이 뛰어난 교사는 강의식 수업을, 공간지능이 뛰어난 교사는 매체 활용 수업이나 프레젠테이션을 활용할 수 있습니다. 학생들과 상호작용이 뛰어난 외향적인 교사와 달리 내성적인 교사는 자성적인 지능을 활용하여 수업을 할 수 있습니다. 어떤 훌륭한 교사의 수업 방식을 그대로 따라한다고 내 수업이 좋아지는 것은 아닙니다.

백교백색百校百色은 학교 특성에 따라 다양한 접근이 필요하다는 의미입니다. 초등학교에서는 교사 중심, 지식 중심 접근보다 학생 중심, 경험 중심 접근이 중요합니다. 인문계 고등학교는 학생 중심, 경험 중심 접근만 강조하면 자칫 반지성주의로 흐를 수 있고 입시 문제를 소홀히 여길 수 있습니다.

수업의 모든 문제를 해결할 수 있는 유일한 수업 혁신 모델이 있다고 믿고 싶은 유혹을 벗어나야 합니다. 지금까지 우리 교육계는 이런 유혹에서 자유롭지 못했습니다. 시대적 흐름이나 정치적 이해관계에 따라 열린교육, 정보통신활용교육(ICT), 이러닝e-learning, 수준별 수업, 유러닝U-learning, 스마트 러닝SMART-learning 등 특정 모델들이 정부 주도로 부각되었습니다. 교육 개혁 정책의 일환으로 추진되었던 수업 혁신 모델들은 나름 성과가 있었지만 그 부작용도 적지 않았습니다. 막대한 예산 투자에 비해 실질적인 교실 개선 효과는 그리 크지 않았습니다. 수시로 교사들은 새로운 수업 혁신 모델을 강요받았고 마지못해 따라갔지만, 이런 수업 개혁은 별 성과를 거두지 못하고 시간이 흐르면서 자연스럽게 잊혀졌습니다.

한국형 수업 혁신 모델 찾기

우리의 교육 실정에 맞는 한국형 수업 혁신 모델을 모색하기 위해서는 교육의 본질을 이해하고 유연하게 접근해야 합니다. 흔히 미국 교육은 어떻다, 핀란드 교육은 어떻다 하고 쉽게들 말하지만 실제로는 장님이 코끼리 다리 만지기식인 경우가 많습니다.

개인적으로 핀란드, 덴마크, 호주, 일본, 홍콩 등 여러 선진 국가들의 교육 현장을 탐방할 기회가 있었습니다. 여러 나라들의 학교를 탐방하면서 느낀 것은 같은 나라라 할지라도 학교마다 수업 혁신 모델이 다양하다는 것입니다. 학생 수가 많은 대도시 학교와 수가 적은 시골 학교는 수업 방식이 달랐습니다. 같은 학교 안에서도 과목이나 교사의 특성에 따라 다양한 형태의 수업을 진행하고 있었습니다. 핀란드에서는 팀 티칭이나 협동학습, 프로젝트 수업도 있었지만 강의식 일제 학습이나 학습지 활용 수업, 문답법 등 일반적인 수업 방식도 쉽게 발견할 수 있었습니다. 핀란드 교실에서 무엇인가 차별화된 수업 방식을 기대하고 수업 관찰을 했지만 특별한 그 무엇을 발견하기 어려웠습니다.

우리와 다른 차이라면 학생들이 수업 시간에 졸거나 떠들지 않고 교사의 지도에 따라 본 수업에 충실하게 집중한다는 점이었습니다. 고등학교는 취업을 희망하는 학생들은 직업학교에서, 대학 진학을 희망하는 학생들은 인문계 학교에서 수업을 합니다. 공부에 관심 없는 학생들은 직업학교에서 자기가 원하는 직업 기술을 배우기 때문에 인문 학교는 학생들이 열심히 공부하는 분위기가 자연스럽게 형성되어 있었습니다. 어떻게 보면 너무나 당연한 일이 이루어지고 있을 뿐이었습니다. 교육의 본질에 충실할 때 진정한 수업 혁신이 일어납니다.

다음으로, 한국의 특수한 상황을 고려하여 수업 혁신 모델을 모색해야 합니다. 우리나라는 수직적 관계와 질서, 형식을 강조하는 유교 문화를 가지고 있습니다. 분단 상황에서 비롯한 열악한 교육 재정 때문에 한 교실에 학생 수가 많으며, 좁은 땅과 한정된 자원에 비해 인구수가 많아 경쟁이 치열합니다.

핀란드 교육 체제가 우리 교육 체제보다 좋다고 해서 핀란드 교육 모델을 그대로 적용할 수는 없습니다. 대학을 졸업한 전문직 종사자들과 직업계 고등학교를 졸업하여 취업한 기술자들의 급여가 거의 차이 나지 않는 북유럽 복지 국가들과 우리는 현격한 차이가 존재합니다. 학교 자치가 발달하고 교육 방향에 대해 사회적 합의가 잘 이루어진 핀란드의 교육 현실과 관료주의와 진보와 보수가 대립하는 우리의 교육 현실은 엄연히 다릅니다. 이런 상황에서 다른 나라의 교육 모델을 어설프게 적용하면 오히려 부작용만 생길 수 있습니다. 우리의 교육 현실을 인정하고 혁신을 위한 사회적 합의부터 하나씩 정리하면서 한국적 수업 혁신 모델을 다양하게 논의해야 할 것입니다.

그러기 위해서는 기존 교육 모델의 장점들을 우리 실정에 맞춰 수업에 시도해 보는 노력이 중요합니다. 특정 수업 혁신 모델이 갖고 있는 한계만 비판하면서 정작 아무 것도 실천하지 않고 냉소적 자세를 유지하는 경우를 자주 발견합니다. 그런 자세를 버리고 각 수업 혁신 모델의 장점들을 변증법적으로 통합하면서 실천을 통해 구현해 나가야 합니다.

배움의 공동체에서는 교사의 전문적 학습 공동체와 학생의 배움을 강조하는 점을 배우고, 협동학습 모델에서는 학생 상호 간의 사회적 상호작용과 다양한 교수·학습 모형을 배우며, 프레네 교육 모델에서는 민주주의 교육의 실천을, 프로젝트 수업 모델에서는 이론과 실천의 조화를 배워야 합니다. 학교마다 교사마다 교육 모델들을 실천하고 시행착오를 겪으며 최상의 수업 혁신 모델을 찾아 나가야 합니다.

교사 개인의 차원을 넘어 학교 차원의 노력도 필요합니다. 교사의 수업 혁신 노력이 중요하지만 그것만으로는 한계가 있습니다. 학교가 수업을 잘하는 교사가 아니라 행정 업무 처리를 잘하는 교사를 원하면 교사가 수업에 집중하기 힘들 것입니다. 교사가 수업과 생활지도 업무에 집중할 수 있도록 여건을 만들어 주어야 합니다.

수준별 수업을 잘하려면 수준별 교실과 추가 강사 채용이 이루어져야 합니다. 스마트 러닝을 하려면 학교 안에 스마트 러닝 교실이 구축되어야 합니다. 학급당 인원수가 적어야 개별 학습이 가능합니다. 이런 전제가 이루어지지 않는 상태에서 교사에게만 수업 혁신을 하라고 하는 것은 무리한 요구입니다.

수업 혁신은 학교 혁신과 동시에 이루어질 때 원활하게 이루어집니다. 학교 안에 교사의 전문적 학습 공동체와 수업 친구, 수업 동아리, 교과 협의회가 구축되고 혁신 학년제, 수업 성찰과 수업 코칭 중심의 수업 공개회 등 학교 차원의 다양한 접근이 이루어져야 합니다.

마지막으로 교수·학습 방법은 내용교수법(PCK) 즉, 교육과정에 근거한 방법을 개발하여 접근할 때 효과를 거둘 수 있습니다. 과학 시간에 '부력'의 개념을 가르친다고 했을 때, 지금까지 개발된 수많은 수업 모형이 다 의미 있는 것은 아닙니다. 부력이라는 개념을 가장 효과적으로 가르칠 수 있는 모형을 찾아 적용하거나 마땅한 수업 모형이 없다면 교사가 새롭게 개발하여 가르칠 수 있어야 합니다.

너무나 당연한 말이지만 일제 학습이 적절한 단원에는 일제 학습을, 개별 학습이 필요한 부분에는 개별 학습을, 경쟁 학습이 좋은 부분은 경쟁 학습을, 협동학습이 필요한 단원에는 협동학습을 적용하는 것이 가장 좋습니다. 단순한 지식이나 개념을 가르칠 때는 일제 학습이 좋습니다. 그런데 여기에 협동학습이나 프로젝트 수업 모형을 적용하려고 하면 교사의 고생만큼 학습 효과를 기대하기 힘들며, 학습의 효율성만 떨어뜨릴 수 있습니다.

좋은 수업을 만들기 위한 전제

학생들은 학습할 의지가 없다?!

교육학은 '학생들은 학습할 의지가 있다.'고 전제합니다. 최근 교육학에 큰 영향을 미치는 구성주의는 이 명제를 전제로 접근하는 대표 이론입니다.

하지만 구성주의에서 말하는 학습 의지가 높은 학생들을 일반적인 우리 교실에서 쉽게 찾아보기가 힘듭니다. 수업 시간에 잘 집중하지 못하고 떠들거나 잠을 자거나 딴 생각을 하는 학생들이 많습니다. 이런 학생들을 어떻게 이해하고 접근해야 할까요?

'학생들은 학습할 의지가 없다.'고 명제를 바꿔야만 수업에 대한 새로운 접근 방법이 열립니다. 학생들을 인터뷰하거나 설문 조사를 해 보면 공부가 좋아서 학교에 나온다는 학생은 극소수입니다. 공부를 잘하는 학생들도 공부 자체를 좋아하는 학생은 별로 없습니다. 우리 교실에 앉아 있는 학생들의 모습을 그대로 인정해야 합니다. 개인적으로 이 전제를 받아들이면서 수업에 몇 가지 변화가 생겼습니다.

첫째, 교과서나 학습 도구를 갖고 오지 않은 아이들을 야단치지 않게 되었습니다. 교과서 대신 학습지나 워크북을 제작해 활용하는데, 100부가 필요하면 130부 정도 복사해서 학습지를 분실한 학생들을 야단치는 대신 여분의 학습지를 활용하도록 하였습니다. 이후 학습 준비물 문제로 학생들과 실랑이하는 일이 없어졌습니다.

둘째, 학생들이 수업 시간에 떠들어도 감정적으로 화를 내거나 이로 인해 상처받는 일이 줄었습니다. 학생들이 수업 시간에 떠드는 것이 당연하다고 인정하는 순간, 학생들이 떠드는 행위가 교사를 무시하거나 교권에 도전하려는 것이 아니며 교사가 감정적으로 화를 낼 만한 일도 아니라는 것을 알게 되었습니다. 대신 수업 시간에 학생들이 떠들면 수업 시간에 다루는 내용이 학생들에게 너무 어려운지, 일제 학습에만 의존하여 수업 집중도가 떨어진 것은 아닌지 원인을 성찰할 수 있게 되었습니다.

셋째, 수업 시간에 가급적 학생들에게 숙제를 내지 않게 되었습니다. 수업 시간 안에 주어진 학습 내용을 잘 이해하도록 수업을 진행하고, 숙제를 냈을 때 기한 안에 다 해 오지 않아도 학생들을 심하게 야단치지 않습니다. 대신 숙제를 잘 할 수 있도록 동기를 부여합니다.

물론, 학생들이 학습하려는 의지가 없다는 명제가 온전한 참이라고 생각하지는 않습니다. 학생들이 학습에 몰입하고 공부의 의미와 가치를 깨달으면 점차 자발성을 가지고 학습에 임하게 됩니다. 학생들에게 학습 의지가 없다는 명제를 전제한다고 해서 학생들이 항상 학습 의지가 없는 상태로 가정하자는 뜻은 아닙니다. 학생들은 학습할 의지가 있을 수도, 없을 수도 있는데 학생들이 학습 의지가 없다고 가정해서 수업을 준비했을 때 좋은 수업으로 풀어 갈 수 있다는 것입니다. 학습 의지가 낮다는 것을 가정하고 수업을 준비했는데 학생들의 학습 의지가 높은 상태라면 큰 문제없이 수업이 진행되지만, 학습 의지가 높다는 것을 가정하고 수업을 준비했는데 실제 학생들의 학습 의지가 낮다면 결과적으로 수업이 실패할 가능성이 높기 때문입니다.

가르침과 배움, 무엇이 우선인가

전통적인 교육학은 교사의 가르침을 강조하고 상대적으로 학생의 배움을 간과한 측면이 있습니다. 기존의 교육학은 객관적인 지식이 존재하고, 교사는 지식의 권위자이자 전달자이며, 학생은 교사의 가르침을 받아야 할 대상으로 이해합니다. 수업 평가 역시 교사의 가르침을 중심으로 학생을 대상으로만 이해했습니다.

교육을 '바람직한 행동의 변화'로 정의한다면 수업의 성공 여부는 교사의 가르침보다 학생의 배움에 있다는 것을 알 수 있습니다. 구성주의는 지식을 주관적인 것으로 이해하고 배움의 주체로서 학생의 역할을 강조합니다. 교사는 함께 배우는 자이자 조력자가 됩니다.

그러나 배움을 너무 강조하면 강조의 오류에 빠질 수 있습니다. 배움이 수업에서 매우 중요하지만 배움이 수업의 전부는 아닙니다. 교실에서 배움은 다양한 형태로 이루어집니다. 의도한 수업 목표대로 배움이 일어날 수도 있고, 수업 목표와 상관없이 잠재적 교육과정으로 배움이 일어날 수도 있습니다. 교육에서 배움은, 의도한 배움이 잘 이루어지고 있는지 확인하고 접근하는 것을 말합니다. 의도한 대로 진정한 배움이 일어났는지에 초점을 두어 수업을 진행해야 한다는 것입니다. 배움은 교사의 수업 디자인 안에서 이루어져야 합니다. 자기 주도적 학습도 교사가 학생들을 방치해서 이루어지는 배움이 아니라, 교사의 계획 안에서 학생들의 자발성을 통해 이루어지는 배움이 되어야 합니다.

수업에서 가르침과 배움은 둘 다 중요합니다. 전통적 접근이 가르침만 강조하였다면 지금은 의도적으로 학생들의 배움을 강조하여 균형을 맞추어야 합니다. 그렇다고 배움만 강조하고 가르침을 경시여기는 것은 또 다른 오류에 빠지는 일입니다.

재미있는 수업이 가장 좋은 수업?

교직 10년차까지 제 수업의 첫 번째 원칙은 '수업은 재미있어야 한다.'였습니다. 그것이 다른 교사와 차별되는 지점이라고 생각하기도 했습니다. 그래서 새내기 교사 시절에는 다른 교사들이 시도하지 않는 다양한 노력을 했습니다.

'개성'을 학습 주제로 수업을 한 적이 있는데, 개성의 의미를 설명하기 위해 일부러 양복 재킷을 거꾸로 입고 수업에 들어갔습니다. 학생들이 놀라서 이유를 묻자, '애들아, 선생님이 옷을 거꾸로 입은 것이 과연 개성적인 행동일까?' 하고 반문하며 수업 주제에 들어갔습니다.

중학생에게 '인생의 의미'를 가르칠 때는 인생의 반대인 죽음을 다루면 좋겠다는 생각이 들어, 관 체험 학습 활동을 준비했습니다. 교실에

관을 준비해서 끌고 들어가려고 했으나 현실적으로 어려워서 관 대신 흰 천을 준비하고, 죽음에 대한 의미를 간단히 제시한 뒤 학생들에게 유언장 쓰기 활동을 했습니다. 무작위로 한 학생을 정해 책상 위에 눕히고, 그 위에 흰 천을 덮고 그 학생이 쓴 유언장을 장송곡을 배경으로 읽어 주기도 했습니다. 학생들의 반응이 뜨거웠고, 당시 학생들에게 실시한 교사 수업 만족도 조사에서 제 수업은 늘 1, 2위를 차지했습니다. 저는 제 수업에 스스로 만족하며 그것이 나만의 장점이자 다른 교사와 차별되는 지점이라고 생각했습니다.

그런데 교직 경력이 쌓일수록 재미있는 수업이 과연 좋은 수업인가 하는 회의가 들었습니다. 재미있는 수업을 하는 가장 좋은 방법은 활동 중심 수업입니다. 그런데 활동 중심 수업을 하다 보면 학생들이 활동 자체는 잘 기억하는데 학습 내용을 제대로 이해하지 못하는 경우가 있습니다. 활동은 있으나 배움이 일어나지 않을 수 있으며, 재미있는 수업이 꼭 좋은 수업이 아니라는 것을 깨달았습니다. 그 뒤로 제 수업은 변했고, 최근에는 일부러 재미없게 수업하려고 노력하기도 합니다.

학습 활동이 학생들의 배움을 방해하지 않도록 학습 활동을 많이 도입하지 않습니다. 또 복잡하고 정교한 수업 모형에 매달려 수업을 하지 않으려고 노력합니다. 꼭 필요한 식재료와 최소한의 양념으로 맛을 낸 담백한 음식이 몸에 좋은 것처럼, 수업 방식이 단순해도 학습 내용을 통해 학생들과 대화하고 그것이 학생들의 삶 속에서 반응하도록 수업을 진행하는 것이 좋습니다.

수업 규칙 만들기

학기 초에 학생들을 꽉 잡아야 일 년이 편하다고 생각하는 교사들이 많습니다. 이것은 상당 부분 효과가 있습니다. 초두初頭 효과로, 학기 초에 교사가 엄격하게 학생들을 대하면 무서운 선생님이라는 이미지 때문에 학생들이 교사의 지시에 순응하는 경향이 있습니다. 하지만 이것이 교육적인 명제가 될 수는 없습니다. 학기 초, 교사에게 '재수 없게' 걸린 학생은 다른 학생에 비해 큰 처벌을 받을 가능성이 높은데, 이는 소수를 희생해서 다수를 통제하는 방식입니다.

수업이 잘 이루어지려면 교사와 학생 사이에 경계선을 잘 세워야 합니다. 많은 교사들이 학생들과 경계선 세우기 문제로 고민을 합니다. 경계가 지나치게 높으면 수업 질서는 잘 잡히나 두려움이 교실을 지배하고 학생들과 관계가 잘 형성되지 않습니다. 반면, 경계가 너무 낮으면 학생들의 자유로움이 방임으로 이어져 수업 질서가 무너지고 결과적으로 학생들의 배움이 충분히 일어나지 못합니다.

교사마다 특성이 다르기 때문에 하나의 경계선을 정할 수는 없습니다. 교사의 가르침과 학생들의 배움이 이루어질 수 있는 범위 안에서 경계선을 세워야 합니다. 교사와 학생 사이에 경계를 세우는 가장 좋은 방법은 수업 규칙을 교사가 미리 정하여 학생들에게 공지하는 것입니다. 첫 수업 시간에 수업 규칙을 구체적으로 제시할 필요가 있습니다. 수업 규칙은 교사가 고민해서 제시할 수도 있고 학생들과 협의하여 만들 수도 있습니다.

수업 규칙이 너무 많으면 학생들이 지키기 힘들고 관계를 세우기도 힘이 듭니다. 수업 규칙 자체가 없거나 잘 지켜지지 않으면 수업이 무질서해질 수 있습니다. 수업 규칙의 수는 적을수록 좋고, 교사가 수업을 하는 데 꼭 필요한 네댓 가지만 정합니다. 개인적으로 제가 강조하는 수업 규칙은 다음과 같습니다.

- 교사는 최선을 다해 수업을 할 것이고 교사의 최선만큼 학생들도 열심히 공부하기
  : 수업 시간에 다른 과목을 공부하거나 숙제하지 않기, 수업 시간에 핸드폰 활용하지 않기 등.
- 교사의 권위 자체에 도전하거나 정당한 지도에 불응하는 경우 엄하게 처리함
  : 자신이 잘못했는데도 이를 인정하지 않고 교사에게 대드는 행위.
- 수업 안에서 거짓말하지 않기
  : 보고서 작성시 출처 밝히기, 수업 시간에 실수를 했는데도 그 실수를 인정하지 않고 거짓말 하지 않기 등.
- 수업 시간에 다른 학생들을 배려하고 함께 공부하기
  : 협동학습이나 프로젝트 수업시 모둠 학생들과 협력하여 과제 완성하기, 사회적 기술 실천시 보상함 등.

수업 규칙은 되도록 세부적으로 지킬 수 있는 것으로 정하고, 명확하게 학생들이 인식할 수 있도록 공지합니다. 그래야 문제가 발생했을 때 수업 규칙에 따라 일관성 있게 지도할 수 있습니다. 수업 규칙의 핵

심은 교육 원칙에 따라 일관성을 지키는 것입니다. 교사의 감정이나 상황에 따라 유동적으로 수업 규칙을 운영해서는 안 됩니다.

토큰 사용은 유연하게

수업 시간에 많은 교사들이 학습 동기 유발 방법으로 토큰을 활용합니다. 토큰이란 학생들이 긍정적인 행동을 할 때 주는 도장, 스티커, 별점, 티켓, 쿠폰 등을 말합니다. 토큰은 학생들이 수업에 잘 참여하지 않을 때 외적 동기 유발 방식으로 흔히 사용하는 방법입니다. 토큰 사용은 연령이 낮을수록, 학습 의지가 낮거나 학습 수준이 낮을수록 효과적입니다.

토큰을 사용하면 즉각적이고 가시적으로 학생들의 외적 행동에 변화를 가져오기 때문에 교실에서 많이 활용합니다. 그런데 이것이 문제가 되는 경우가 있습니다. 토큰을 사용하지 않으면 학생들이 긍정적인 행동을 하지 않거나 학생들이 부당한 방법으로 토큰을 받을 수도 있습니다. 과도한 토큰 사용은 내적 동기 유발에 방해가 됩니다.

물론 토큰처럼 외적 동기 유발을 사용하지 않고 내적 동기 유발 방식으로 수업을 진행할 수 있으면 가장 좋습니다. 그러나 학습 의지가 없는 학생들이 많아 수업 자체가 잘 진행되지 않을 때는 불가피하게 토큰을 사용할 수 있습니다. 어느 정도 학생들의 내적인 학습 동기가 생기면 점차 토큰의 활용 빈도를 줄이거나 없앱니다. 토큰은 학생들의 학습 수준이나 동기 유발 수준에 따라 탄력 있게 활용합니다.

수업 디자인, 어떻게 할까?

대표적인 교육과정 개발 모형

수업 디자인이란 교사가 학생들의 학습 수준, 사회적 요구, 교사의 특성 등 여러 가지 요소를 고려하여 교육과정을 재구성하고 이에 맞는 교수·학습 방법을 찾아 최적의 수업을 할 수 있도록 준비하는 일련의 활동을 말합니다.

대표적인 교육과정 개발 모형으로 타일러 모형, 워커 모형, 아이즈너 모형이 있습니다.

– 합리적 교육과정 개발 모형

타일러의 합리적 교육과정 개발 모형은 목표를 진술하고, 목표 달성을 위한 내용을 선정하여, 적절한 학습 내용을 조직하고, 평가 계획을 세우는 방식으로 진행합니다. 목표를 중심으로 교육과정을 순차적이고 합리적으로 만드는 것이 특징입니다.

단계	내용	특징
1	교육목표 설정	학습자의 연구, 사회적 요구, 교과 전문가의 견해 등을 반영하여 잠정적 목표를 설정함. 잠정적 목표를 교육 철학과 학습 심리학을 통해 가치 있고 학습 가능한 목표로 설정하고, 학습 목표를 행동 목표로 진술함.
2	학습 경험 선정	학습 기회, 만족, 학습 가능성, 다경험, 다성과의 원리를 고려하여 학습 경험을 선정함.
3	학습 경험 조직	학습 경험을 계속성, 계열성, 통합성을 기준으로 조직함.
4	학습 경험 평가	교육 목표 도달 여부를 확인하고 평가 도구를 제작하여 평가 결과를 정리하여 활용함.

– 숙의적 교육과정 개발 모형

워커의 숙의적 교육과정 개발 모형은 기본 입장을 구축하고, 특정 상황에서 실제적 문제들을 숙의 과정을 통해 실천 가능한 프로그램으로 만드는 방식입니다. 교육과정이 각 요소들의 역동적인 상호작용으로 유연하게 구성될 수 있다고 봅니다.

단계	내용	특징
1	토대 다지기	교육과정을 개발하기 위해 다양한 견해를 이야기하고 공통된 합의 기반과 토대를 모색함.
2	숙의	다양한 대안을 검토하고 숙의 과정을 거쳐 바람직한 대안을 선택함.
3	설계	선택한 대안을 실천 가능한 프로그램으로 구성하여 구체적인 계획으로 수립함.

– 예술적 교육과정 개발 모형

아이즈너의 예술적 교육과정 개발 모형은 교육과정 개발을 예술가가 작품을 만드는 행위와 비슷한 개념으로 이해하고 접근하는 방식입니다. 교육과정을 계획하고 개발하는 것을 무제한적인 과정으로 이해하고, 숙의 과정에서 예술성이 계획된 교육과정, 실행된 교육과정, 학생이 경험한 교육과정의 내재적 가치를 강조합니다.

단계	내용	특징
1	목표 설정	명백한 목표뿐 아니라 잘 정의되지 않는 목표도 고려함. 목표의 우선순위를 토의하는 과정에서 심사숙고함.
2	교육 내용 선정	목표 달성에 적합하고 학생들에게 의미 있는 내용으로 선정함.
3	학습 기회 유형	목표와 내용을 학생에게 의미 있는 학습 활동으로 변형함.
4	학습 기회 조직	학생들의 다양한 학습 결과를 유도할 수 있는 비선형적인 접근법을 강조함.
5	내용 영역 조직	다양한 교과 사이를 꿰뚫는 내용 조직을 강조함.
6	제시 양식과 반응 양식	학생에게 교육 기회를 넓혀 주는 다양한 의사소통 양식을 사용함.
7	평가 절차 유형	교육과정 개발 과정의 다양한 단계에서 종합적인 평가 절차를 사용함.

4가지 차원 고려하기

앞서 제시한 교육과정 개발 모형을 토대로 수업을 디자인할 때, 4가지 차원에서 접근을 합니다.

– 누가, 어디 : 학생, 학교, 교사의 특성, 사회적 요구 고려하기

수업을 디자인할 때 먼저 학생의 특성을 고려합니다. 학생들의 학습 수준이 높고 의지가 높을 때는 교육과정을 재구성할 때 난이도를 높이거나 학습 분량을 많이 정할 수 있습니다. 그렇지 않다면 난이도를 낮추고 학습 분량을 줄여야 합니다. 전자는 다양한 교수·학습 방법을

도입하고 자기 주도적 학습 활동을 강화할 수 있지만, 후자는 단순하고 활동 중심 교수·학습 방법을 정하는 것이 좋습니다. 학생들의 학습 편차가 크다면 해당 교과에서 수준별로 수업을 디자인합니다.

학교 및 지역 사회의 특성도 고려합니다. 지역 사회의 사회 경제적 배경에 따라, 또는 특목고, 인문계 고교, 특성화 고교 등 학교에 따라 교육과정 및 교수·학습 방법을 달리합니다. 또 교사의 발달 지능, 성격, 학습 유형에 따라 선호하는 교수 유형이 달라지는데 이를 고려해 수업 디자인 방식을 정합니다.

이밖에도 사회적 요구에 따라 국·영·수 혹은 문·예·체 활동을 중심으로 하거나 시대가 요구하는 필요를 창의 재량 수업 형태로 담아낼 수도 있습니다. 최근에는 진로 교육을 강화하고 통합 교육을 강조하는데, 이런 것도 교육과정에 반영할 수 있습니다.

– 왜 : 교육 철학 담기

교육 활동을 선택하는 기준이 바로 교육 철학입니다. 고교 수업에서 진로 교육, 수능시험, 수시 논술평가 중 어디에 초점을 맞추느냐에 따라 수업 디자인 방식이 달라집니다. 상급 학교 진학에 초점을 맞추어 수업 디자인을 하면 선발 시험에 대비한 강의식 수업, 문제 풀이식 수업 등으로 진행할 것입니다. 학생들의 흥미와 경험에 초점을 맞추어 수업을 디자인하면 상대적으로 기존 교과서의 틀에서 자유로운 프로젝트 수업이나 발견 학습 같은 방식을 선호할 것입니다.

교육 철학에 따라 학습 동기 유발 방식도 달라집니다. 상급 학교 진학에 초점을 맞춘 수업이라면 시험 문제 출제 가능성, 외적 보상 체제를 강조할 것이고, 학생의 흥미에 초점을 맞춘 수업이라면 학생들이 스스로 흥미를 가지고 자기 주도적으로 학습 과제에 참여하도록 노력할 것입니다.

- 무엇 : 교육과정 재구성하기

교육과정을 재구성할 때 크게 교과서 진도형, 교과서 재구성형, 교과서 탈피(무시)형으로 나눌 수 있습니다. 교과서 진도형은 교과서 내용을 충실하게 전달하는 방식입니다. 교과서 재구성형은 교과서를 참고하되 학생의 학습 수준이나 특성 등을 고려하여 재구성하여 접근하는 방식입니다. 교과서 탈피(무시)형은 교과서에서 완전히 벗어나 교사가 학습 내용을 새롭게 구성하여 가르치는 방식입니다.

기존 학교는 교과서 진도형을, 대안 학교는 교과서 탈피(무시)형을 선호하는 경우가 많았는데, 최근에는 많은 학교들이 교과서 내용을 학생들의 수준과 특성에 맞게 재구성하여 접근하는 교과서 재구성형을 시도하고 있습니다. 교육과정을 재구성할 때 차시보다 단원을 기준으로 하고, 가능하면 단원 간에 연계하는 것이 좋습니다. 범교과 접근이 가능하다면 다른 교과와 통합을 시도합니다.

개인적으로 일반 교과의 경우 국가 수준 교육과정과 교사의 자율성의 비율을 7 . 3 정도로 하고, 나머지 음·미·체나 교과 재량 등은 교사 수준 교육과정으로 풀어 가도록 대폭 자율성을 주면 좋겠다는 생각을 합니다.

– 어떻게 : 교수·학습 방법 및 학습 평가하기

교육과정 선정이 이루어지면 그에 맞는 교수·학습 방법을 선택합니다. 특정 수업 모형을 기계적으로 적용하기보다 교육과정의 특성에 맞는 내용교수법(PCK)을 활용하여 다양한 방법을 결합하거나 변형하여 활용합니다.

평가 방식에 따라 수업 내용이나 교수·학습 방법이 달라지는 경우가 많습니다. 학습 평가는 결과보다 과정을 중시하고 상대평가보다 절대평가를 강조합니다. 또 지필평가의 비중을 줄이고 다양한 수행평가 방식을 활용합니다. 학습 평가 디자인은 수업 목표를 세우고 나서 그에 맞게 계획을 수립하고, 학생들에게 미리 학습 평가 계획을 제시합니다.

수업 디자인의 단계

교사의 수업 전문성은 수업 디자인 능력에 달려 있다고 볼 수 있습니다. 수업 디자인을 통해 교사는 실제 수업을 준비하고 실행하며, 그 결과를 토대로 피드백하고 수업을 개선해 나갑니다. 수업 디자인은 다음과 같은 단계로 진행됩니다.

– 학생의 특성 분석

수업을 준비할 때는 먼저 가르침의 대상이자 배움의 주체인 학생들의 특성을 이해하는 것이 우선입니다. 학생들의 학습 수준과 학습 의지, 발달 단계적 특성 등을 고려하여 수업을 준비합니다.

동일한 교육과정도 학생들의 학습 수준에 따라 재구성 방식이 달라집니다. 동일한 학년, 동일한 과목이라 하더라도 특목고 학생은 심화형 교재를, 특성화고 학생은 좀 더 쉽게 재구성한 보충형 교재를 활용하는 것이 좋을 것입니다.

수업 시간에 모둠 활동을 도입할 때도 학생들의 학습 수준이나 의지에 따라 접근 방식이 달라집니다. 학습 의지가 낮을 때는 구조화된 접근(협동학습)으로, 수준이 높을 때는 탈구조화된 접근(협력 학습)으로 진행합니다.

학생들의 연령이 낮을수록 활동과 체험 중심 수업을 활용하고, 연령이 높을수록 이론과 개념 중심, 고차원적 사고력 개발 중심으로 접근합니다. 동일한 강의식 설명 수업도 연령대에 따라 집중 시간이 달라지므로 적절하게 강의 시간을 배정합니다.

– 교육과정 분석

수업을 준비하는 첫 단계로 교수·학습 활동을 먼저 고민한 것이 아니라 학습 목표와 교육과정을 이해합니다. 구조가 아니라 내용이 먼저입니다. 기존 교육과정을 분석하고 이를 토대로 교사 수준에서 교육과정을 재구성해야 합니다.

국가 수준 교육과정과 이를 구현한 실제 교과서를 비교하여 교사가 비판적으로 재구성합니다. 수동적으로 교과 내용을 전달하는 데 급급하지 말고, 나름대로 교육과정을 분석하고 재구성하려는 노력이 필요합니다.

학습 목표를 위해 학습 내용을 체계화한 것이 교육과정$_{curriculum}$이고, 교육과정을 교재로 표현한 것이 교과서입니다. 교과서는 학습 교재$_{text}$일 뿐 성경$_{Bible}$이 아닙니다. 교과서를 무시하라는 것이 아니라, 교과서 내용을 충분히 분석하는 것이 수업 준비의 시작이라는 것입니다. 교과서를 분석하는 과정에서 단원 내용을 충분히 이해하고 핵심을 파악할 수 있습니다.

- 핵심 질문 및 교육과정 재구성

수업을 준비할 때 각 요소에 집중하느라 요소 사이의 관계나 큰 틀을 놓치는 경우가 많습니다. 새로운 방식으로 수업을 할 때 교과서대로 적용하려고 하면 무리가 따릅니다. 예전 교과서는 일제 학습이나 경쟁 학습을 전제로 개발된 교재였기 때문에, 학습 분량이 많고 학생들이 실행하기 어려운 학습 과제도 꽤 됩니다. 교육과정이 개편될 때마다 학습량을 줄인다고 하지만, 교과서 쪽수만 줄어들 뿐 실제로는 학습 내용이 늘어난 경우도 있습니다.

교사가 교육과정을 분석하며 핵심적인 학습 내용을 추리는 작업이 무엇보다 중요합니다. 단원의 핵심 목표와 의도를 찾고 선택과 집중 원리에 따라 수업의 주안점을 고민합니다. 핵심을 파악하는 좋은 방법은 해당 학습 주제와 관련한 다양한 질문을 만들어 보고, 그 중에서 핵심적인 질문을 찾아서 학습 목표로 정리하는 것입니다. 이때, 내용적 지식뿐 아니라 과정적 지식(사회적 기술)과 관련한 학습 목표도 제시합니다.

- 학습 구조 및 교수·학습 활동 디자인

학습 구조란 교사와 학생, 학생들 사이의 사회적 상호작용을 말하며 개별 학습, 경쟁 학습, 협동학습, 일제 학습이 있습니다.[42]

수업 도입 단계에서 학습 목표를 제시할 때는, 일제 학습으로 시작하여 학생들의 흥미를 끌기 위해 학습 주제에 대해 간단하게 모둠 토의를 하는 협동학습 활동을 적용할 수 있습니다. 전개 단계에서 단원의 핵심 내용을 설명할 때는 일제 학습 방식으로, 수업 진행은 생각-짝-나누기 등의 협동학습 활동으로, 마무리 단계는 일제 학습으로 간단히 핵심을 정리한 후 번호별 퀴즈 등 협동학습 형성 평가 활동이나 경쟁 학습 활동으로 평가할 수 있습니다. 학습 내용에 따라 학습 구조들의 장단점을 충분히 고려하여 적절한 활동을 배치하여 운영합니다.

학습 구조가 사회적 상호작용의 큰 틀이라면, 교수·학습 방법(수업 기술, 모형, 방법 등)은 구체적인 수업 기술에 해당합니다. 교사가 다양한 교수·학습 활동과 방법들을 알수록 수업을 다양하게 디자인할 수 있습니다. 수업 디자인 작업은 교사의 전문성이 많이 요구되어, 동일한 학습 단원을 협동학습으로 진행하더라도 교사에 따라 다르게 디자인할 수 있습니다.

– 수업 준비물 제작

어느 정도 수업 디자인이 이루어지면, 수업에 필요한 프레젠테이션 자료를 제작하거나 학습 도구, 학습지 등을 개발하고 준비합니다. 강의식 수업은 특별한 수업 도구가 필요 없지만, 개별 학습이나 협동학습이라면 다양한 학습지나 학습 교재, 그리고 수업 도구 등이 필요합니다. 이런 수업 준비물을 잘 준비해야 합니다.

전통 수업이 언어로 전달하는 방식에 많이 의존했다면, 학생 참여형 수업은 비언어적 전달 방식도 잘 활용해야 합니다. 학습 활동이나 수업 모형에 따라 다양한 학습 도구들이 필요한데, 창의적인 학습 도구를 개발하려는 노력이 필요합니다.

학습 도구와 자료를 잘 활용하면 학생들의 흥미를 쉽게 유발할 수 있습니다. 협동학습에서는 모둠 칠판, 모둠 팻말, 다양한 학습 활동지, 가위, 풀, 색지, 신호등 칩, 대화 칩, 색깔 카드, 칭찬 티켓, 침묵 종, 대화 공 같은 다양한 학습 도구들을 사용할 수 있습니다. 수행평가와 관련 있는 수업에는 학생용 수행평가 채점 기준표(루브릭)를 준비합니다.

– 수업 실행

수업 준비가 잘 될수록 수업 진행은 매끄럽고 자신 있게 진행됩니다. 무엇보다 교사가 마음에 여유가 생겨 돌발 상황이 벌어져도 침착하게 대처할 수 있습니다. 실제 수업을 해 보면 예상 시간을 초과하거나 학생들이 통제에 잘 따르지 않는 등 수업 지도안을 구성할 때 예상하지 못했던 문제들이 발생합니다. 이때, 교사가 침착하게 문제 행동의 원인을 찾아 대처하는 지혜가 필요합니다.

미리 준비한 학습 활동이 예상 시간보다 초과되었다면 다음 활동을 생략하거나 다음 시간으로 미룰 수 있습니다. 중요한 것은 수업의 핵심 자체를 놓쳐서는 안 된다는 것입니다. 수업의 성패는 학생들의 변화에 있음을 기억하고, 수업 실행 시 하나의 학습 구조로만 진행되지 않도록 유의합니다. 수업에서도 '밀고 당기기'가 필요합니다. 수업의 흐름을 서너 마디로 나누어 실행하고 학습 리듬에 맞게 학생들과 밀고 당기기를 잘 할 수 있어야 합니다.

– 평가 및 피드백

좀 더 나은 다음 수업을 위해 수업을 마친 후 수업 결과를 정리하고 분석합니다. 교사의 수업 지도안, 학생들의 학습지, 학습 활동 결과물, 수업 동영상, 학습 도구 등을 포트폴리오 파일로 정리해 둡니다. 또 수업 결과물을 다른 사람에게 공개하여 수업 개선 방안을 모색합니다. 수업 성장을 위해서는 지속적인 평가와 피드백이 이루어져야 합니다. 수업 코칭을 통해 적절한 피드백이 이루어지면 수업의 질이 한 단계 더 높아질 수 있습니다.

다양한 이야기 방식이 공존하는 수업

수업에서 교사가 학생들에게 이야기하는 방식은 단위에 따라 세 가지가 있습니다. 첫째, 교사가 학급 전체 학생들에게 이야기하는 방식입니다. "오늘 수업 주제는 세계 기후의 특징입니다." 하는 식의 표현이 여기에 해당합니다. 둘째, 교사가 개별 학생에게 이야기하는 방식입니다. "좋은아, 열대 지방에서 볼 수 있는 고상가옥 형태를 냉대 지방에서도 볼 수 있는데, 그 이유는 무엇이라고 생각해?" 하고 말하는 것입니다. 셋째, 교사가 모둠 학생들에게 이야기하는 방식입니다. "이번 시간에는 모둠별 학습 과제를 가지고 모둠별로 10분 동안 토의해 봅시다. 1모둠은 열대 지방, 2모둠은 아열대 지방, 3모둠은 온대 지방, 4모둠은 한대 지방, 5모둠은 냉대 지방을 중심으로 각 생활문화 방식의 특징을 살펴봅니다. 3모둠은 과제를 수행할 때 특히 이러한 점에 집중하면 좋을 것 같아요." 하고 표현하는 것입니다.

단위에 따라 이야기하는 방식이 달라져야 합니다. 대부분의 수업은 전체 학생에게 이야기하는 방식을 활용하는데, 이 경우 개별 학생이나 모둠에 대한 배려가 부족할 수 있습니다. 수업의 이야기 방식은 전체와 개인이 공존할 수 있는 방식으로 진행되어야 좋은 수업이라고 볼 수 있습니다. 전체 학생을 대상으로 하는 이야기는 개별 학생의 생동감 있는 반응을 기대하기 힘들고, 개별 학생을 대상으로 하는 이야기는 나머지 학생에게 소외감을 일으킬 수 있습니다.

수업을 디자인하며 학습 활동을 구성할 때, 활동 단위에 따라 개별 활동, 짝 활동, 모둠 활동, 전체 활동 등을 조화롭게 연결하여 다양한 사회적 상호작용이 일어날 수 있도록 하는 것이 좋습니다. 이야기 방식 역시 활동 단위에 맞게 다양하게 활용합니다. 수업 중 이야기 방식과 학습 활동 단위를 관련지어 분석한 예입니다.

"오늘 수업에서는 사랑의 의미에 대하여 생각해 보려고 합니다.(전체)

지금까지 살아오면서 누군가에게 진한 사랑을 받았던 경험이 있다면 그것을 학습지에 기록해 보세요.(개별) 자, 그럼 짝끼리 서로 이야기해 봅시다.(짝) 이번에는 모둠 안에서 돌아가면서 이야기해 볼까요?(모둠) 자, 누가 발표해 볼래요?(전체) 그래, 선희야 네가 발표해 보렴.(개별) 좋습니다. 오늘 고민한 주제를 중심으로 다시 정리해 보면……(전체)."

자율적 수업 디자인

실천을 이끄는 수업으로

일반적으로 수업 디자인은 '도입, 전개, 정리'의 3단계 방식으로 구조화되어, 학습 내용을 이성적이고 합리적인 관점에서 접근할 수 있도록 합니다. 이런 방식은 인지 영역에서 학습 내용을 합리적으로 접근하기에는 좋지만, 정서와 실천 영역에서 접근하기에는 약합니다.

반 브루멜른은 수업을 '배경 설정, 전개, 재구성, 초월'의 4단계로 접근해야 한다고 강조합니다. 그는 학생들의 학습 유형을 직관형, 지적 사고형, 실행형, 창의형으로 구분하고, 각 유형이 수업 시간에 성공적인 경험을 할 수 있도록 접근하였습니다. 김태현은 반 브루멜른의 접근을 우리 상황에 맞게 다음과 같이 새롭게 표현하였습니다.[43]

단계	교사활동	학생활동
마음 열기	삶의 다양한 이야기를 통해 학생들의 마음을 연다.	학습에 대한 불안감을 해소하고, 지적 흥미를 갖는다.
생각 쌓기	지식의 구조를 밝히고 지식의 의미를 알려 준다. 지식을 바탕으로 교과서의 내용을 바라보게 한다.	교과서 내용을 삶의 맥락에서 이해한다.
생각에 날개 달기	교과서에서 벗어난 삶의 영역에서 지식을 적용할 수 있게 한다.	삶의 다양한 영역에서 생각하고 고민한다.
삶에 접속하기	배운 내용을 바탕으로 삶에서 실제로 어떻게 반응할지 고민하게 한다.	배운 내용을 바탕으로 삶에서 어떤 도약을 이룰 것인지 고민한다. 생각과 행동을 어떻게 바꿀 것인지 고민한다. 수업을 통해 무엇을 깨달았는지 돌아본다.

반 브루멜른과 김태현의 접근법에서 4단계에 해당하는 '초월(발전적 적용)'이나 '삶에 접속하기'는 수업에서 실천적 영역을 강조합니다. 4단계 접근법은 교실에서 배운 지식이 머릿속에 머무르지 않고 삶 속에서 실천하는 과정을 통해 학생들이 지식의 기쁨과 의미를 온전히 경험할 수 있도록 합니다. 3단계에 그치는 현재의 교실 수업 접근은 지식의 이해에 초점을 둘 뿐, 삶 속에서 배운 지식을 실천하도록 충분히 이끌지 못합니다.

프레이리 역시 이론과 실천의 결합을 강조합니다. 프레이리는 실천적 공유 전략에서, 사고와 행동의 총합인 프락시스(이론적 실천)를 지향할 것을 말하였습니다. 사고를 포기하면 무조건적인 행동만 있는 행동주의 경향을 보이고, 행동을 포기하면 말만 난무하는 탁상공론 경향을 보인다며 '실천적 성찰'과 '성찰적 실천'을 동시에 요구하였습니다. 성찰은 행동에 대해 반응하고 수정된 사고를 가능하게 한다고 여긴 프레

이리는 이론과 실천을 대립한 양극단이 아니라 인간 존재의 두 측면으로 이해하였습니다.[44]

짧은 시간에 많은 지식과 정보를 전달해야 하는 한국 교육 현실에서 실천을 강조한 접근은 이상일 수 있습니다. 그렇지만 수업 디자인 과정에서 4단계인 '삶 속에 실천하기'를 제외해서는 안 됩니다. 현재 한국 교육의 모순과 한계가 바로 이것에 뿌리를 두고 있기 때문입니다.

수업을 통해 학생의 구체적인 삶이 변해야 좋은 수업이라고 할 수 있습니다. 현실적으로 모든 수업에 삶 속에서 실천하기를 도입할 수 없을지라도 소단원이나 중단원, 최소한 대단원 단위로 한 번 이상 시도합니다. 삶 속에서 실천하기를 배우는 좋은 방법으로 프로젝트 수업이나 사회봉사 활동 등을 꼽을 수 있습니다. 교실에서 배운 지식을 구체적인 삶 속에서 실천하고, 그 결과를 다시 교실에서 이야기를 하도록 수업을 디자인합니다.

자율적 수업 디자인의 예

자율적 수업 디자인은 교사가 수업에 대한 철학적인 고민을 통해 교육과정을 재구성하고 다양한 교수·학습 방법들을 적절하게 변형하여 활용하는 것입니다.

예를 들어 남북한 통일의 필요성을 주제로 수업을 한다고 가정해 보겠습니다. 도덕 교과서에는 통일을 하면 전쟁의 위협에서 벗어날 수 있고 이산가족 문제를 해결할 수 있으며, 남북한 경제가 번영하고 강력한 통일 한국을 건설할 수 있다고 제시합니다. 그러나 요즘 청소년들 중에는 남북한 통일에 대해 비관적인 학생들이 꽤 많습니다. 통일 비용이 많이 들어 막대한 세금을 내야 하거나 이념이 달라 통일 이후 심각한 사회적 갈등이 야기될 수 있다고 생각하기도 합니다. 교과서에 나온 근거만으로는 학생들의 생각을 바꾸기 힘듭니다.

그렇다면 교사가 어떻게 수업을 준비해야 할까요? 우선 남북한 통일이 과연 필요한가 고민해 봅니다. 체제 통일이 바람직한지, 사회 통합이 나은지, 아니면 분단 상태에서 평화적 관계를 유지하는 것이 좋은지 생각합니다. 교사가 남북한 통일이 필요하다고 여긴다면 교과서 내용을 비판적으로 검토합니다. 교과서 논리만 가지고 학생들을 설득하기 힘들다고 판단이 되면 학생들의 삶 속에서 통일 논리를 이끌어 낼 방법에 대해 고민합니다.

남북한 통일의 필요성을 주제로 토론 수업을 도입하기로 결정했다면 어떻게 토론으로 이끌어 갈지 생각합니다. 통일 비용을 둘러싼 경제적 부담 문제와 통일 이후 발생할 수 있는 사회적 갈등에 대한 해결 방안이 존재하는지 교사가 먼저 고민하고 자료와 정보를 준비합니다.

통일 비용과 분단 비용에 대한 연구소별 산출 결과 보고서를 참고하고 시기별로 분석합니다. 통일 비용은 분단 비용에 비해 단기적으로는 많이 들지만 중장기로 가면 오히려 적게 들어갑니다. 통일 비용은 투자 비용이나 분단 비용은 소모성 비용이므로, 이 둘을 동일한 선상에서 비교하기 쉽지 않다는 것도 알 수 있습니다. 사회적 갈등 해결 방안도 조사합니다. 준비되지 않은 상태에서 급진적인 통일이 이루어지면 남북한 모두에게 불행한 결과를 초래할 수 있으므로, 남북연합이나 연방제 등 사회 통합을 위한 평화적 교류를 먼저 하고 신뢰 회복을 기반으로 점진적인 통일을 추진하면 사회 갈등을 최소화할 수 있다는 것을 알 수 있습니다.

다음으로 통일의 필요성을 가장 잘 다룰 수 있는 수업 모형을 찾습니다. 만약 찬반 논쟁 모형을 선택했다면 이를 통해 모든 학생들이 토론 과정에 참여할 수 있도록 수업을 디자인합니다. 대상이 고교생이라면 논리적인 사고 과정을 강조하여 찬반 논쟁뿐 아니라 찬반 대립 토론, 두마음 토론 활동을 연결하여 수업을 진행할 수 있습니다. 4인 1모둠 형태로 구성하고 두마음 토론 방식으로 1차 토론을 진행합니다. 그리고 나서 역할 교환 토론을 통해 2차로 두마음 토론 방식으로 수업을 진행하고, 학생 자유 의견에 따라 찬성과 반대 진영으로 나누어 3차 찬반 대립 토론을 진행합니다. 3차 토론을 끝내고 원래 모둠으로 돌아가 자유롭게 만장일치제 형태로 모둠 의견을 도출하도록 4차 토의를 합니다.

모둠별 의견을 학급 전체에서 발표하도록 하고, 교사가 남북한 통일 비용과 사회적 갈등 해결 방안을 이야기합니다. 실천 방안으로 북한 학생들에게 가상 편지 쓰기나 탈북 학생 돕기 성금 모금에 참여할 수 있습니다.

자율적 수업 디자인에서 고려할 점

자율적 수업 디자인을 위해 교육과정을 분석하고 재구성하며 핵심 질문을 만드는 과정에서 교사는 학습 내용을 자기 언어로 온전히 소화할 수 있어야 합니다. 교사가 가르치는 학습 내용이나 지식의 맥락을 이해하지 못하고 접근하면 학생들에게 좋은 수업으로 다가가기 힘듭니다. 교사가 준비한 만큼 학생들에게 의미 있는 배움이 일어납니다.

둘째, 정교하거나 복잡한 특정 수업 모형을 기계적으로 적용하기보다 주제 중심으로 단순하게 접근하는 것이 더 좋을 수 있습니다. 때로 복잡하고 정교하게 잘 짜인 수업보다 학습 주제에 대한 진지한 고민을 바탕으로 한 단순한 수업이 학생들에게 의미 있게 다가갈 수 있습니다. 단순함이 가진 힘이 있습니다.

셋째, 교사가 다양한 교수 전략 및 교수·학습 활동을 알아야 합니다. 교사가 한 방식만 알고 하나를 가르치는 것이 아니라, 열 가지 방식을 알지만 그 중에서 고민하여 가장 적절한 하나를 선택하여 가르쳐야 합니다.

넷째, 정답을 제시하기보다 학생들이 스스로 고민하면서 해답을 찾아가도록 이끄는 수업이 좋습니다. 학습 주제에 대해 학생들이 문제의식을 가지고 해결해 나가는 수업이 더 의미 있는 배움을 만듭니다.

다섯째, 창의적인 수업을 위해 교사가 끊임없이 배우고 실천하면서 수업의 지평을 넓혀 가야 합니다. 교사가 창의적이어야 학생들을 창의적인 인간으로 성장시킬 수 있습니다. 교사의 창의성은 전공 지식에 대한 전문적인 이해, 끊임없는 배움과 다른 학문이나 예술, 삶과 교류하는 과정에서 생깁니다. 새로운 교과 지식과 교수·학습 이론 및 방법을 배우고 실천하며 늘 학생 입장에서 고민합니다.

여섯째, 학생을 고정 불변한 존재가 아니라 가변적인 존재, 성장하는 존재, 개별적인 특성을 가진 존재로 인식하며 수업을 준비합니다. 작년에 성공한 수업 방식이 올해는 실패할 수 있습니다. 작년 학생들과 올해 학생들이 다르기 때문입니다. 학생들을 집단이 아니라 개별적인 존재로 보고, 인격적인 관계를 유지할 수 있도록 노력합니다.

일곱째, 수업을 유연하게 운영합니다. 학습 내용은 동일하더라도 1교시 수업과 5교시 수업은 다르게 접근해야 합니다. 학생들의 수준과 특성, 학습 리듬 등 다양한 요소들을 고려하여 수업을 이끌어 갑니다. 수업은 교사와 학생의 상호작용으로 만들어 가는 작품 활동이라는 것을 기억합니다.

여덟째, 학습 주제를 통해 학생들과 소통합니다. 학생과 관계를 맺는 일은 교사가 친절하게 대하거나 수업 이외의 시간에 친밀한 장난을 거는 것만으로 이루어지지 않습니다. '시詩'를 주제로 수업을 한다면 학생들에게 자신의 경험과 생각을 토대로 직접 자작시를 만들어 발표하도록 합니다. 이때 학생들의 시에 교사가 긍정하고 적극 피드백하는 과정에서 관계가 형성됩니다.

CHAPTER 7

수업 지원 체계가
필요하다

학교 안에서 수업 공동체 만들기

왜 학교 밖에서 찾아야 하는가

'선생님이 달라졌어요'에 출연한 선생님들을 보면서 아직까지 용기와 도전 의식을 가진 선생님들이 많다는 사실을 깨달았습니다. 수업 코칭을 받기 위해 방송국까지 찾아가는 것은 교사 입장에서 대단한 용기가 필요한 일입니다. 만약 저라면 내 수업을 대중에게 노출하기가 부담스러워 아무리 수업하기 힘들어도 방송국에 신청하지 않았을 것입니다.

2012년에 교육방송에 출연을 신청한 선생님만 70여 명, 그 중 14명이 최종 선택되어 수업 코칭을 받았습니다. 이 프로그램에 수업 코치로 참여하면서 한 가지 문제의식을 갖게 되었습니다. '수업 코칭을 받기 위해 왜 교사가 방송국까지 찾아가야 하는가.' 하는 것이었습니다.

교사라면 누구나 수업을 잘하고 싶습니다. 교사가 수업을 위해 노력하는 것은 당연하고 자연스러운 일인데, 학교 안에서 수업 고민을 풀거나 수업 코칭을 받지 않고 밖에서 찾아야 하는 현실이 안타까웠습니다. 교사가 학교 안에서 수업에 대해 성장할 수 있는 기회가 많이 주어져야 합니다.

교사가 수업을 잘하려면 혼자만 노력해서는 한계가 있습니다. 현재 교육계에서 수업 잘하기로 알려진 교사들은 공통적으로 교과 연구회나 교과 모임 등의 활동을 통하여 성장하였습니다. 교사 개인이 특출한 능력을 가져서 혼자 연구하며 성장한 경우는 극히 드뭅니다. 대체로 교사들의 자율 연구 모임을 통해 수업 고민을 나누고 성과를 공유하며 피드백하면서 성장하였습니다.

교사 자율 연구 모임은 학교 안이 아니라 밖에서 이루어지는 경우가 많습니다. 행정 업무를 중시하는 현재의 학교 생태문화 안에서는 행정 전문가들은 많아도, 정작 학교 안에서 수업의 전문성을 신장할 수 있는 기회가 부족하여 자생적으로 성장하는 수업 전문가를 찾아보기 힘듭니다. 학교 안에서 교사가 수업 전문가가 될 수 있도록 학교 문화를 근본적으로 바꾸어 나가야 합니다.

학교 내 수업 공동체의 유형

교사가 성장하기 위해서는 교사의 전문적 학습 공동체가 필요합니다. 교사의 전문적 학습 공동체란 수업, 생활지도, 행정 등 교사의 교육 활동을 연구하고 실천할 수 있도록 도와주는 모임입니다. 이 중에서도 수업 성장을 위한 수업 공동체는 수업 친구, 수업 동아리 등의 형태가 있습니다.

- 수업 친구

학교 안에서 동료 교사 중에 수시로 수업 고민을 나눌 수 있는 친구 교사를 한 명 정합니다. 수업 공동체를 만드는 첫걸음이 바로 수업 친구 만들기입니다.[45] 수업 친구는 과목이나 나이, 경력 유무와 상관없이 서로 신뢰하는 관계가 중요합니다. 멘토와 멘티처럼 선배와 후배 교사를 일대일로 묶거나 친한 동료 교사들끼리 수업 친구를 삼을 수 있습니다. 수업 친구는 수업 고민을 함께 공유하고, 수업을 서로 참관하며 피드백합니다. 각자의 수업 고민을 수시로 나눕니다.

- 학년 협의회와 교과 협의회

같은 학년 교사들 모임인 학년 협의회를 활성화합니다. 현행 학년 협의회는 행사나 행정을 협의하는 수준에 그치는 경우가 대부분인데, 행정 업무뿐 아니라 학생 생활지도와 수업 영역까지 같이 나눌 수 있어야 합니다.

초등학교에서는 학년 협의회에서 수업 자료를 공유하고 고학년은 중등학교 시스템을 참고해 교과 전담제를 실시하면 좋습니다. 서울남부초등학교에서 실시하는 팀제 운영 방식은 큰 학교에서 수업 혁신을 시도할 만한 좋은 방안입니다. 서울남부초등학교는 한 학년이 아홉 개 학급으로 이루어진 거대 학교로 6학년 학급을 세 개의 팀으로 묶었습니다. 세 명의 담임교사와 한 명의 교과 전담 교사가 한 팀이 되어, 고학년 특성에 맞게 각 교사가 관심 있는 과목을 같은 팀 안의 학급에서 수업을 합니다. 즉, 1반 담임교사가 국어 수업에 자신 있으면 2반, 3

반 학급에서도 국어 수업을 합니다. 교과 전담 교사는 6학년 전체 수업이 아니라, 같은 팀의 세 개 반에만 복수 과목을 전담해 수업합니다. 이렇게 하여 교과 전담 교사는 준담임 역할을 하게 됩니다. 고학년의 수업 부담을 줄이면서 수업 전문성을 높이려는 시도입니다.

학년 협의회가 활성화되려면 학교 행사 진행에 대한 자율성이 어느 정도 보장되어야 합니다. 수원중앙기독초등학교나 보평초등학교에서 실시하는 미니 스쿨제처럼 학교 안에 작은 학교를 만들어, 학교장이 해당 학년 행사에 대한 결정권을 미니 스쿨장이나 학년부장에게 위임하는 것도 좋습니다.[46)

중등학교에서는 교무실 배치를 학년 중심으로 하고 수시로 협의할 수 있도록 합니다.[47] 다른 과목은 주로 무슨 내용을 수업하는지 학습지 나눔을 통해 정기적으로 정보를 공유합니다. 문제 학생을 생활지도 할 때 학년 협의회 차원에서 개별 학생에 대한 정보를 나누면 체계적이고 심층적인 생활지도를 할 수 있습니다.

현행 중등학교의 교과 협의회 역시 교과서 진도를 확인하고 수행평가 기준안을 정리하는 행정 협의 수준에 머무르는 경우가 많습니다. 교과 협의회가 수업 친구들의 공간으로 전환되어 수업 자료를 공유하고, 교과 내 수업 공개와 수업 나눔이 잘 이루어지도록 활성화합니다.

– 혁신 학년제

현재 경기도교육청에서 실시하고 있는 혁신 학년제는 수업 혁신에 관심 있는 교사들끼리 특정 학년 담임교사를 지원할 수 있도록 학년 협의회에 자율권을 부여하고 재정을 지원하는 정책입니다. 혁신학교 정책의 확산적 형태라고 할 수 있는데, 일반 학교에서도 적은 예산으로 혁신학교의 효과를 거둘 수 있는 제도입니다. 교육청 차원에서 혁신 학년제를 도입하지 않더라도 학교장 재량 안에서 수업 혁신 의지가 있는 교사들을 같은 학년에 배치하여 운영할 수 있습니다. 일반 학교인 서울성심여고가 그 예로, 서울성심여고는 최근 학교장 재량으로 자원하는 교사들을 1학년 담임에 집중 배치하는 등 성공적으로 혁신 학년제를 운영하고 있습니다.

– 수업 동아리

수업 동아리는 학년이나 과목과 상관없이 수업 혁신 의지가 있는 교사들이 자발적으로 운영하며 수업 고민을 나누고 연구하는 장입니다. 수업 공동체 중 실질적인 수업 혁신 효과가 가장 큰 영역으로, 모든 교사들이 형식적으로 가입하는 기존 교사 동호회와는 성격이 다릅니다. 교사 동호회가 교육 활동과 직접적인 상관없이 교사들의 취미나 관심사를 중심으로 한 친목 도모가 목적이라면, 수업 동아리는 수업 활동과 관련하여 고민을 나누고 정보를 공유하는 연구 모임입니다.

성공적인 수업 동아리 운영

수업 동아리 활동 원칙

수업 동아리 활동의 원동력은 교사들의 자발성에 달려 있습니다. 자발성이 살아 있어야 동아리 활동이 형식으로 흐르지 않고 내실을 다질 수 있습니다. 수업 동아리 회원을 모집할 때부터 희망 교사들로 구성하고, 모임에 잘 나올 수 있도록 여건을 마련하고 격려합니다. 중간에 탈락하거나 지속적으로 나오지 못하는 교사에게 강제로 제재를 가하면 역효과가 나므로 이를 지양합니다. 구성원 사이에 친밀도가 높고 수업 전문성이 있을 때 지속적으로 자발성을 이끌어 낼 수 있습니다. 구성원들이 각자 수업 동아리 활동 안에서 기여할 수 있도록 처음부터 역할을 부여하고, 모임 방식이나 내용도 구성원들의 의견을 모아 정리합니다.

둘째로, 공동체성을 잘 다집니다. 이를 위해 교사가 스스로 성장할 수 있도록 돕기 위한 모임이라는 수업 동아리의 목적을 분명히 합니다.

관계 또한 탄탄하게 다져야 합니다. 좋은 관계를 만드는 데 '수다'와 '식사'는 큰 역할을 합니다. 학교생활을 하면서 겪는 고민을 편안하게 나누고 함께 식사를 하는 과정에서 자연스럽게 마음이 열립니다. 모임 안에서 신뢰를 유지하기 위해서는 수업 동아리 안에서 이루어진 사적인 고민 이야기를 함부로 외부에 말하지 않아야 합니다. 수업 동아리가 구성원들에게 안전한 공간이라고 마음으로 느낄 때 개인적인 고민도 쉽게 털어 놓을 수 있습니다. 상담할 때 상담자와 내담자 사이의 래포가 중요하듯, 수업 동아리 안에서도 래포가 형성되어야 합니다. 모임 안에서 공동체성이 어느 정도 다져지면 의미 있는 피드백이 이루어고 수업 성장이 가능해집니다.

셋째로, 전문성이 있어야 합니다. 수업 동아리 모임은 수다도 중요하지만 문제를 얘기하는 수준에 그쳐서는 안 됩니다. 문제의 근본 원인과 더 나아가 대안까지 제시할 수 있어야 합니다. 동아리 구성원들의 구체적인 필요가 무엇인지 인식하고 그에 맞는 내용을 구체적으로 채워 나가야 합니다. 외부 전문가를 초청하여 연수를 진행하거나 독서 스터디로 함께 공부하며 전문성을 높이는 것도 좋은 방법입니다. 개인의 수업 노하우를 공유하고 수업 공개와 코칭을 통해 상호 피드백 활동이 자연스럽게 이루어지도록 합니다. 수업 동아리가 기존 동호회 수준을 넘어서려면 수업 전문성을 담보채아 합ㅣ디.

어떤 활동을 할까

– 수업 고민 나누기

수업 동아리 활동을 처음 시작할 때 '깊이 있는' 자기소개를 합니다. 간단한 개인 정보를 알려 주는 것은 별 의미가 없습니다. 이때 구조화된 상담 기법인 인생 수직선 그리기, 인생 과정 아이콘으로 표현하고 말하기 등을 활용하거나 협동학습의 모둠 세우기 활동 방법인 꼬마 출석부 활동을 활용하면 좋습니다.

모임 분위기를 어떻게 조성하느냐에 따라 나눔의 깊이가 달라집니다. 수업 동아리 활동에 참여하는 대부분의 교사들은 현재 수업이 힘들거나 수업에 대한 갈증을 채우고 싶어 참여하는 경우가 많습니다. 그러므로 자기 수업의 장점보다 한계와 고민을 나누는 것이 좋습니다.

수업 고민은 모임 때마다 자연스럽게 나눌 수 있도록 합니다. 솔직하게 고민을 나누는 과정에서 교사들은 자기 마음을 열게 됩니다. 자칫 자기 수업의 장점과 성과를 위주로 이야기하면 수업 고민을 안고 있는 교사들에게 오히려 부담이 되어 모임이 지속적으로 이루어지지 못합니다. 리더가 모임을 진행할 때 자기 고민 이야기를 솔직하게 꺼내어 분위기를 조성합니다.

– 외부 전문가 특강으로 새로워지기

교내에서 처음 수업 동아리를 시작할 때는 수업 동아리 이름으로 외부 전문가를 초청하여 연수를 개최하는 것이 좋습니다. 전문가 특강은 전체 교직원들에게 수업 동아리를 홍보하는 데 도움이 됩니다. 동아리 모임 중간에도 교사들의 필요에 맞게 적절한 주제를 찾아 연수를 진행합니다. 한 학기에 1~2회 학습 동아리 차원에서 연수를 진행하면 좋습니다. 수업 고민을 다른 차원에서 생각해 보고 외부의 전문 역량을 받아들일 좋은 기회가 될 수 있습니다. 하지만 수업 동아리 활동이 외부 강사 초청 연수로만 진행되면 수업 동아리의 자율성과 자발성이 훼손될 수 있으므로 주의합니다.

– 독서 스터디 진행하기

자발적인 참여를 이끌어 내면서 함께 학습할 수 있는 가장 좋은 방법이 독서 나눔입니다. 처음에는 어렵지 않고 수업 혁신에 대한 철학과 담론을 공유할 수 있는 책으로 선택합니다. 사토 마나부의 〈수업이 바뀌면 학교가 바뀐다〉나 파커 파머의 〈가르칠 수 있는 용기〉, 에냐 리겔의 〈꿈의 학교 헬레네 랑에〉, 김태현의 〈교사, 수업에서 나를 만나다〉 등을 독서 스터디를 하는 첫 책으로 추천합니다.

독서 스터디는 많은 분량을 나가기보다 한 학기에 한 권 정도 역할을 분담하여 정독합니다. 책 내용에 따라 한 사람이 1~3장 정리하여 발표하고 토론하며, 모임의 리더는 의도적으로 발제를 맡지 않고 있다가 담당자가 갑자기 발표하기 힘든 상황일 때 대신 하는 것이 좋습니다. 어느 정도 동아리 모임이 안정적으로 운영되는 단계에 이르면 동아리 구성원들의 필요에 따라 적절한 책을 추천받아 정합니다.

– 수업 동아리 차원의 수업 공개와 수업 나눔(집단 코칭)

수업 동아리 활동이 어느 정도 무르익고 상호 간에 신뢰가 형성되면 동아리 안에서 자발적으로 수업 공개를 시도합니다. 동아리를 구성한 초기에 수업 공개를 하자고 하면 구성원들이 긴장하여 자발적인 수업 공개가 힘들고, 한다 해도 기존 수업 공개회 방식으로 진행될 가능성이 높습니다. 어느 정도 독서 스터디 활동을 하고 개인별 수업 실천 사례를 나눈 뒤에 하는 것이 좋습니다. 수업 공개 형식은 현실적으로 직접 참관이 어렵다면 일상 수업을 동영상으로 촬영하여 함께 보면서 수업 나눔(집단 코칭)을 시도합니다.

수업 성찰이나 수업 코칭에 대한 이해 없이 수업 피드백을 실시하면 자칫 수업 장학 형태로 흐르기 쉽고 결과적으로 수업 공개 교사가 상처받을 수 있습니다. 먼저 수업 코칭 관련 연수를 받거나 외부 전문가를 초청하여 수업 코칭을 체계적이고 경험적으로 배우고 나서 실시하는 것이 좋습니다.

– 우수 학교 탐방과 집단 연수 참여

수업 동아리 활동 공간을 교내에 국한시킬 필요는 없습니다. 한 학기에 한 번 정도 우수 학교를 직접 탐방하거나 다른 학교 교사들의 수업 공개회에 참여하는 것도 좋은 방법입니다. 동아리 차원에서 집단적으로 연수에 참여하는 것도 좋습니다. 연수 소감을 함께 나누고 그 내용을 교실에서 함께 실천할 수 있으면 좋습니다.

– MT와 단합대회

한 학기에 한 번 수업 동아리 차원에서 함께 문화 공연을 관람하거나 MT 내지 단합 행사를 갖습니다. 즐거운 여가 활동은 모임 안에서 관계를 돈독히 하는 데 큰 도움이 됩니다. MT는 당일치기보다 1박2일로 진행하면 깊은 이야기를 나눌 수 있어 더 좋습니다.

– 학교 밖 모임과 연대 활동

다른 학교 수업 동아리와 연대하거나 학교 밖 교사 자율 연구 모임과 연계하여 운영하면 최근 교육계 동향을 이해하고 새로운 정보와 지식을 얻는 데 도움이 됩니다. 그리고 외부 전문가의 도움을 상대적으로 쉽게 받을 수 있습니다. 외부 전문가에게 수업 동아리 컨설팅을 받는 것도 좋습니다.

– 성과물 정리하기

1년 동안의 수업 동아리 활동 내용을 포트폴리오 형식으로 정리합니다. 동아리 안에서 별도의 담당자를 두어 독서 스터디 발제 내용, 수업 동아리 관련 공문이나 발송 메시지 내용, 모임 운영 일지, 수업 공개 자료, 외부 강사 강의안 등 활동 자료들을 체계적으로 모아 관리하는 것이 좋습니다.

특정 주제를 정하여 심화된 내용으로 연구 활동을 전개했다면 그 성과물을 자료집 형태로 묶어 정리하고, 전체 교직원 회의나 연수에서 공유할 수 있도록 합니다. 활동 성과물은 동아리를 홍보하는 좋은 수단이 되고, 교육청 프로젝트나 시도교육청 산하 교육정보원 주관 연구 프로젝트와 연계하면 예산을 지원받을 수도 있습니다.

교내 수업 동아리 운영 원칙
– 구성원들이 적극 참여할 수 있는 기회를 마련하라

수업 동아리를 시작하려면 먼저 열정적인 리더가 있어야 하고, 리더를 중심으로 관심 있는 교사들이 모여야 합니다. 리더의 자질에 따라 모임의 질이 결정되는데, 리더가 아무리 훌륭해도 독재적으로 운영하면 동아리 모임의 자율성이 사라질 수 있습니다. 리더는 구성원들이 자발적으로 참여할 수 있는 여지를 만들어 주어야 합니다.

모임의 명칭이나 모임 횟수, 장소를 정할 때도 구성원들의 의견을 존중합니다. 한두 사람이나 외부 전문가의 역량에만 의존하지 않도록 운영하고, 독서 스터디를 할 때는 구성원들이 돌아가며 발제하도록 합니다. 처음에는 힘들고 부담스러운 일은 가급적 리더가 담당하고, 구성원들이 큰 부담이 되지 않는 범위 안에서 1인 1역을 맡는 체제로 운영합니다.

– 동아리 세우기 활동team-building을 하라

수업 동아리라고 해서 수업 연구만 하는 모임으로 운영하는 것은 아닙니다. 동아리 모임은 새롭게 배우는 것이 있되 활동 자체가 재미있고, 감성적인 나눔이 이루어져야 합니다. 동아리 모임을 유지하려면 관계가 중요하며 잘 먹기, 잘 놀기, 수다 등이 필요합니다. 동아리 이름을 재미있게 짓거나 독특하고 재미있는 동아리 규칙을 정하는 등 수업 동아리만의 독특한 문화를 만들어 운영합니다.

– 항상 개방성을 유지하라

동아리 모임을 회원 중심으로 폐쇄적으로 운영하지 말고 모임 활동 내용을 정리하여 전체 교사에게 공개합니다. 외부 강사 연수 역시 전체 교직원이 참여할 수 있도록 합니다. 이런 노력들은 동아리 모임에 대해 긍정적인 관심을 불러일으킵니다. 처음 모집할 때만 개방하고 폐쇄적으로 운영하면 다른 교사들의 오해를 받을 수 있고 학교 차원의 지속적인 지지를 받기 어렵습니다.

– 맞춤형으로 운영하라

모임에서 어떤 주제를 다루고, 어떻게 진행할지 협의하는 과정에서 학교의 특성과 구성원들의 필요를 반영합니다. 처음에는 리더 중심으로 독서 스터디나 학습지 나눔, 수업 공개 및 피드백, 교육과정 연구, 교수·학습 방법 연구 같은 다양한 주제를 연역적으로 다루고, 동아리 모임이 안정되면 구성원들의 의견을 모아 귀납적으로 운영합니다.

– 학교 관리자의 지지를 적극 이끌어 내라

교장, 교감 등 학교 관리자들의 적극적인 지지를 받으면 동아리 모임이 좀 더 효과적으로 운영될 수 있습니다. 모임을 시작할 때 교장 선생님에게 충분히 취지를 설명하고 수시로 모임 진행 상황을 이야기하여 지지를 얻어 내면 활동을 위한 예산 지원이나 장소 사용 같은 학교 차원의 혜택을 받을 수 있습니다.

학교 관리자들이 수업 동아리를 만들라고 지시하면 자발성이 사라지고 형식적으로 변질되는 경우가 많습니다. 평교사들이 자발적으로 나서서 수업 동아리를 추진하고, 학교 관리자들이 지원하는 방식이 가장 좋습니다.

– 지원 프로그램을 적극 활용하라

시도교육청 내지 산하 교육연구원에서 주관하는 교사 수업 동아리 지원 프로그램을 적극 활용합니다. 외부에서 프로젝트 예산 지원을 받을 수 있고 우수한 성과를 냈을 경우 보상을 받을 기회도 주어집니다. 다만 외부 수업 동아리 지원 프로그램을 활용하는 경우 결과물을 제출해야 하기 때문에, 별 준비 없이 신청했다가 억지로 결과물을 만들어 내는 경우가 생길 수 있으므로 주의합니다. 신청 전에 동아리 구성원들의 협조와 지지를 충분히 이끌어 내야 합니다. 외적 인센티브에만 관심을 두고 수업 동아리 활동을 시작하면 실패할 수 있습니다.

– 학교 밖 교사 자율 연구 모임과 연대하라

동아리 리더가 모임의 필요를 모두 채워 줄 수는 없으며, 때로는 외부 전문가의 도움이 필요할 때가 있습니다. 외부 전문가나 학교 밖 교사 자율 연구 모임과 연대하여 모임을 운영하면 큰 도움이 됩니다.

■ 교내 수업 동아리 운영 사례

– 서울구현고등학교

자율형 공립학교인 서울구현고에 수업 동아리 '행복수업모임'이 조직된 것은 2009년입니다. 외부 강사를 초청하여 연수를 개최하고 이를 통해 관심 있는 교사들을 모아 수업 동아리 활동을 시작하였습니다.

인문계 고교 특성에 맞게 토론 논술 수업을 주제로 독서 스터디 활동을 했는데, 그해 2학기에는 개인별로 우수 수업 실천 사례를 발표하며 교육 성과물을 공유했습니다. 2011년에는 EBS 수업 코칭 프로그램을 시청하고 소감을 나누면서 수업 고민을 나누었습니다. 외부 전문가를 초청하여 수업 성찰과 프로젝트 수업 연수를 진행하고, 이후 〈가르칠 수 있는 용기〉로 독서 스터디를 하였습니다.

인문계 고교 특성상 수업 동아리 활동은 일과 시간 이후에 진행하였습니다. 교과 교실에 모여 함께 저녁식사를 하면서 이야기를 나누고, 독서 토론 및 주제 연구 활동을 하였습니다. 활동 성과물을 정리하여 자료집을 만들고, 모임 때마다 후기를 정리하여 회원 교사들에게 알리고 외부 강사 초청 연수는 전체 교직원들에게 공지하여 많은 교사들이 참여할 수 있도록 하였습니다.

– 서울성심여고

서울성심여고는 서울에 소재한 가톨릭계 사립 인문계 고교입니다. 성심여고는 여러 차례의 수업 개선 연수와 학교 관리자들의 지원으로 자연스럽게 교내 수업 동아리가 조직되었습니다. 과목과 상관없이 십여 명의 교사들이 모여, 파커 파머의 저서 〈가르칠 수 있는 용기〉를 공동으로 구입하고 스터디 활동을 전개하였습니다. 친한 교사끼리 수업 친구가 되어 서로 수업을 참관하고 피드백하였으며, 외부 전문가를 초청하여 수업 코칭 연수를 개최하고 수업을 어떻게 피드백할지 이야기를 나누었습니다.

2012년 2학기에는 뮤지컬 분과를 만들어 고등학교 2학년 학생들에게 뮤지컬 수업을 진행하였습니다. 뮤지컬을 중심으로 국어, 미술, 음악, 체육 과목을 묶어 교과 통합형 프로젝트 수업을 실시하였는데, 국어 시간에는 뮤지컬 대본을 쓰고 체육 시간에는 춤 동작을 연습하고 미술 시간에는 필요한 무대 배경을 제작하거나 소도구를 만들고 음악 시간에는 음악 작곡을 하였습니다. 음악 교사가 분과장을 맡아 교과별 프로젝트 활동을 전체적으로 조율하고, 학기말에 뮤지컬을 전체 학생들 앞에서 발표하였습니다.

– 경기덕양중학교

혁신학교 거점 학교인 경기덕양중은 전체 교직원 수가 열 명 정도인 작은 학교입니다. 공모로 뽑힌 교장이 부임하면서 학교 안에서 변화가 시작되어 이후 혁신학교로 지정되었습니다. 덕양중학교 안에는 수업 동아리 모임으로 독서 모임과 학습지 나눔 모임 등이 있습니다.

독서 모임은 교육 관련 책을 정해 발제하고 토론하며 교육에 대한 이야기를 나누고, 수업에서 새로운 시도를 합니다. 학습지 모임은 교과와 상관없이 격주로 수업 시간에 활용하는 학습지를 공개하고 이를 피드백합니다. 학습지를 통해 자연스럽게 자기 수업을 공개하며, 좋은 아이디어를 모아 실제 수업에 반영합니다. 공개수업을 담당한 교사를 돕기 위해 공개수업 준비 모임도 진행하는데, 수업을 공개한 교사의 부담을 줄이면서 내실 있게 공개수업을 할 수 있도록 공동으로 돕습니다.

– 수원중앙기독초등학교

사립초등학교인 수원중앙기독초는 교육과정 모임, 협동학습 모임 같은 수업 동아리가 있습니다.

교육과정 모임은 매주 1회 내지 격주 1회로 모이며, 수년 동안 나니아 연대기를 재구성하여 국어 수업 시간에 맞게 공동으로 수업 지도안을 만들어 실천하고 있습니다. 최근에는 4학년 국어과 문학 단원을 재구성하여 공동 수업 지도안을 개발하였습니다. 교육과정 모임은 교사들이 학년과 상관없이 주제 중심으로 교육과정을 재구성하고, 교육과정 토론을 통해 자기 학년에 맞는 적용 방안을 찾도록 합니다.

협동학습 모임은 매주 1회 내지 격주 1회로 모여 협동학습 관련 책을 중심으로 연구하고 협동학습을 배워 나갑니다. 협동학습의 다양한 방법을 직접 체험하면서, 협동학습을 실천할 때 발생하는 문제와 해결 방안을 고민합니다.

수원중앙기독초는 학기 초에 학교 차원에서 학습 동아리를 소개하고 참여하도록 권장합니다. 교사들이 꾸준히 학습할 수 있도록 학습 동아리에 필요한 외부 강사비, 간식비 등을 학교 예산에서 지원합니다. 학교의 꾸준한 지원으로 수업 동아리 모임이 10년 넘게 지속적으로 발전할 수 있었습니다.

학교 차원의 수업 혁신 노력

'더하기'에서 '덜어 내기' 전략으로

지금까지 수업 혁신 논의는 주로 교사 개인의 차원만 강조한 면이 있습니다. 그래서 교사 연수나 수업 공개회 등을 추진하지만 실질적인 효과는 그리 크지 않습니다. 수업 혁신이 온전히 이루어지려면 학교 차원의 혁신이 함께 이루어져야 합니다.

'수업 혁신'하면 새로운 프로그램 도입을 먼저 떠올리지만 그 이전에, 기존 업무 중 불필요한 부분을 과감하게 덜어 내야 합니다. 아무리 좋은 수업 혁신 콘텐츠도 더하기 전략으로만 접근하면 콘텐츠 자체가 무용지물이 되거나 새로운 부담으로 변질될 수 있습니다.

전국적으로 좋은 학교라고 소문난 학교들은 공통적으로 '덜어 내기'를 잘 했습니다. 기존 학교 업무 중 더 이상 의미와 가치를 잃어버린 일들을 적극 찾아내 없애야 합니다.

성남의 한 중학교 선생님들을 대상으로 설문 조사한 결과 학교 업무 중 줄이거나 없애야 할 것으로 다음과 같은 것들을 꼽았습니다.

- 각종 글짓기, 그림 그리기 대회
- 환경 미화 심사
- 강제적인 방과 후 학교 참여
- 교문 지도
- 두발, 복장 검사
- 베끼거나 다운받아서 내는 수업 지도안
- 연구수업 지도안
- 보고용 행사(소수를 위해 다수의 동원이 필요한 각종 대회)
- 잦은 학교 행사
- 전달 위주의 교직원 회의
- 교직원 협의회 시 돌리는 형식적인 문서 연수들
- 현재의 교원 평가제
- 결재 방법(구태여 필요하지 않는 사안까지 대면 결재 요구하지 않기)
- 교사들의 미술 실력을 보여 주어야 하는 축제 전시회
- 의무 교육 이수를 위해 학생들에게 단체로 방송 수업을 하는 것

문제가 많은 학교들은 대체로 덜어 내기 작업을 제대로 하지 못하고 더하기에만 치중합니다. 연구시범학교가 대표적입니다.

경기도 혁신학교 거점 학교인 호평중학교 교장 선생님을 인터뷰한 적이 있습니다. 공모제로 교장 선생님이 부임하자, 교사들이 부서별로

기존 업무와 개선 사항을 문건으로 정리하여 내밀었다고 합니다. 공모 과정에서 제출한 교장 선생님의 학교 운영 전략과 계획이 따로 있었지만, 교장 선생님은 그것을 교사들에게 공개하지 않고 교사들이 제출한 항목을 중심으로 두 달 동안 덜어 내기 작업을 추진하였습니다. 그 과정에서 불필요한 업무가 상당 부분 사라졌고 교장 선생님과 교사들 사이에 신뢰가 형성되었습니다.

교장 선생님은 놀랍게도, 1년 뒤 학교 평가 과정에서 교장 선생님이 원래 추진하려고 했던 학교 운영 계획서 내용의 상당수가 이미 이루어져 있었다고 했습니다. 처음부터 교장 선생님이 준비한 계획을 추진하지 않고, 교사들과 함께 고민하면서 학교를 운영한 것이 교사들의 자발성을 최대로 이끌어 낸 것입니다.

'수업 지도안' 대신 '수업 성찰 일지'로

수업 지도안은 일종의 수업 계획서입니다. 수업 지도안을 미리 만들어 수업하는 것과 그렇지 않은 경우는 수업의 질이 다릅니다. 하지만 수업 지도안 작성에 많은 에너지를 쏟아붓고는 정작 수업은 부실하게 운영하는 경우가 있습니다. 수업 준비를 철저히 하는 것은 맞지만, 수업 지도안 작성이 곧 수업 준비는 아닙니다.

수업 준비는 교재 연구와 수업 진행 방식에 대한 고민, 학습지 및 학습 도구 준비 등을 포함하며, 수업 지도안 작성이 유일한 수업 준비 작업은 아닙니다. 수업 지도안을 강조하면 형식주의로 흐를 가능성이 높습니다. 새내기 교사는 물론이고 경력 교사라 하더라도 교육과정을 처음 다룰 때는 수업 지도안을 작성할 필요가 있습니다. 하지만 동일 교육과정을 여러 번 다루었던 교사들에게 수업 지도안 작성은 큰 의미가 없습니다.

수업 지도안보다 수업 성찰 일지를 기록하는 것이 도움이 됩니다. 수업 성찰 일지는 자기 수업에 대해 반성하는 일종의 수업 일기입니다. 수업을 준비할 때의 고민, 수업의 주안점, 실제 수업 진행 상황, 성공과 실패의 이유, 학생들의 반응 등을 솔직하게 기록합니다. 수업 성찰 일지도 양식이 있기는 하지만, 특별한 양식이 없어도 자기 수업에 성찰한 내용을 솔직하고 진지하게, 꼼꼼히 기록하면 됩니다.

개인적으로 저는 일 년 동안 매주 1회, 수업 성찰 일지를 제가 운영하는 협동학습연구회 사이트와 한국교육과정평가원 교수학습개발센터(classroom.re.kr) 사이트에 올린 적이 있습니다.[48] 처음에는 걱정이 많았습니다. 성공적인 수업 사례만 발표하는 문화에서 수업 고민과 시행착오 과정을 솔직하게 기록하는 일은 용기가 필요했습니다. 두세 달이 지나자 학교 업무도 많아지고 마음에 여유가 없어서 쉽지 않았지만, 일 년 동안 꿋꿋하게 지속할 수 있었던 것은 일지를 기록하는 과정이 주는 성찰과 배움이 있었기 때문입니다. 수업 성찰 일지에 대한 주변의 호응도 큰 힘이 되었습니다. 수업 자료실에 수업 지도

안을 올릴 때보다 수업 성찰 일지에 대한 반응이 더 뜨거웠습니다.

성공적으로 수업 성찰 일지를 쓰는 습관을 갖기 위해 개인이 기록한 수업 성찰 일지를 동료 교사들과 함께 공유하는 것은 매우 의미가 있습니다. 교내 수업 동아리나 교사의 자율적 연구 모임 안에서 이야기를 나누고 인터넷 카페나 SNS 서비스를 활용하여 꾸준히 글을 올리는 습관을 들이면 좋습니다.[49]

'수업 장학'에서 '수업 코칭'으로

기존 수업 공개 및 피드백 방식은 주로 수업 장학 패러다임 안에 있어, 정답을 제시하고 그 기준에 따라 수업이 진행되는지 확인합니다. 교사와 장학사라는 관계 때문에 수업 공개 교사는 외부 관찰자가 중시하는 평가 기준에 맞추어 수업을 진행할 수밖에 없는데, 이런 상황에서는 아무리 좋은 피드백이 나와도 실제 일상 수업이 변화로 이어지기 힘듭니다. 교사에게 수업을 공개하는 데서 오는 부담만 가중시킵니다.

정답을 제시하는 수업 장학이 아니라, 교사 스스로 해답을 찾아가도록 돕는 수업 코칭으로 전환해야 합니다. 교사가 자기 수업에 대해 진지하게 성찰하고 솔직하게 수업 고민을 털어놓을 수 있는 문화를 만들어야 합니다. 개인적으로 해결하기 힘든 고민은 공동체를 통해 풀어 가도록 합니다.

'정답 제시'에서 '스스로 답을 찾아가는' 연수로

교원 연수 방식도 근본적으로 바꾸어야 합니다. 교원 연수 방식에는 강의, 우수 수업 사례 소개, 독서 스터디 및 보고서 제출, 사례 연구, 실습 등이 있습니다. 기존 연수는 주로 정답을 제시하는 강의와 우수 수업 사례 소개에 치중합니다. 이런 방식은 새로운 지식과 정보를 전달하는 데 효과적이나, 교실에서 실천으로 잘 이어지지 않습니다.

스스로 답을 찾아가는 방식이란 교사가 자기 수업의 질을 높이기 위해 독서 스터디나 수업 공개, 수업 코칭 등을 통해 자기에게 맞는 수업 혁신을 하도록 이끄는 것입니다. 강의식이나 우수 수업 사례를 제시하는 방식의 연수 비중을 줄이고, 독서 스터디와 보고서 제출, 사례 연구, 수업 코칭, 실습 활동의 비중을 높여야 합니다.

프로젝트 수업 연수라면 이론이나 절차, 특징, 운영 사례를 아는 데 그칠 것이 아니라 실제로 교사들이 프로젝트 수업 방식대로 직접 실습하면서 배우도록 합니다. 그리고 자기가 맡은 교과에 맞게 프로젝트 수업을 기획하고 교실에서 실천하도록 해야 합니다. 실천 과정에서 발생한 문제와 그 해결 방안에 대해 고민을 나눌 때 비로소 자기 교실에서 제대로 된 프로젝트 수업을 구현할 수 있습니다.

제 경험에 비추었을 때, 유명 강사가 직접 강의하는 연수보다 그 강사가 쓴 책을 공동으로 읽고 토의하는 것이 연수 효과가 더 좋았습니다. 일방적으로 듣기만 하는 일제식 강의보다 생각하고 쓰고 토의하는 독서 스터디 방식이 학습 효과가 더 높습니다. 교사가 고민한 만큼 수업이 발전하기 때문입니다.

의사나 변호사들은 사례 연구case study가 중요합니다. 교사도 수업 전문성을 신장하려면 임상 연구적 접근이 필요합니다. 실제 수업을 공개하고 수업 코칭 과정을 통해 수업의 질을 올릴 수 있는 방안을 고민해야 합니다. 교내 연수 문화를 근본적으로 바꾸지 않으면 실질적인 수업 혁신의 효과를 기대하기 힘듭니다.

최근 서울시교육연수원은 일부 교원 연수 과정에서 강의 비중을 줄이고 실습과 사례 연구 비중을 올렸는데,[50] 이런 연수 방식이 확산되어 새로운 수업 혁신 콘텐츠를 머리로만 이해하는 것이 아니라 몸으로 익히고 실천할 수 있도록 해야 합니다.

'교원 평가'보다 '자발적인 수업 평가 받기 운동'으로

현재 교원 평가를 위해 교원능력개발평가제, 근무평정제도, 성과급 제도가 시행중이나, 이런 교원 평가 제도가 실질적인 수업 개선으로 이어지지는 않고 있습니다.

교원능력개발평가제에서 동료 교원을 평가하는 부분이 있는데, 교사들이 서로 부정적인 평가를 하지 않는 경향이 있습니다. 아주 특별한 경우가 아니면 '좋음' 내지 '아주 좋음'에 체크합니다. 바쁜 업무 속에서 동료 교사의 수업에 참관하거나 수업 동영상을 꼼꼼하게 관찰하고 평가할 여유가 부족하고 해당 교사가 불이익을 당할 수 있기 때문입니다.

수업 개선을 위해서는 교원능력개발평가제보다 자발적인 수업 평가 받기 운동을 실시하는 것이 좋습니다. 교사가 자기 학생들에게 백지를 주고 수업에서 좋은 점, 아쉬운 점, 하고 싶은 말 등을 자유롭게 기술하도록 하는 것입니다. 무기명으로 진행하면 학생들이 좀 더 솔직하게 수업 평가를 합니다. 자발적인 수업 평가를 받아 보면 학생들이 예상

보다 솔직한 표현을 합니다. 부정적인 피드백으로 교사가 마음에 상처를 받을 수도 있지만, 학생들의 솔직한 반응을 통해 교사가 자기의 모습을 좀 더 객관적으로 인식할 수 있습니다.

'교과서'보다 '워크북' 중심으로

수업을 할 때 대체로 교과서를 중심으로 수업을 합니다. 하지만 아무리 훌륭한 교과서도 다양한 학생들의 학습 수준과 요구를 모두 반영하기는 힘듭니다. 교사들이 자체 학습지를 만들어 수업 시간에 활용하면 좋습니다.

학원 강사는 기존 참고서나 교과서가 아니라, 직접 만든 교재로 수업을 하는 경우가 많습니다. 교재를 직접 만드는 것은 교육과정을 만들어 내는 것을 의미하는데, 이 과정에서 자연스럽게 수업의 전문성이 확보됩니다.

학교 교사들은 교과서에 얽매여 수업을 하는 경우가 더 많습니다. 교육과정 기획력을 신장하기 위해서라도 교사가 직접 수업 교재를 만들 수 있어야 합니다. 교과서를 사용하더라도 수업 시간에 보조 교재로 사용할 수 있는 워크북을 교사가 직접 제작하여 활용합니다. 당장 워크북을 제작하기 부담스럽다면 학습지를 만들어 수업 시간에 활용합니다. 학습지들을 모아 정리하면 나중에 훌륭한 워크북이 될 수 있습니다. 아무런 준비 없이 맨손으로 그냥 수업 시간에 들어가는 일은 없어야 합니다.

'행정'에서 '수업' 중심 조직으로

학교 차원에서 과감하게 행정 업무를 줄이려는 노력이 필요합니다. 먼저 학교 행정 업무 중 '꼭 해야 하는 일'과 '하지 않아도 되는 일'을 구분합니다. 학교 행정 업무 중 상당 부분은 관행적으로 이루어지는데, 이런 부분을 학교 평가회나 담당 부서 협의회를 통해 과감히 줄이는 노력이 필요합니다. 교사 개인이나 해당 부서 차원에서 필요 없는 업무를 찾아 없애는 노력도 필요하지만, 학교 교무 업무 조직을 재구조화하여 줄일 수도 있습니다.

학교 교무 조직에서 담임교사는 수업과 생활지도에 전념하고, 나머지 행정 업무는 부장 교사나 담임을 맡지 않은 교사들이 담당하도록 합니다. 수업과 생활지도 업무에 집중하는 교수학습팀과 행정 업무를 전담하여 운영하는 행정지원팀으로 이원화하거나, 생활지도 업무와 학생 상담을 맡는 학생생활지원팀을 더해 삼원화합니다.

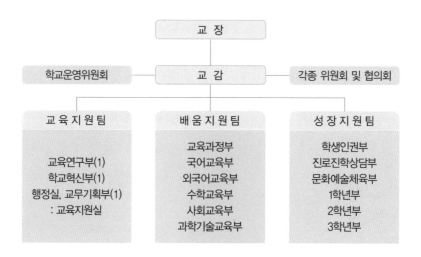

경기도 혁신학교 거점 학교인 흥덕고는 학교 행정을 합리화한 좋은 예입니다. 2012학년도 흥덕고의 행정 업무 조직은 294쪽 아래의 표와 같습니다. 흥덕고등학교는 2010년 개교 당시에는 일반 학교와 같이 행정실과 교무실이 있는 형태로 교무 행정 전담 부서가 없었지만, 2011년에 학사운영팀과 교수팀으로 조직을 나누어 구성하고 교무 행정 전담 부서를 학사운영팀에 설치하였습니다. 2012년에는 전년도의 문제를 보완하여 교육지원팀, 배움지원팀, 성장지원팀으로 조직을 개편하고 배움지원팀에 교육과정부를 신설하였습니다.

흥덕고등학교에서 교사들의 행정 업무를 과감하게 줄일 수 있었던 또 다른 이유는 행정 실무사에게 실질적인 행정 업무와 함께 그에 맞는 역할과 지위를 학교 차원에서 인정해 주었기 때문입니다. 일부 학교에서는 교육청 차원에서 보낸 행정 실무사를 과거의 사환처럼 여겨 실질적인 행정 업무를 부여하지 않고 예산만 낭비합니다. 흥덕고등학교 사례는 서로 믿고 배려하는 문화와 민주적인 의사소통이 실질적으로 도움이 되는 좋은 예입니다.

아직 교무 행정 전담 부서의 교사에 대한 보상이 부족하고 수업 시수 경감 등의 배려가 잘 이루어지지 않아 어려움이 있기는 하지만, 흥덕고는 매년 자체적으로 학교 교육 활동 평가 과정을 통해 더 효과적인 교무 행정 전담 부서를 만들어 가고 있습니다. 학교 차원에서 행정 업무에 대한 고민을 하면서 민주적인 소통과 토론으로 실질적인 행정 업무 총량 자체를 줄이려고 노력할 때, 비로소 행정 업무에 대한 부담을 줄여 나갈 수 있습니다.

'학급 중심'에서 '교과교실제'로

교과교실제는 학생들이 교실을 옮기며 수업에 참여하는 방식입니다. 서구 학교 상당수가 교과교실제 형태로 학교를 운영하고, 우리나라도 최근 많은 학교들이 교과교실제를 도입하고 있습니다.

교과교실제가 성공적으로 운영되려면 하드웨어, 소프트웨어, 휴먼웨어, 세 가지 차원의 접근이 필요합니다. 그 중에서도 교과교실제의 핵심은 교과별 특성에 맞는 교실 환경을 구축하는 하드웨어가 아니라, 학생 선택 교육과정을 실현하기 위한 소프트웨어입니다. 그런데 많은 학교들이 교과교실제를 교실 리모델링 사업 정도로 이해하여 실천 과정에서 어려움이 많습니다.

교과교실제는 학생 선택 교육과정을 구현하는 전제 조건으로, 학생 선택 교육과정이란 학생들이 자기가 원하는 과목을 선택하여 수업을 들을 수 있도록 하는 것입니다. 교과교실제가 구축되어야 학생 선택 교육과정을 구현하기가 좋으며, 국민공통기본교육과정(초·중학교) 체제 안에서는 기존 학급 중심제와 특별 교실 체제가 더 적합할 수 있습니다.

또 교과교실제는 블록타임제를 통해 교사 중심, 지식 중심에서 학생 참여형 수업으로 전환하도록 돕습니다. 교과교실제에서는 두 시간 연속으로 구성하는 블록타임제를 실시해야만 학생들의 이동 시간을 줄일 수 있습니다. 45~50분 수업은 강의식 수업에는 적합하지만 프로젝트 수업, 문제 해결 학습, 협동학습 등 활동 중심 수업에는 시간이 부족합니다.

교과 특성을 반영할 수 있는 것도 장점입니다. 교사가 해당 교과 수업에 맞게 교실을 구성하여 운영하면 수업을 원활하게 진행하고 학생들의 흥미를 더욱 유발할 수 있습니다. 제가 근무하던 학교는 교과교실에 교과 도서관 개념을 도입하여 교과에 필요한 각종 도서를 배치하고 학생들이 수업 시간이나 쉬는 시간, 점심시간에 책을 읽을 수 있도록 하였습니다. 교과교실에 협동학습과 프로젝트 수업을 실천하기 좋도록 가변형 책상을 설치하고 학습지 도구함, 학생 작품 게시판 등을 운영하였더니 학생들의 만족도가 높았습니다.

단점도 있습니다. 학생 이동에 따른 번거로움이 있고 여유 있는 교실 공간과 예산을 확보해야 하는 문제가 있습니다.[51] 교과교실제의 장점이 기존 학급 중심제의 단점이고 교과교실제의 단점이 학급 중심제의 장점이므로, 이를 잘 이해하여 개별 학교의 특성에 맞는 교과교실제를 적용합니다. 학교 차원에서 심사숙고하여 추진하되, 시행착오의 과정과 학교 구성원들의 협의 및 평가 과정을 통해 자기 학교 상황에 맞는 교과교실제를 실천합니다.

교육 정책과 제도의 뒷받침

교육과정 자율화 확대 및 고교 무학년학점제 운영

일반 학교들도 교육과정을 자율화하고, 교사와 학생의 선택권을 확대해야 합니다.[52] 학교 차원에서 지역 사회의 특성과 학생들의 학습 수준 등을 고려하여 교육과정을 운영하도록 하되, 입시 위주의 파행적 교육과정 운영을 막기 위해 국·영·수 중심으로 흐르지 않도록 보완 장치를 마련해야 합니다.

학생들이 진로와 관심사에 따라 원하는 과목을 선택하여 수강할 수 있도록 합니다. 현재의 국민 공통 교육과정은 학습 분량이 많고 어렵습니다. 교과서의 실질적인 학습 내용을 줄이고 현재를 기준으로 공통 필수를 50%, 나머지 내용은 선택 과목으로 수강하도록 하는 것이 좋습니다. 신청 학생이 적은 과목도 개설하여 학생들이 원하는 수업에 참여할 수 있도록 하고, 만약 학교 차원에서 소규모 과목 개설이 쉽지 않다면 학교군별로 과목을 개설하여 운영합니다.

고등학교에서 선택 교육과정을 확대한다는 것은 무학년학점제 학교, 즉 대학처럼 고등학교에서도 공통 필수와 선택으로 나누어 학생들이 과목을 선택하여 수강하도록 하는 것을 말합니다. 수학의 경우 기초 수학이나 실용 수학을 개설하여 학습 수준이 낮은 학생도 자기 수준에 맞는 수학 수업을 수강하도록 하고, 학습 수준이 높은 학생들은 고급 수학을 수강하여 대학 학점으로 인정받을 수 있도록 합니다.

고교학점제는 학교 간 줄 세우기를 줄이고, 동일 학교 안에서 다양한 수업이 가능하게 합니다. 문과, 이과 구분이 없어지고 여러 학년이 함께 같은 과목을 수강할 수 있게 됩니다. 입시가 아니라 진로 중심 교육과정으로 전환될 수 있도록 이끕니다.

교사(학급)별 평가제 도입

동일한 과목은 시험 문제를 공통으로 출제하여 평가하는 현행 과목별 평가와 달리, 교사나 학급별로 학생들을 평가하는 제도로 바꿀 필요가 있습니다. 교사(학급)별 평가는 교사 개인이 평가 계획을 만들어 학생을 평가하는 방식으로 현재 대학에서 실시하는 제도인데, 이것을 초·중·고에 도입하자는 것입니다. 이 제도는 교사에게 실질적인 교육과정 자율권을 부여하고 궁극적으로 교사의 교육과정 기획력을 한 차원 끌어올립니다.

검인정 교과서다운 검인정 교과서 체제

우리나라 교과서 체제는 국정 교과서에서 검인정 체제로 전환되었습니다. 하지만 실질적으로는 국정 교과서 같은 검인정 교과서를 사용하고 있습니다. 정부가 검인정 교과서 심사를 까다롭게 하기 때문인데, 이것은 교과서 수준이 떨어지는 것을 방지하는 순기능 역할도 합니다. 하지만 최종 기준 통과시 출판사별로 교과서의 차별성이 사라지고 비슷한 형태로 나오게 됩니다. 다양한 교과서가 생겨날 수 있도록 심사 기준을 완화하고 검인정 교과서다운 교과서가 나오도록 유도해야 합니다. 그리고 궁극적으로 자유발행제 형태로 가야 합니다.

교과서 내용도 요약형에서 풀이형으로 전환해야 합니다. 학습 분량을 줄인다며 교과서 쪽수만 줄인다고 실제 학습 분량이 줄어드는 것은 아닙니다. 현행 교과서만 가지고는 학생들이 공부할 수 없습니다. 참고서가 없더라도 내용을 이해할 수 있고 자기 주도적 학습이 이루어질 수 있도록 교과서를 구성해야 합니다. 이런 경우 교과서 분량은 오히려 늘어날 수도 있습니다.

전문 기관 설립과 수석 교사제 활용

수업 혁신과 관련하여 국가 단위의 연구 기관으로 한국교육과정평가원, 한국교육개발원, 한국교육학술정보원 등이 있습니다. 시도교육청 단위의 연구 기관으로는 교육연구원 등이 있습니다. 이런 기관들이 학교 현장과 교실을 혁신할 수 있는 구체적인 수업 혁신 콘텐츠를 개발할 수 있도록 재구조화해야 합니다.

민간 기관이나 교사 단체 등에서도 수업 혁신을 위한 다양한 수업 혁신 기관(교수학습센터 등)을 설립하여 운영할 수 있도록 교육부나 교육청 차원에서 지원합니다. 관 주도형 개혁은 아무리 취지가 좋아도 책임자가 바뀔 때마다 정책이 달라질 수 있고, 좋은 수업 혁신 콘텐츠도 형식화되고 변질될 가능성이 높습니다. 수업 장학은 관이 주도하여 담당하고, 수업 컨설팅이나 수업 코칭 같은 지원 활동은 민간 주도형으로 이원화하여 추진하면 좋습니다.

민간 단위의 수업 혁신 전문 기관은 교원 단체나 교육 시민 운동 단체, 교사 자율 연구 모임, 대학 등 NGO 단체가 주도하여 설립하거나 아이스크림, 에듀니티 등 교육 관련 기업에서 운영할 수 있습니다. 예산이 어느 정도 확보되고 희망하는 학교들을 중심으로 예산이 현실화되면 수업 혁신이 더욱 활성화될 것입니다. 학교지원센터처럼 학교 혁신 기관을 만들어 한 영역으로서 수업 혁신 관련 사업을 추진하는 것도 좋습니다. 수업 혁신을 포함하여 학교 운영, 교육과정 운영, 행정 관리, 생활지도 및 상담, 복지 등을 아우르는 학교 혁신 기관 안에서 수업 혁신이 이루어지도록 접근합니다.

가장 중요한 것은 사람입니다. 수업 혁신 분야에서 일정 수준 이상의 성과를 거두고 있는 현직 교사들을 적극 발굴하여 파견 교사 형태로 수업 혁신 전문 기관에서 일정 기간 근무하도록 합니다. 현재의 수석교사제를 적극 활용하는 것이 좋은데, 수석 교사는 경력이 아니라 수업 전문성을 기준으로 서발합니다. 수업 혁신을 실질적으로 추진할 수 있는 유능한 교사들이 수석 교사가 되어 해당 업무를 수행하도록 하고, 단위 학교뿐 아니라 다양한 수업 혁신 전문 기관에서 파견 근무를 할 수 있도록 합니다. 덴마크의 교육지원센터는 수석 교사들이 근무하면서 수업 연구, 교수·학습 자료 개발, 교사 연수, 수업 코칭, 학교 컨설팅 등의 업무를 추진합니다.

예산 증액과 효과적인 사용

현재 교육청 예산 중 단위 학교에 대한 수업 혁신 관련 예산은 거의 없습니다. 수업 혁신에 대한 예산, 특히 수업 코칭 관련 예산이 필요합니다. 대개 학교 지원 예산을 학교별로 1/n 방식으로 나누는데, 학교 숫자만큼 공평하게 나누다 보면 학교당 비용이 적게 책정되어 결과적으로 1년에 한두 번 수업 코칭을 받는 실적 위주의 행사로 전락할 수 있습니다.

수업 코칭을 제대로 하려면 최소 대여섯 번의 수업 관찰과 수업 코칭, 연구, 연수 등이 필요합니다. 2012년 동두천양주교육지원청에서 추진한 수업 코칭 프로그램인 행복한 교실 프로젝트는 1인당 백만 원의 예산을 투자했습니다. 제대로 수업 코칭을 하려면 최소한 이 정도의 예산이 필요합니다. 예산을 배정하고 운영할 때 1/n 방식보다 수업 코칭을 희망하는 학교나 교사에게 예산을 집중하는 방식으로 진행하는 것도 좋습니다.

학교지원센터 설립

교사들이 수업과 생활지도에 집중하지 못하고 과도한 행정 업무에 시달리는 이유는 현행 교원 승진 제도, 학교 평가 제도, 그리고 위계가 많은 교육 행정 조직과 관련이 있습니다.

북유럽 국가 중 일부 국가는 별도의 교육 행정 기관 없이 지방자치단체가 교육 행정 관련 업무를 담당하고 있는데, 큰 문제없이 잘 운영되고 있습니다. 그 이유는 국가의 역할이 학교를 통제하는 것이 아니라 지원하는 것이기 때문입니다. 우리의 교육 행정 조직은 크게 교육부, 시도교육청, 교육지원청(지역 교육청), 단위 학교 4단계로 운영됩니다. 어느 행정 조직이든 존재성을 확인하기 위해서라도 다양한 사업을 추진할 수밖에 없습니다. 최근 대통령 직속 기관으로 '국가교육위원회' 기구 논의도 이루어지고 있는데, 보수와 진보 간의 사회적 합의를 추구한다는 기본 취지에는 공감하지만 현실적으로는 오히려 위계 단계만 늘어날 가능성이 높습니다. 현행 교육 행정 기관의 단계를 줄이고 관계도 지원 구조로 전환해야 합니다.

현행 교육지원청을 학교 활동을 지원하는 기관으로 전환시켜 단위 학교들이 자율성을 가지고 학교 발전을 위해 노력할 수 있도록 합니다. 말 그대로 단위 학교의 교육 활동을 지원하는 학교지원센터를 설립하고, 기존 교육지원청 인원이나 시설을 학교지원센터로 전환하는 방법도 있습니다. 학교지원센터는 교수학습지원센터, 학교컨설팅센터, 교사연수기관, 지역사회협력센터, 교수학습자료센터, 수업컨설팅센터 등의 역할을 복합적으로 수행합니다. 즉, 학교지원센터가 단위 학교의 상급 기관이 아니라 학교 활동을 지원하는 역할을 수행하도록 하는 것입니다. 덴마크에서는 학교 지원 복합 기능을 수행하는 교육지원센터가 지역별로 잘 구축되어 운영되고 있는데, 이를 적극 벤치마킹할 필요가 있습니다.

전문적 학습 공동체 지원 프로그램

이전에도 교과 연구회 지원 프로그램이 있었습니다. 그런데 외적 인센티브와 연계하여 해당 연구회의 자발성과 활동성이 떨어지는 한계가 있었습니다.

최근 경기도교육청은 기존의 교사 자율 연구 모임을 적극 지원하는 방식으로 전환하고, 교육청 차원에서 교사훈련프로그램new teachers training program을 추진하고 있습니다. 서울시교육청도 혁신학교 학습동아리지원프로그램을 진행하고 있습니다. 이런 지원 프로그램들은 수업 혁신에 관심 있는 교사들이 수업 동아리를 구성하고 활동하는 데 큰 도움이 됩니다. 교사의 전문적 학습 공동체 지원 방안이 지속적으로 추진되어야 합니다. 한 예로, 교육지원청의 세미나실이나 연수 거점 학교의 교사 연수실을 저녁 시간에도 개방하여 교사 자율 연구 모임이 활성화되도록 지원합니다.

학급당 인원수 줄이기

교실 수업 환경을 획기적으로 개선하기 위해서는 학급당 인원수를 스무 명 내외로 줄이고 교원 수를 증원해야 합니다. 학급당 인원수가 적어야 교사와 학생 사이에 긴밀한 사회적 상호작용과 개별 학습이 가능해집니다. 인구가 감소함에 따라 점진적으로 줄이는 방안도 있겠지만 현실적인 예산 충원 방안이 필요합니다. 일부 고등학교에서는 기존 교실을 둘로 쪼개서 미니 교실로 전환하거나 학생 수업 시간 20% 줄이기, 교사의 수업 시간 20% 늘리기 등을 대안으로 제시하기도 합니다.

더 나아가 고교 학점제 운영을 통해 소인수 학생들에게도 희망 과목을 개설하여 운영해야 합니다. 한가람고등학교의 경우, 오래 전부터 교과교실제를 실시하면서 소인수 학생들을 위한 선택 과목을 개설하여 운영하고 있습니다.

현실적으로 교사를 늘일 수 없다면 현재 교사 인원 안에서 학급당 인원수를 조절할 수 있습니다. 학급당 인원수를 줄이는 다양한 방안을 고민해야 합니다. 강원고에서는 동아리 학급제를 도입하여, 동아리와 진로 교육, 그리고 학급을 통합하여 운영합니다. 학년에 따른 학급제가 아니라, 진로에 따라 동아리를 구성하고 이를 학급 형태로 운영하는 것입니다. 예를 들어 문학 분야에 진학하고 싶은 1학년 7명, 2학년 7명, 3학년 7명을 한 학급으로 구성하는 것입니다. 동아리 학급제는 기존 학급에 비해 학급당 인원수를 스무 명 내외로 획기적으로 줄일 수 있습니다. 일부 보직 교사들을 제외하고 전 교사가 담임교사로 활동하여, 기존 30학급에서 동아리 학급제에서는 42학급이 되어 자연스럽게 학급당 인원수가 줄었습니다.

소명중·고등학교에서는 멘토학급담임제를 운영합니다. 모든 교사들이 담임교사(멘토)를 하는데, 소그룹을 중심으로 생활지도, 상담 활동 등을 진행합니다. 전체 학급 운영은 해당 학급 멘토 교사들이 복수 담임제 형태로 운영합니다.

마치며

그동안 수업 혁신 논의는 많이 이루어졌지만 '왜'라는 질문은 그리 많이 던지지 못했습니다. 수업 혁신에서 '왜'라는 질문은 매우 중요합니다. 그것이 교사 스스로 해답을 찾아가는 데 등불이 되어 줄 거라고 믿기 때문입니다.

이 책은 교사로서, '왜'라는 질문의 끈을 놓지 않고 고민하면서 실천해 온 제 경험을 토대로 정리한 내용입니다. 각 주제를 심도 깊게 논의하지는 못했지만, 저처럼 수업을 바꾸고 싶은 열망으로 가득 찬 선생님들에게 수업 혁신을 위한 현장 개론서가 되기를 바라는 마음으로 이 책을 기획하고 집필했습니다.

이 책에서 수업 혁신에 대한 여러 주제를 다루면서 꼭 이야기하고 싶었던 말을 간단히 정리하면 다음과 같습니다.

첫째, 수업 혁신이 힘든 현실적이고 구조적인 한계들이 존재합니다.

그러나 그 한계 때문에 절망하지 말고 희망을 갖고 교사가 노력해야 합니다. 어떤 수업 혁신 노력도 교사의 자발적인 참여 없이 성공할 수 없습니다.

둘째, 교사가 수업에 대한 두려움과 상처를 극복해야 온전한 수업의 회복이 일어날 수 있습니다. 교사가 내면의 힘을 길러야 합니다.

셋째, 수업 혁신은 수업 성찰에서 시작됩니다. 수업 성찰 없이 수업 혁신은 결코 이루어지지 않습니다.

넷째, 수업 관찰에서 '무엇을(교육과정)', '어떻게(교수·학습 방법)'뿐 아니라, '왜(교육 철학)', '누가(존재론 및 관계론)'라는 질문을 던져야 합니다. 수업 관찰에서 중요한 것은 눈에 보이는 것보다 눈에 보이지 않는 것에 있습니다.

다섯째, 수업 혁신을 위한 수업 코칭은 수업자의 수업 성찰에 초점을 맞추어 진행해야 합니다. 수업 관찰자가 정답을 제시하려고 하기보다 거울의 역할을 하면서 교사의 고민과 이야기를 충분히 들어 줄 때 진정한 수업 혁신이 이루어집니다.

여섯째, 수업 혁신을 이루기 위해 다양한 수업 혁신 모델의 특성을 이해해야 합니다. 각 수업 혁신 모델의 핵심 아이디어, 이론 배경, 장단점 등을 알고, 그들 간의 차이보다 공통점을 중심으로 접근합니다.

일곱째, 우리나라의 교육 현실에 맞는 수업 혁신의 방향을 고민하면서 꾸준히 새로운 실천을 해야 합니다. 외국의 수업 혁신 모델을 무비판적으로 수용하는 태도는 피해야 하며, 교조적 접근이 아니라 유연한 적용과 실천, 반성이 필요합니다. 자기 학교와 교실의 상황에 맞게 유연하게 접근합니다.

여덟째, 교사가 수업 디자인을 할 수 있는 능력을 가지고 있어야 합니다. '누가, 왜, 무엇을, 어떻게'의 4가지 차원을 고려하여 수업을 디자인합니다.

아홉째, 교사는 수업 공동체 경험을 통해 수업 성장을 할 수 있습니다. 학교 생태계 안에서 교사가 수업 성장이 이룰 수 있도록 학교 구조를 혁신해야 합니다.

열째, 수업 혁신은 교사 개인뿐 아니라 학교나 제도, 정책 차원에서 접근해야 효과적으로 이루어집니다. 수업 혁신은 개인, 단위 학교, 제도 등 다방면으로 접근해야 풀 수 있습니다.

누군가 이 책을 통해 수업 혁신에 대한 도전을 받았다면 그 주제에 대한 연구와 실천을 통해 더 풍성한 성과물들이 이어지기를 바랍니다. 저 역시 이 책에서 제시한 주제들을 좀 더 연구하고 실천할 계획입니다. 이 책이 수업 혁신에 대한 해답을 찾아가는 데 길잡이로서 조금이나마 도움이 되었으면 좋겠습니다.

2011년 핀란드와 덴마크 교육 탐방을 할 때였습니다. 탐방 마지막 날 덴마크 오덴세 교사지원센터에서 근무하고 있는 수석 교사에게 질문을 던졌습니다.

"핀란드 교육에 대해 덴마크 교사로서 어떻게 평가하세요?"

핀란드와 덴마크는 이웃나라지만 핀란드는 PISA 1위 국가이고 덴마크는 그보다 낮은 국가이기 때문에 사실 조금 민감한 질문이었습니다. 수석 교사는 다음과 같이 대답했습니다.

"솔직히 핀란드가 교육적인 측면에서 덴마크보다 앞서간다고 생각해요. 그 비결은 교사라고 생각합니다. 핀란드 교사들은 수업에만 집중할 수 있는 환경에서 일합니다. 교사에 대한 사회적, 경제적 대우도 매우 좋습니다. 그래서 핀란드는 우수한 교사들이 매우 많습니다."

수업 혁신의 핵심은 결국 교사의 역량에 있다는 것을 새삼 깨달으며, 저는 '교육의 질은 교사의 질을 뛰어넘을 수 없다.'는 오래된 명제를 떠올렸습니다.

깊은 인상을 받았던 덴마크 수석 교사의 말을 떠올리며 마지막으로 현장에서 수업 혁신을 위해 노력하는 선생님 한 분 한 분께 이렇게 말씀드리고 싶습니다.

"선생님이 우리 교육의 희망입니다. 수업 혁신의 열쇠는 선생님이 쥐고 있다는 것을 잊지 않으셨으면 좋겠습니다. 힘내십시오."

1) 한국방정환재단 홈페이지(www.korsofa.org)에 관련 연구 보고서가 탑재되어 있다. 연합뉴스 2011. 5. 4

2) 전교조 대전지회에서 초·중·고 학생들을 대상으로 조사한 결과이다. 굿타임즈 2012. 5. 3

3) 사교육 시장의 현황과 대책, 현대경제연구원, 2010. 5. 13

4) 한국직업정보시스템 재직자 조사, 한국고용정보원, 2011

5) 혁신학교, 성열관, 이순철, 살림터, 2011

6) 왜 학교는 불행한가?, 전성은, 메디치미디어, 2011

7) 열린교육 확산 과정의 문제점과 개선 방안 : 열린교육 시범학교를 중심으로, 한면선, 덕성여대 교육대학원 석사학위논문, 2000, 이 논문은 한국 열린교육 운동의 역사와 흐름을 이해하는 데 큰 도움이 된다.

8) 현재 열린교육이라는 명칭을 그대로 유지하고 있는 단체는 한국열린교육학회뿐이다. 교육계에서는 더 이상 열린교육이라는 용어를 사용하면서 수업 혁신을 이야기하지 않는다.

9) 행복한 교실을 만드는 희망의 심리학, 김현수, 에듀니티, 2012, 김현수는 위의 책을 통해 교사의 소진 현상의 원인으로 외로움과 잘못된 열정을 들고 있다.

10) 에듀넷(edunet4u.net), 인디스쿨(indischool.com), 아이스크림(i-scream.co.kr), 에듀니티(eduniety.net)의 구성과 활용도를 비교해 보면 그 차이점을 알 수 있다.

11) 2012학년도의 경우, 예산이 대폭 삭감되어 교당 1~2억 원 정도만 지원되고 있다.

12) 2012년 강원도 수업 컨설턴트 대상 연수에서 자기 수업에 대한 만족도 조사를 했는데 평균 점수가 77점으로 나왔다. 이 연수에 참여한 교사들은 주로 강원 지역 수석 교사, 수업 컨설턴트, 교과 연구회 회원들로서 고경력 교사들이 대부분이었다. 같은 해, 경기도 Y중학교 전체 교사들을 대상으로 실시한 설문 조사에서는 자기 수업에 대한 만족도 점수가 평균 64점이었는데, Y중학교는 20~40대의 젊은 교사들이 주축이었다. 경력이 적은 교사들보다 고경력 교사들의 자기 수업 만족도 점수가 상대적으로 높았다.

13) 수업 성찰의 개념을 체계화하고 수업 개선을 위해 수업 성찰이 중요하다는 것을 강조한 사람은 김태현이다. 좋은교사 수업코칭연구소를 중심으로 수업 성찰 운동을 전개하고 있다. 김태현의 저서 〈교사, 수업에서 나를 만나다〉(좋은교사, 2012)를 참고하

면 좋다.

14) 가르칠 수 있는 용기, 파커 파머, 한문화, 2005

15) MBTI 개발과 활용, 마이어스 & 맥컬리, 한국심리검사연구소, 1995

16) 다중지능 : 인간 지능의 새로운 이해, 하워드 가드너, 김영사, 2001

17) 게슈탈트 심리치료, 김정규, 학지사, 1995

18) 수업이 바뀌면 학교가 바뀐다, 사토 마나부, 에듀케어, 2006

19) 수업을 왜 하지?, 서근원, 우리교육, 2007

20) 성공하는 당신은 지금, 코칭을 합니다, 김영수, 교보문고, 2009

21) 수업, 비평의 눈으로 읽다, 이혁규, 우리교육, 2008, 이혁규의 책에는 각 수업 관찰 접근법에 대한 비교가 잘 정리되어 있다.

22) 학교경영컨설팅과 수업컨설팅, 진동섭 외, 교육과학사, 2008

23) 2012년 동두천양주교육청 주관 수업 코칭 프로그램인 행복한 교실 프로그램에서도 상담을 전공한 교감 선생님, 교육 철학 담당 전문가, 교육과정 및 교수·학습 담당 수석 교사 및 동두천협동학습연구회 대표 선생님이 참여하여 진행하였다. EBS에 비해 적은 비용으로 진행되었지만 의미 있는 효과를 거두어 참여한 교사들에게 큰 호응을 얻었다. 필자도 기획, 자문 역할을 수행하였다.

24) 코칭, 마음을 열다, 박유찬, 별다섯, 2012

25) 김영수의 위의 책에서 코칭 가능성 측정표를 제시한 것을 토대로 수업 코칭 가능성 측정표를 만들었다.

26) 내 아이를 위한 감정 코칭, 존 가트만, 한국경제신문사, 2011, 수업 코칭은 감정 코칭과 접근 방법이 유사하여 감정 코칭에 대한 책을 참고하면 좋다.

27) 코칭 퀘스천, 토니 스톨츠푸스, 동쪽 나라, 2010

28) 여기에서 제시하는 수업 코칭 질문들은 스톨츠푸스가 제시한 코칭 질문들을 참고하고, 실제 수업 코칭 경험을 더하여 정리한 것이다.

29) 김영수의 책과 박유찬의 책에서도 코칭 질문에 대한 다양한 방법들을 제시한다.

30) 교사 역할 훈련, 토마스 고든, 양철북, 2003, 토마스 고든은 경청하기와 의사소통에 대해 설명하며 적극적 듣기를 강조한다. 다양한 사례를 앞의 책에서 세부적으로 다루고 있다.

31) 칭찬과 의사소통을 위한 학급 운영, 김창오 외, 즐거운학교, 2005

32) 배움의 공공체를 기반으로 한 학교 개혁, 손우정, 협동학습 저널, 2009 겨울호

33) 학교 혁신의 패러독스, 서근원, 강현출판사, 2012

34) 혁신 교육, 존 듀이에게 묻다, 서용선, 살림터, 2012

35) 구성주의 교육학, 이종일 외, 교육과학사, 1998

36) 협동학습의 이해와 실천, 정문성, 교육과학사, 2008

37) 협동학습, 케이건, 디모데, 1998

38) 아이들과 함께 하는 협동학습 2, 김현섭 외, 한국협동학습센터, 2008

39) 우리나라는 한국프로젝트연구소(projecti21.com)에서 유아 프로젝트 수업에 대한 연구 활동을 전개하고 있다.

40) 프랑스 공교육과 프레네 교육, 황성원, 충남교육연구, 2005 / 자발성과 협력의 프레네 교육학, 정훈, 내일을 여는 책, 2009

41) 우리나라에서 프레네 교육을 적극 도입한 학교는 도시형 대안학교인 '별'로, 아직 공교육 안에서 프레네 모델을 도입한 학교는 없는 상황이다.

42) 교육과정과 교육 평가, 박도순, 홍후조, 문음사, 1998

43) 내가, 사랑하는 수업, 김태현, 좋은교사, 2010

44) 페다고지, 프레이리, 그린비, 2002

45) 수업 친구의 개념은 좋은교사 수업코칭연구소에서 제안하여 2012년부터 수업친구만들기운동을 활발하게 전개하고 있다. 수업 친구에 대한 세부 내용은 좋은교사 저널 (2012. 5)을 참고하면 좋다.

46) 수원중앙기독초등학교에서는 10여 년 전부터 미니 스쿨제를 고안하여 운영하고 있다. 한 학년당 네 학급으로 총 24학급 규모의 학교인데, 1~2학년, 3~4학년, 5~6학년 세 개의 미니 스쿨을 만들어 운영하고 있다. 미니 스쿨 협의회를 통해 실무적인 결정을 내리고 교장과 교감은 각 미니 스쿨의 운영을 조율한다.

47) 혁신 학교인 부천부인중학교는 학년 중심으로 교무실을 배치하고, 교무실 중앙에 탁자를 놓아 수시로 학년 협의를 할 수 있도록 공간을 재배치하여 운영한다. 최근 교무 업무 조직 개편을 통해 많은 학교들이 학년 중심 교무실 배치를 하고 있다.

48) 예전에 운영하던 즐거운학교 내 협동학습연구회(educoop.njoyschool.net) 도덕과 방과 한국교육과정평가원 교수학습개발센터(classroom.kice.re.kr) 도덕과 방에 올렸다.

49) 좋은교사운동 회원들이 자발적으로 수업 성찰 일지를 쓰는 운동을 전개하고 있다. 수업 일기 나눔방에서 서로 수업 성찰 일기를 기록하고 공유한다.

50) 2011학년도 서울시교육연수원에서 주관한 초등협동학습연수는 한국협동학습연구회와 공동으로 진행하였다. 총 60시간 연수 중 30시간을 강의와 실습으로 구성하고, 나머지 30시간에는 공동으로 협동 학습 수업 지도안을 작성하여 실제 교실에서 실천한 다음 수업을 동영상으로 촬영하여 동료 코칭을 실시하였다. 다른 연수보다 과제 부담이 컸으나 연수생들이 만족도가 매우 높았다.

51) 서울시교육청 지정 교과교실제 연구학교 운영 보고서 2009~2010, 구현고 외, 2010

52) 나와라 교육대통령!, 김진우, 좋은교사, 2012